Boller

Arbeitsheft Wirtschafts- und Sozialkunde

zur individuellen Förderung und Dokumentation von Kompetenzen

Sozialversicherung

Berufsausbildung

Außenhandel

WiSo

Sozialpartner

Konjunktur

Marktwirtschaft

Unternehmensgründung

Globalisierung

Merkur
Verlag Rinteln

Wirtschaftswissenschaftliche Bücherei für Schule und Praxis
Begründet von Handelsschul-Direktor Dipl.-Hdl. Friedrich Hutkap †

Verfasser:

Dr. Eberhard Boller

Umschlagfotos:
© Andres Rodriguez – Fotolia.com (obere Bild)
© Africa Studio – Fotolia.com (mittlere Bild)
© gunnar3000 – Fotolia.com (untere Bild)

* * * * *

1. Auflage 2016
© 2016 by Merkur Verlag Rinteln

Gesamtherstellung:
Merkur Verlag Rinteln Hutkap GmbH & Co. KG, 31735 Rinteln

E-Mail: info@merkur-verlag.de
          lehrer-service@merkur-verlag.de
Internet: www.merkur-verlag.de

ISBN 978-3-8120-**1557-8**

Das Arbeitsheft zielt darauf ab, dass die Schülerinnen und Schüler ihren **Kompetenzzuwachs** nachhaltig dokumentieren und anhand eines stufenförmig aufgebauten „Kompetenz-Checks" **festigen und vertiefen** können.

Um diese Zielsetzung zu unterstützen, folgt das Arbeitsheft einer durchgängigen, am Merkurbuch 0557 angelehnten Struktur. Zu Beginn eines jeden Kapitels werden die **Lernsituationen aus dem Lehrbuch** aufgenommen und die Schülerinnen und Schüler können in diesem Arbeitsheft die Lösung der **kompetenzorientierten Arbeitsaufträge** individuell **dokumentieren**.

Das nebenstehende Symbol dient als Hinweis, dass es sich um einen **ergänzenden kompetenzorientierten Arbeitsauftrag** zu der Lernsituation bzw. dem Lehrbuch handelt.

Im Anschluss an die kompetenzorientierten Arbeitsaufträge folgt stets ein **„Kompetenz-Check",** der es den Schülerinnen und Schülern ermöglicht, ihre erworbenen Kompetenzen **niveaudifferenziert** und somit ganz individuell zu festigen. Dabei ist zu beachten, dass ein Teil dieser Aufgabenstellungen am besten lösbar ist, wenn im Vorfeld bzw. parallel mit dem Lehrbuch (Merkurbuch 0557) gearbeitet wurde bzw. wird (z.B. wegen speziell hervorgehobener Merksätze, Beispielen und thematischen Differenzierungen).

Die Aufgaben im „Kompetenz-Check" sind in **vier im Anspruchsniveau steigende Kompetenzstufen** untergliedert:

Ich wünsche allen Schülerinnen und Schülern viel Erfolg beim Erwerb der angestrebten Kompetenzen und hoffe sehr, dass das vorliegende Arbeitsheft einen wertvollen Beitrag dazu leisten kann.

Siegen, Sommer 2016

Der Verfasser

Inhaltsverzeichnis

Kompetenzbereich IV: Entscheidungen im Rahmen der beruflichen Selbstständigkeit treffen

1 Konzept der dualen Berufsausbildung charakterisieren

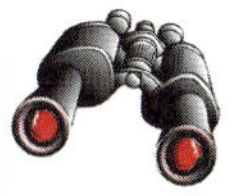

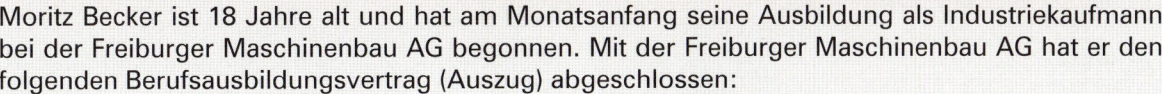

Lernsituation 1:

Moritz Becker ist 18 Jahre alt und hat am Monatsanfang seine Ausbildung als Industriekaufmann bei der Freiburger Maschinenbau AG begonnen. Mit der Freiburger Maschinenbau AG hat er den folgenden Berufsausbildungsvertrag (Auszug) abgeschlossen:

Berufsausbildungsvertrag

(§§ 10, 11 Berufsbildungsgesetz – BBiG)

IHK Die Industrie- und Handelskammern in Baden-Württemberg

Zwischen dem/der Ausbildenden (Ausbildungsbetrieb)

KNR	Firmenident-Nr.	Tel.-Nr.
123	107247	0751 15710

Anschrift des/der Ausbildenden ☐ öffentlicher Dienst

Freiburger Maschinenbau AG

Straße, Hausnummer
Basler Straße 100-102

PLZ	Ort
79100	Freiburg

E-Mail-Adresse des/der Ausbildenden
info-personal@maschinenbau-freiburg.de

Verantwortlicher Ausbilder
Herr
Schmieder, Wolfgang

und der/dem Auszubildenden männlich ☒ weiblich ☐

Name	Vorname
Becker	Moritz

Straße, Hausnummer
Burgstraße 27

PLZ	Ort
79312	Emmendingen

Geburtsdatum
18.04.1998

Staatsangehörigkeit	Gesetzliche Vertreter¹⁾
deutsch	Eltern

Namen, Vornamen der gesetzlichen Vertreter
Becker, Anja und Becker, Max

Straße, Hausnummer
Burgstraße 27

PLZ	Ort
79312	Emmendingen

Wird nachstehender Vertrag zur Ausbildung im Ausbildungsberuf mit der Fachrichtung/dem Schwerpunkt/ dem Wahlbaustein etc. nach Maßgabe der Ausbildungsordnung²⁾ geschlossen

Industriekaufmann

Zuständige Berufsschule
BBS Freiburg

A Die Ausbildungszeit beträgt nach der Ausbildungsordnung **36** Monate.

Die vorausgegangene Berufsausbildung / Vorbildung:
Realschule

wird mit [ ] Monaten angerechnet, bzw. es wird eine entsprechende Verkürzung beantragt.

Das Berufsausbildungsverhältnis
beginnt am **01.09.2016** endet am **31.08.2019**

B Die Probezeit (§ 1 Nr. 2) beträgt **3** Monate.³⁾

C Die Ausbildung findet vorbehaltlich der Regelungen nach D (§ 3 Nr. 12) in
Straße Basler Str. 100-102
PLZ, Ort 79100 Freiburg

und den mit dem Betriebssitz für die Ausbildung üblicherweise zusammenhängenden Bau-, Montage- und sonstigen Arbeitsstellen statt.

D Ausbildungsmaßnahmen außerhalb der Ausbildungsstätte (§ 3 Nr. 12) (mit Zeitraumangabe)

E Der/die Ausbildende zahlt dem/der Auszubildenden eine angemessene Vergütung (§ 5); diese beträgt zur Zeit monatlich brutto

EUR	781,00	832,00	898,00	
im	ersten	zweiten	dritten	vierten
Ausbildungsjahr.				

F Die regelmäßige Ausbildungszeit (§ 6 Nr. 1) beträgt
täglich **8,00** Stunden.⁴ / wöchentlich [ ] Stunden.

Teilzeitausbildung wird beantragt (§ 6 Nr. 2) ja ☐ nein ☐

G Der/die Ausbildende gewährt dem/der Auszubildenden Urlaub nach den geltenden Bestimmungen. Es besteht ein Urlaubsanspruch.

Im Jahr	2016	2017	2018	2019	
Werktage	10	30	30	20	
Arbeitstage					

H Sonstiges, Hinweise auf anzuwendende Tarifverträge und Betriebsvereinbarungen, sonstige Vereinbarungen.

J Die beigefügten Vereinbarungen sind Gegenstand dieses Vertrages und werden anerkannt.
Freiburg , den 15.02.2016

Der/die Ausbildende:
Freiburger Maschinenbau AG
i.A. Lohmann
Stempel und Unterschrift

Der/die Auszubildende:
Moritz Becker
Vor- und Familienname

Die gesetzlichen Vertreter des/der Auszubildenden:
Max Becker   *Anja Becker*
Vater und Mutter/Vormund

Die Freiburger Maschinenbau AG hat im aktuellen Ausbildungsjahr 15 Auszubildende in verschiedenen Ausbildungsberufen eingestellt. Fred Herget ist Ausbilder im Unternehmen.

Kompetenzorientierte Arbeitsaufträge:

1. Gemäß dem Berufsbildungsgesetz muss der Ausbildende unverzüglich nach Abschluss des Berufsausbildungsvertrags, spätestens jedoch vor Beginn der Berufsausbildung, den wesentlichen Inhalt des Vertrages schriftlich niederlegen.

   Analysieren Sie den abgebildeten Ausbildungsvertrag und erstellen Sie eine Checkliste mit den wesentlichen Inhalten, die ein Ausbildungsvertrag gemäß dem Berufsbildungsgesetz enthalten muss!

Checkliste zur Berufsausbildung	
wichtige Inhalte	**erledigt**
_____	☐
_____	☐
_____	☐
_____	☐
_____	☐
_____	☐
_____	☐
_____	☐
_____	☐
_____	☐

2. Zunächst sollen die Auszubildenden den Betrieb, ihre neue Arbeitssituation und ihre Rechtsposition erkunden.

Fred Herget erteilt ihnen folgende Aufträge:

- *„Lesen Sie Ihren Ausbildungsvertrag, besprechen Sie ihn in Gruppen und notieren Sie offene Fragen."*
- *„Notieren Sie Ihre Rechte und Pflichten!"*
- *„Recherchieren Sie, wie viel Urlaubstage Ihnen nach dem Jugendarbeitsschutzgesetz zustehen!"*
- *„Für den Fall, dass es Ihnen bei uns nicht gefällt: Prüfen Sie nach, auf welche Weise Sie in diesem Fall das Ausbildungsverhältnis vorzeitig beenden können."*

Bearbeiten Sie die Arbeitsaufträge von Fred Herget anhand des gegebenen Berufsausbildungsvertrags und den nachfolgenden Informationen aus Kapitel 1!

- *„Lesen Sie Ihren Ausbildungsvertrag, besprechen Sie ihn in Gruppen und notieren Sie offene Fragen."*

Offene Fragen:

➤ _____

➤ _____

➤ _____

➤ _____

➤ _____

➤ _____

➤ _____

- *„Notieren Sie Ihre Rechte und Pflichten!"*

Rechte	➤ _____ ➤ _____ ➤ _____ ➤ _____ ➤ _____
Pflichten	➤ _____ ➤ _____ ➤ _____ ➤ _____ ➤ _____

2 Boller - ISBN 978-3-8120-1557-8

■ „Recherchieren Sie, wie viel Urlaubstage Ihnen nach dem Jugendarbeitsschutzgesetz zustehen!"

Urlaubsanspruch je nach _____

➤ Bis _____ Jahre: _____ Werktage im Jahr

➤ Bis _____ Jahre: _____ Werktage im Jahr

➤ Bis _____ Jahre: _____ Werktage im Jahr

■ „Für den Fall, dass es Ihnen bei uns nicht gefällt: Prüfen Sie nach, auf welche Weise Sie in diesem Fall das Ausbildungsverhältnis vorzeitig beenden können."

_____

_____

_____

_____

3. Neben dem Ausbildungsvertrag bilden die Ausbildungsordnung und der Ausbildungsplan die wesentliche Grundlage für die Berufsausbildung.

Erläutern Sie kurz, worin sich Ausbildungsordnung und Ausbildungsplan unterscheiden!

Ausbildungs-ordnung	_____ _____ _____ _____ _____
Ausbildungs-plan	_____ _____ _____ _____ _____

4. Angesichts der hohen Jugendarbeitslosigkeit in vielen südeuropäischen Ländern wird Deutschland häufig um das Erfolgsmodell „Duale Ausbildung" beneidet. Daher unterstützt Deutschland durch Beratung und Pilotprojekte die europäischen Partnerländer bei der Reform ihrer Berufsbildungssysteme.

Erklären Sie, was die duale Ausbildung so erfolgreich macht!

_____

_____

_____

_____

_____

_____

5. Stellen Sie Ihre eigenen Interessen und mögliche Interessen Ihres Ausbildungsbetriebes an der Durchführung der Ausbildung gegenüber und kennzeichnen Sie Übereinstimmungen (☺) und mögliche Konfliktbereiche (☹) durch Ankreuzen. Erstellen Sie hierzu eine Tabelle nach folgendem Muster!

Eigene Interessen	☺	☹	Betriebsinteressen

6. Kreuzworträtsel

6.1 Lösen Sie nachfolgendes Kreuzworträtsel!

6.2 Erläutern Sie anschließend kurz das Lösungswort in dem dafür vorgesehenen Feld.

① Sie sollte nicht mehr als drei und nicht weniger als zwei Jahre dauern.

② Werden Auszubildende im Anschluss an das Berufsausbildungsverhältnis weiterbeschäftigt, ohne dass hierüber eine ausdrückliche Vereinbarung getroffen ist, so wird ein … auf unbestimmte Zeit begründet.

③ Sie beträgt mindestens einen und darf nicht länger als vier Monate dauern.

④ Ein Recht des Auszubildenden, woran auch die Industrie- und Handelskammer nicht ganz unbeteiligt ist.

⑤ Bei grob fahrlässig oder vorsätzlich verursachten Schäden durch den Auszubildenden an Einrichtungen des Ausbildenden kommt sie zum Tragen.

⑥ Für Berufsschüler gilt, dass der Urlaub dorthin gelegt werden soll.

⑦ Er wird von jedem Ausbildungsbetrieb eigenständig erstellt und regelt die sachliche und zeitliche Berufsausbildung im Betrieb.

⑧ Normalerweise muss man sie nach der Probezeit immer beachten, allerdings kann aus einem wichtigen Grund auf sie verzichtet werden.

⑨ In Bezug auf Geschäftsdaten muss sie vom Auszubildenden eingehalten werden.

⑩ Er ist Grundlage für den berufsbezogenen Unterricht in der Berufsschule und ist zeitlich und inhaltlich mit dem Ausbildungsrahmenplan abgestimmt.

⑪ Jeden Monat bereitet sie dem überwiegenden Teil der Auszubildenden große Freude.

①   ②   ③   ④   ⑤   ⑥   ⑦   ⑧   ⑨   ⑩   ⑪

Lösungswort:

Kompetenz-Check

1. Entscheiden Sie, welche der nachfolgenden Aussagen zur Berufsausbildung falsch ist!

① Ausbildender ist derjenige, der einen Auszubildenden zur Berufsausbildung einstellt.

② Ein Ausbilder ist derjenige, der vom Ausbildenden mit der Durchführung der Ausbildung beauftragt wird.

③ Auszubildender ist derjenige, der nach den Bestimmungen des Berufsausbildungsgesetzes einen anerkannten Ausbildungsberuf aufgrund staatlicher und bundeseinheitlich gültiger Ausbildungsverordnung erlernt.

④ Das Berufsausbildungsgesetz regelt die Berufsausbildung, die berufliche Fortbildung und die berufliche Umschulung.

⑤ Die Ausbildungsordnung ist die Grundlage für eine geordnete und einheitliche Berufsausbildung in anerkannten Ausbildungsberufen.

⑥ Der Ausbildungsplan regelt die sachliche und zeitliche Berufsausbildung im Betrieb und wird von der Agentur für Arbeit bundeseinheitlich festgelegt.

Kompetenzstufe 1

2. Entscheiden Sie, welche der nachfolgenden Inhalte nicht zwingend im Ausbildungsvertrag enthalten sein muss!

① Dauer des Urlaubs.

② Voraussetzungen, unter denen der Berufsausbildungsvertrag gekündigt werden kann.

③ Beginn und Dauer der Berufsausbildung.

④ Zahlung und Höhe der Ausbildungsvergütung.

⑤ Arbeitsbeginn und Arbeitsende für die einzelnen Wochentage.

⑥ Hinweis auf anwendbare Tarifverträge und Betriebsvereinbarungen.

Kompetenzstufe 1

3. Der Ausbildungsvertrag (vgl. Lernsituation 1) wurde zwischen der Freiburger Maschinenbau AG und Moritz Becker abgeschlossen.

Entscheiden Sie, welche beiden der nachfolgenden Aussagen zu diesem Ausbildungsvertrag falsch sind! Falls nur eine Aussage falsch ist, tragen Sie bitte eine ⑨ in das zweite Kästchen ein!

① Da Moritz Becker zum Zeitpunkt des Abschlusses dieses Ausbildungsvertrages noch minderjährig war, wäre der Ausbildungsvertrag allein mit der Unterschrift seiner gesetzlichen Vertreter sowie des Ausbilders rechtswirksam.

Kompetenzstufe 2

② Dieser Ausbildungsvertrag muss bei der zuständigen Stelle (Industrie- und Handelskammer) zur Genehmigung und Eintragung in das Verzeichnis der Berufsausbildungsverhältnisse vorgelegt werden.

③ Die wesentlichen Inhalte dieses Ausbildungsvertrages mussten unverzüglich nach Abschluss des Berufsausbildungsvertrages, spätestens jedoch vor dem 01.09. schriftlich niedergelegt werden.

④ Im vorliegenden Ausbildungsvertrag wurde die Ausbildungsdauer nicht verkürzt.

⑤ Mit der in diesem Ausbildungsvertrag angegebenen Probezeit wurde die längste im Berufsbildungsgesetz mögliche Probezeit für Ausbildungsverhältnisse gewählt.

⑥ Moritz Becker stehen pro Kalendermonat 2,5 Urlaubstage zu.

4. Die Rechte und Pflichten des Auszubildenden bzw. des Ausbildenden ergeben sich vor allem aus dem Berufsbildungsgesetz und dem Jugendarbeitsschutzgesetz. Beurteilen Sie, welche zwei der nachfolgenden Aussagen nicht zutreffend sind! Falls nur eine Aussage falsch ist, tragen Sie bitte eine ⑨ in das zweite Kästchen ein!

① Der Ausbildende ist dem Auszubildenden im unverschuldeten Krankheitsfall zur Entgeltfortzahlung für bis zu vier Monate verpflichtet.

Kompetenzstufe 2

② Der Auszubildende muss sich bemühen, so zu lernen, dass die Abschlussprüfung bestanden wird.

③ Der Ausbildende muss sicherstellen, dass dem Auszubildenden mindestens 12 Werktage am Stück Urlaub gewährt werden.

④ Der Auszubildende hat einen Urlaubsanspruch von mindestens 25 Arbeitstagen, sofern er das 18. Lebensjahr vollendet hat.

⑤ Der Ausbildende muss dem Auszubildenden spätestens am letzten Werktag des Monats seine Ausbildungsvergütung zahlen.

⑥ Der Ausbildende muss den Auszubildenden rechtzeitig zu den Prüfungen anmelden und für diese freistellen.

⑦ Der Auszubildende haftet für solche Schäden, die er im Ausbildungsbetrieb an Maschinen, Büroeinrichtungen etc. fahrlässig oder vorsätzlich verursacht.

⑧ Auszubildende müssen die Weisungen des Ausbildenden im Rahmen der Berufsausbildung sorgfältig befolgen.

5. Der am 21.09.1999 geborene Malte Losch hatte sich im Mai 2016 bei der „Tuttlinger Brauerei AG" als Auszubildener beworben. Am 20. September 2016 absolvierte er mit Erfolg den Einstellungstest bei der Brauerei. Den schriftlichen Bescheid über das erfolgreiche Bestehen erhielt er am 21. Dezember 2016 verbunden mit einer Einladung zu einem gemeinsamen Gesprächstermin mit seinen Eltern in den Räumlichkeiten der Tuttlinger Brauerei AG. Am 27. Januar 2017 fand das Gespräch zwischen dem Ausbilder Konstantin Wollitz sowie Malte Losch und seinen Eltern statt. Zum Abschluss des Gesprächs teilte der Ausbilder Malte

Kompetenzstufe 3

und seinen Eltern mit, dass die Tuttlinger Brauerei AG Moritz eine Lehrstelle zum Industriekaufmann im September zur Verfügung stellt. Sowohl Malte als auch seine Eltern nahmen das Angebot gerne an. Wenige Tage nach dem Gespräch erhielt Malte am 13.02.2017 einen Ausbildungsvertrag von der Tuttlinger Brauerei AG zugesandt. Malte und seine Eltern vereinbarten einen Termin mit Frau Klemmle aus der Personalabteilung der „Tuttlinger Brauerei AG" und unterzeichneten am 15.02.2017 in deren Gegenwart gemeinsam den Ausbildungsvertrag. Am 11.03.2017 erhielt Malte eine Ausfertigung des unterzeichneten Ausbildungsvertrages per Post. Seine dreijährige Ausbildung beginnt zum 1. September 2017.

Entscheiden Sie, an welchem Tag der Ausbildungsvertrag rechtswirksam zu Stande gekommen ist!

① 20.09.2016   ③ 27.01.2017   ⑤ 15.02.2017

② 21.12.2016   ④ 13.02.2017   ⑥ 01.09.2017

6. Entscheiden Sie, welche der nachfolgenden Aussagen zur Beendigung des Ausbildungsverhältnisses falsch ist!

① Während der Probezeit kann das Ausbildungsverhältnis vom Auszubildenden jederzeit ohne Einhaltung einer Kündigungsfrist gekündigt werden.

② Während der Probezeit kann das Ausbildungsverhältnis vom Ausbildenden jederzeit ohne Einhaltung einer Kündigungsfrist gekündigt werden.

Kompetenzstufe 3

③ Das Ausbildungsverhältnis kann in beiderseitigem Einvernehmen durch Aufhebungsvertrag nach Ablauf der Probezeit beendet werden.

④ Der Auszubildende kann das Ausbildungsverhältnis nach Ablauf der Probezeit mit einer vierwöchigen Kündigungsfrist kündigen, wenn er ein Studium aufnehmen möchte.

⑤ Nach Ablauf der Probezeit kann der Ausbildende aus wichtigem Grund mit einer vierwöchigen Frist schriftlich kündigen. Der Kündigungsgrund muss angegeben werden.

⑥ Das Ausbildungsverhältnis endet spätestens mit dem Ablauf der Ausbildungszeit, frühestens jedoch mit dem Bestehen der Abschlussprüfung.

7. Kennzeichnen Sie nachfolgende Aussagenpaare mit einer

①, wenn nur Aussage A richtig ist,

②, wenn nur Aussage B richtig ist,

③, wenn sowohl Aussage A als auch Aussage B richtig ist,

④, wenn beide Aussagen falsch sind!

Kompetenzstufe 4

7.1	**A:** Die Ausbildungsordnung regelt u. a. die Ausbildungsdauer. Sie soll nicht mehr als vier und nicht weniger als zwei Jahre betragen.	
	B: Die Ausbildungsordnung legt den Ausbildungsrahmenplan fest. Hierbei handelt es sich um eine Anleitung zur sachlichen und zeitlichen Gliederung der Fertigkeiten und Kenntnisse.	
7.2	**A:** Der Ausbildungsrahmenplan ist Grundlage für den berufsbezogenen Unterricht in der Berufsschule und ist zeitlich und inhaltlich mit dem Ausbildungsrahmenlehrplan abgestimmt.	
	B: Der Rahmenlehrplan wird in einen betrieblichen Ausbildungsplan umgesetzt, der die Grundlage für die individuelle Ausbildung im Betrieb bildet.	
7.3	**A:** Im Rahmen der Fürsorgepflicht hat der Ausbildende dafür Sorge zu tragen, dass der Auszubildende keine sittlichen und körperlichen Schäden nimmt.	
	B: Der Auszubildende muss sich rechtzeitig bei der zuständigen Stelle zu Prüfungen anmelden.	
7.4	**A:** Ein 16-jähriger Auszubildender hat gemäß den gesetzlichen Vorschriften einen Urlaubsanspruch von mindestens 30 Arbeitstagen.	
	B: Der Auszubildende sollte seinen Urlaub möglichst außerhalb der Schulferien legen, um so die betrieblichen Belange so wenig als möglich zu stören.	
7.5	**A:** Während der Probezeit kann sowohl der Auszubildende als auch der Ausbilder das Ausbildungsverhältnis ohne Angabe von Gründen mit einer Frist von zwei Wochen kündigen.	
	B: Nach Ablauf der Probezeit können beide Seiten das Ausbildungsverhältnis aus wichtigem Grund kündigen. Die Kündigung muss schriftlich erfolgen und den Grund enthalten.	
7.6	**A:** Sind Auszubildende der Meinung, dass der ausbildende Betrieb seinen Pflichten nicht nachkommt, können sie sich unter anderem an den Betriebsrat wenden.	
	B: Ist zwischen dem Auszubildenden und dem Ausbildenden keine gütliche Einigung möglich, müssen die Amtsgerichte eingeschaltet werden.	

8.   Prüfen Sie in den nachfolgenden Fällen, wann die Ausbildung endet!

Kompetenzstufe 4

Fall-Nr.	Vorgang	Ausbildungs-ende
8.1	Dominik Duffner absolviert eine Ausbildung zum Kaufmann für Spedition und Lagerlogistik bei der Konstanzer Logistik GmbH. Sein Ausbildungsvertrag endet am 30.06.2018. Am 14.04.2018 nimmt er an der schriftlichen Prüfung teil. Am 16.05.2018 wird er schriftlich über das Bestehen dieses Prüfungsteils informiert. Seine mündliche Prüfung absolviert er erfolgreich am 05.06.2018; sein IHK-Zeugnis wird ihm am 08.06.2018 in einer entsprechenden Veranstaltung überreicht.	
8.2	Henrike-Henriette Schwalmbach hat nach dem Abitur auf einem humanistischen Gymnasium am 01.09.2017 eine Ausbildung zur Kauffrau im Groß- und Außenhandel begonnen. Am 15.09.2017 erhält sie morgens einen Anruf ihrer Mutter, die sie über eine Zusage für einen Studienplatz an der Kunsthochschule Berlin informiert. Da Henrike-Henriette diesen unbedingt annehmen möchte und zudem noch in Berlin auf Wohnungssuche gehen muss, möchte sie das Ausbildungsverhältnis zum frühest möglichen Termin beenden.	
8.3	Der schon als Jugendlicher straffällig gewordene Kevin Ramelow absolviert zurzeit eine Ausbildung zur Fachkraft für Lagerlogistik. Während eines Streits mit seinem Vorgesetzten am Freitag, den 19. Mai 2017, beschimpft er diesen und wirft ihm schließlich einen auf dem Tisch liegenden Apfel an den Kopf. Der Ausbilder teilt ihm daraufhin am darauf folgenden Montag mündlich mit, dass das Ausbildungsverhältnis mit sofortiger Wirkung endet. Zwei Tage nach dem Gespräch erhält Kevin per Einschreiben die Kündigung seines Ausbildungsbetriebes. Am 26. Mai schaltet er seinen Anwalt Dr. Adam Hilfmiradic ein. Einen Tag später meldet er sich bei der Agentur für Arbeit arbeitslos.	
8.4	Wiebke Charlotte Grünewald hat am 01.08.2017 eine Ausbildung zur Kauffrau für Versicherungen und Finanzen begonnen. Während der Silvesterfeier mit ihren alten Schuldfreundinnen klagt sie ihr Leid darüber, dass ihr die Ausbildung auch nach fünf Monaten keinen Spaß macht und sie wegen ihrer kreativen Fähigkeiten viel lieber eine Ausbildung zur Medienkauffrau Digital und Print absolvieren würde. Nach intensiven Gesprächen beschließt Wiebke Charlotte kurz vor Mitternacht als „Vorsatz für das neue Jahr", die Ausbildung so bald als möglich zu beenden. Noch am Neujahrstag schreibt sie die Kündigung und gibt diese gleich am 2. Januar 2018 bei ihrem Ausbilder ab.	

2 Schutzbestimmungen für Mitarbeiter am Arbeitsplatz beachten

Lernsituation 2:

Gleich am ersten Tag seiner Ausbildung lernt Moritz Becker bei der Freiburger Maschinenbau AG (vgl. Lernsituation 1) seine kaufmännischen Mitauszubildenden kennen. Nach einer kurzen Begrüßungsansprache des Ausbilders Fred Herget im Schulungsraum des Ausbildungsbetriebes stellt er kurz die insgesamt 15 Auszubildenden und deren jeweilige Ausbildungsberufe vor.

Insgesamt bildet das Unternehmen zurzeit neben sechs Industriekaufleuten auch noch vier Fachkräfte für Lagerlogistik, zwei Kaufleute für Spedition und Logistikdienstleistung, zwei Kauffrauen für Büromanagement sowie einen Groß- und Außenhandelskaufmann aus.

Im Anschluss an die Rede von Fred Herget begrüßt der stellvertretende Geschäftsführer der Freiburger Maschinenbau AG, Herr Dr. Daschner, die Auszubildenden.

In seiner kurzen Ansprache weist er darauf hin, dass das Unternehmen mit der traditionell großen Anzahl von Ausbildungsplätzen seiner Verantwortung für die Region gerecht werden möchte. Wegen des auch in diesem Betrieb künftig spürbaren Fachkräftemangels sei es das Ziel des Unternehmens, allen Auszubildenden im Anschluss an die hoffentlich erfolgreiche Ausbildung ein entsprechendes Übernahmeangebot in Form eines Arbeitsvertrages machen zu können.

Besonderen Wert legt der Geschäftsführer in seiner Ansprache auf die Beachtung der betrieblichen Ordnung, die sich stark an den gesetzlichen Vorgaben orientiert. Beispielhaft führt er die Sicherheitsbestimmungen auf dem Betriebsgelände an, wo es trotz aller Vorsichtsmaßnahmen in der Vergangenheit leider immer wieder zu kleineren Zwischenfällen kam.

Stolz sei das Unternehmen hingegen auf das von verschiedenen Institutionen bereits mehrfach ausgezeichnete Gesundheitsmanagement im Betrieb, zu dessen Bausteinen neben einigen Betriebssportgruppen auch vielfältige Programme zur gesunden Ernährung gehören.

Schließlich verweist Herr Dr. Daschner noch auf die nachhaltige Ausrichtung des Unternehmens, wobei man besonderen Wert auf Abfallvermeidung und Recycling legt.

Nach Beendigung seiner Rede lädt der Geschäftsführer die Auszubildenden noch zu einem kleinen Stehimbiss ein. Dabei kommt Moritz ins Gespräch mit einem seiner Mitauszubildenden, dem 17-jährigen Kevin, der in dem Unternehmen eine Ausbildung zur Fachkraft für Lagerlogistik beginnt.

Während des Gesprächs beschwert sich Kevin direkt bei Moritz, wie sehr ihn schon jetzt die ganzen Arbeitsschutzbestimmungen nerven. So müsse er im Gegensatz zu Moritz während der Arbeitszeit ständig schwere Sicherheitsschuhe und einen Helm tragen, unter dem man mächtig schwitzt. Mit Moritz tauschen möchte Kevin allerdings auch nicht. Er führt an, dass er im Gegensatz zu Moritz nicht im Anschluss an die Berufsschule noch in den Betrieb müsse. Auch habe er von einem Kumpel erfahren, dass er mit 60 Minuten eine im Vergleich zu Moritz um 15 Minuten längere Mittagspause habe. Moritz wiederum versteht überhaupt nicht, was derartige Regelungen mit Schutzvorschriften zu tun haben sollen.

3 Boller - ISBN 978-3-8120-1557-8

Kompetenzorientierte Arbeitsaufträge:

1. Nennen Sie zunächst die in der Lernsituation aufgeführten bzw. angesprochenen „Schutzbereiche"!

Aufgeführte Schutzbereiche:

➤ _____

➤ _____

➤ _____

➤ _____

2. Herr Dr. Daschner bedauert, dass es trotz der Arbeitsschutzvorschriften im Betrieb immer wieder zu kleineren Zwischenfällen kam. Recherchieren Sie, welche Behörden für die Überwachung der Arbeitsschutzbestimmungen zuständig sind und erläutern Sie anschließend kurz deren Aufgabe!

```
Behörde: _____

_____

_____

_____

_____
```

**Überwachung der
Arbeitsschutzbedingungen**

```
Behörde: _____          Behörde: _____

_____              _____

_____              _____

_____              _____

_____              _____
```

3. Sammeln Sie gemeinsam mit Ihrem Sitzpartner oder in Kleingruppen Vorschläge bzw. Aktivitäten, die Ihnen im Rahmen eines betrieblichen Gesundheitsmanagements wichtig erscheinen. Versuchen Sie dabei die von Ihnen aufgeführten Maßnahmen so konkret wie möglich zu beschreiben, um Sie anschließend vor der Klasse präsentieren zu können!

Vorschläge bzw. Aktivitäten	Beschreibung der Maßnahmen
	_____ _____ _____ _____
	_____ _____ _____ _____
	_____ _____ _____ _____
	_____ _____ _____ _____

4. Beschreiben Sie in Form einer schriftlichen Aufzählung konkret, welche Maßnahmen in Ihrem Ausbildungsbetrieb in Bezug auf Umweltschutz Anwendung finden!

Maßnahmen zum Umweltschutz	Beschreibung der Maßnahmen
	_____ _____ _____ _____
	_____ _____ _____ _____

Maßnahmen zum Umweltschutz	Beschreibung der Maßnahmen
	_____ _____ _____ _____
	_____ _____ _____ _____

5. Beschäftigen Sie sich zunächst mit den wichtigsten Bestimmungen des Jugendarbeitsschutzgesetzes! Erläutern Sie anschließend in Form eines kleinen Erfahrungsberichtes, inwiefern bei Ihnen oder bei Ihren Bekannten diese Bestimmungen in Betrieben eingehalten bzw. nicht eingehalten wurden!

Erfahrungsbericht mit ausgewählten Aspekten zum Jugendarbeitsschutz

_____

_____

_____

_____

_____

_____

_____

_____

_____

_____

_____

_____

_____

6. Lückentext

Ergänzen Sie den Lückentext, indem Sie das jeweils fehlende Wort einsetzen!

Nach dem _____ sind die Unternehmen verpflichtet, die zur Sicherheit und Gesundheit der Beschäftigten bei der Arbeit erforderlichen Maßnahmen des _____ zu treffen.

Die _____ überwachen die Arbeitsschutzvorschriften und sorgen dafür, dass die Missstände beseitigt werden. Die _____ hingegen erstellen _____ _____, die die Unternehmen zur Einführung von Schutzmaßnahmen verpflichten. Im Unternehmen haben die _____ darüber zu wachen, dass die Unfallverhütungsvorschriften eingehalten werden.

Das _____ legt fest, dass die werktägliche Arbeitszeit für Arbeitnehmer _____ Stunden nicht überschreiten darf. Die Arbeitszeit kann auf bis zu _____ Stunden täglich erhöht werden, wenn innerhalb von _____ Kalendermonaten oder innerhalb von _____ Wochen im Durchschnitt _____ Stunden werktäglich nicht überschritten werden.

Kompetenz-Check

1. Überprüfen Sie die nachfolgenden Aussagen auf ihre Richtigkeit und entscheiden Sie, welche der Aussagen zu den Schutzbestimmungen für Mitarbeiter am Arbeitsplatz falsch ist!

   ① Die Gewerbeaufsichtsämter überwachen die Arbeitsschutzvorschriften und sorgen dafür, dass Missstände beseitigt werden.

   ② Bei einem Betriebsunfall oder bei einem Wegeunfall zur Arbeitsstätte bzw. dem Rückweg nach Hause ist das zuständige Gewerbeaufsichtsamt zu informieren, wenn es sich um einen Arbeitsunfall handelt, der zu einer Arbeitsunfähigkeit von mehr als drei Kalendertagen führt.

Kompetenzstufe 1

   ③ Dem Gesundheitsschutz der Mitarbeiter dienen verschiedene Gesetze. Hierzu zählen unter anderem: das Arbeitszeit-, Mutterschutz- und das Arbeitssicherheitsgesetz.

   ④ Staatlich geförderte Programme sowie die Krankenkassen unterstützen die Mitarbeitergesundheit z.B. durch Bewegungsprogramme, Ernährungsberatung, Suchtprävention und Stressbewältigung.

   ⑤ Nach dem Kreislaufwirtschaftsgesetz sind alle, die Güter produzieren, vermarkten oder konsumieren, für die Vermeidung, Verwertung oder umweltverträgliche Entsorgung der Abfälle grundsätzlich selbst verantwortlich.

   ⑥ Das Jugendarbeitsschutz gilt für alle Arbeitgeber, die Jugendliche beschäftigen. Dabei spielt es keine Rolle, ob die Jugendlichen Auszubildende, Arbeiter oder Angestellte sind.

2. Entscheiden Sie, welche der nachfolgenden Aussagen zum Jugendarbeitsschutz richtig ist!

① Das Jugendarbeitsschutzgesetz gilt nur für Personen bis zum vollendeten
16. Lebensjahr.

② Der Arbeitsbeginn darf frühestens um 07:00 Uhr liegen, das Arbeitsende
nicht später als 20:00 Uhr.

Kompetenzstufe 1

③ Bei einer Beschäftigung von mehr als 5 Stunden muss die Pause mindestens 60 Minuten betragen.

④ Endet die Arbeitszeit um 20:00 Uhr, so darf der Auszubildende nicht vor 08:00 Uhr am folgenden Tag beschäftigt werden.

⑤ Der Arbeitgeber muss das körperliche Züchtigungsverbot sowie das Verbot der Abgabe von
Alkohol und Tabakwaren an Jugendliche unter 18 Jahren beachten.

⑥ Jugendliche, die in das Berufsleben eintreten, dürfen nur beschäftigt werden, wenn sie innerhalb der letzten 18 Monate von einem Arzt untersucht worden sind (Erstuntersuchung).

3. Lesen Sie nachfolgende Rechtsvorschriften des Jugendarbeitsschutzgesetzes
und ergänzen Sie die fehlenden Zahlen durch Eintragung in das Feld rechts
neben der Rechtsvorschrift!

Kompetenzstufe 2

Nr.	Rechtsvorschrift	Fehlende Angabe
3.1	Zwischen dem Ende der Arbeitszeit eines Tages und dem Beginn der Arbeitszeit am nächsten Tag müssen mindestens … Stunden Freizeit liegen.	
3.2	Bei einer Beschäftigung von mehr als 4,5 Stunden muss die Pause mindestens … Minuten betragen.	
3.3	Eine Pause von mindestens 60 Minuten muss gewährt werden bei einer Beschäftigung von mehr als … Stunden.	
3.4	Die maximale zulässige tägliche Arbeitszeit für einen Jugendlichen liegt bei … Stunden.	
3.5	An Berufsschultagen mit mehr als 5 Unterrichtsstunden von mindestens … Minuten darf der Jugendliche nicht beschäftigt werden.	
3.6	Bei einer 5-Tage-Woche darf die Wochenarbeitszeit maximal 40 Stunden betragen, die tägliche Arbeitszeit maximal … Stunden am Tag.	

4. Überprüfen Sie die nachfolgenden Aussagen auf ihre Richtigkeit und entscheiden Sie, welche der Aussagen zu den Schutzbestimmungen für Mitarbeiter am Arbeitsplatz falsch ist!

Kompetenzstufe 2

① Sicherheitszeichen weisen Mitarbeiter auf mögliche Gefahren und Risiken hin. Hierzu zählen Verbots-, Gebots-, Warn- und Rettungszeichen.

② Die Berufsgenossenschaften erstellen und überwachen Unfallverhütungsvorschriften. Sie verlangen gegebenenfalls die Beseitigung der Mängel und können Ordnungsstrafen verhängen, falls die Auflagen nicht erfüllt werden.

③ Zum Schutz von Jugendlichen dürfen bestimmte Personen keine Jugendlichen beschäftigen und diese auch nicht ausbilden. Hierzu zählen Personen, die wegen eines Verbrechens zu einer Freiheitsstrafe von mindestens einem Jahr rechtskräftig verurteilt wurden.

④ Bei wesentlichen Änderungen der Arbeitsbedingungen sind Jugendliche vom Arbeitgeber über Unfall- und Gesundheitsgefahren, denen sie am Arbeitsplatz ausgesetzt sind, zu informieren.

⑤ Legt der Jugendliche nach 14-monatiger Beschäftigung keine ärztliche Bescheinigung über die Nachuntersuchung vor, besteht Beschäftigungsverbot, was für den Arbeitgeber ein Grund zur fristlosen Kündigung ist.

⑥ Das Arbeitszeitgesetz gilt für alle Arbeitgeber und die Arbeitnehmer, für die für keine Sondervorschriften bestehen.

5. Lesen Sie nachfolgende Rechtsvorschriften zum Gesundheitsschutz und ergänzen Sie die fehlenden Zahlen durch Eintragung in das Feld rechts neben der Rechtsvorschrift!

Kompetenzstufe 3

Nr.	Rechtsvorschrift	Fehlende Angabe
5.1	Werdende Mütter dürfen nicht beschäftigt werden mit schweren körperlichen Arbeiten, z.B. regelmäßiges Heben von Lasten über … kg.	
5.2	Nach Beendigung der täglichen Arbeitszeit müssen dem Arbeitnehmer mindestens … Stunden Freizeit verbleiben.	
5.3	Gemäß dem Mutterschutzgesetz muss eine Schwangere … Wochen vor der Entbindung von der Arbeit befreit werden.	
5.4	Nach mehr als 6 bis 9 Stunden Arbeitszeit ist eine Ruhepause von mindestens … Minuten zu gewähren.	
5.5	Während der Schwangerschaft, bis zum Ablauf von … Monaten nach der Entbindung und während der Elternzeit besteht Kündigungsschutz.	
5.6	Die Arbeitszeit für Arbeitnehmer kann auf bis zu … Stunden täglich erhöht werden, wenn innerhalb von 6 Kalendermonaten im Durchschnitt 8 Stunden werktäglich nicht überschritten werden.	

6. Bearbeiten Sie nachfolgende Fälle, indem Sie die fehlenden Daten der einzelnen Vorgänge in der rechten Spalte ergänzen!

Kompetenzstufe 4

Fall-Nr.	Vorgang	Fehlende Daten
6.1	Der 17-jährige Justin Hellermann arbeitet als angehender Fachlagerist in einem Großmarkt in Stuttgart. Den Ausbildungsbetrieb hat Justin bewusst gewählt, da dieser Großmarkt als einer der wenigen Ausbildungsbetriebe an Freitagen grundsätzlich um 12:00 Uhr schließt und seine Mitarbeiter ins Wochenende entlässt. Ansonsten gelten für Justin für die übrigen Tage die gesetzlich maximal zulässigen Arbeitszeiten. An einem Montag hat Justin um 08:45 Uhr mit der Arbeit begonnen. Um 10:00 Uhr macht er eine 15-minütige Frühstückspause. Bereits um 12:15 Uhr verlässt er für 45 Minuten seinen Ausbildungsbetrieb, um in einem benachbarten Dönerladen ausgiebig zu Mittag zu essen. Wegen der sommerlichen Temperaturen geht er um 15:00 Uhr erneut für eine halbe Stunde in die Stadt, um sich dort mit einem Eis auf einer Parkbank im Schatten entsprechend auszuruhen. Nach seiner Rückkehr möchte er nunmehr von seinem Kollegen Holger Nimmermann wissen, um welche Uhrzeit er nach Hause gehen kann, ohne gegen den Ausbildungsvertrag zu verstoßen.	
6.2	Jennifer Wotschel arbeitet als Kauffrau im Einzelhandel bei der Ulmer Young Fashion KG. Der Job macht ihr sehr viel Spaß, da sie das Sortiment ihres Arbeitgebers selbst gerne trägt und somit Kunden mit viel Überzeugung und Leidenschaft ausgiebig beraten kann. Seit zwei Monaten wird in dem Betrieb auch die 17-jährige Auszubildende Dilara Kusel beschäftigt, mit der sich Jennifer sehr gut versteht. An einem Dienstagabend wollen Jennifer und Dilara gemeinsam Feierabend machen und fragen ihren Chef, ob sie heute beide ausnahmsweise um 20:00 Uhr gehen können, obwohl der Laden eigentlich bis 22:00 Uhr geöffnet hat. Der Chef genehmigt ihr Vorhaben, bittet beide aber morgen so früh wie möglich zur Arbeit zu erscheinen, da eine große Lieferung von Neuware vor Ladenöffnung eingeräumt werden muss. Beim Verlassen des Ladens fragt Dilara, wann der Chef denn mit ihrem Eintreffen morgen früh rechnet.	
6.3	Im Anschluss an seine Ausbildung zum Immobilienkaufmann hat Maximilian Bollmann eine Anstellung bei der Bodensee Immobilienagentur GmbH angetreten. Am ersten Arbeitstag geht er mit seinem Kollegen Oliver Hensel in die Mittagspause. Maximilian möchte mehr über die Arbeitszeiten im Unternehmen erfahren, da der Geschäftsführer bei der Einstellung nicht ausschließen wollte, dass Maximilian auch mal an Sonntagen arbeiten müsse. Als Begründung hat der Geschäftsführer vorgetragen, dass einige vermögende Kunden nur an diesem Tag wirklich Zeit für Besichtigungen finden. Oliver schaut seinen neuen Kollegen mit großen Augen an und sagt: „Es ist immer dasselbe! Der Chef verharmlost diesen Punkt bei allen Neueinstellungen. Du kannst dir sicher sein, dass du ständig an Sonntagen arbeiten musst. Der einzige Trost, der dir bleibt, ist, dass er sich zumindest an die gesetzlichen Vorschriften hält, wonach eine bestimmte Anzahl von Sonntagen jährlich beschäftigungsfrei bleiben muss. Aber da musst du dich mal erkundigen, denn ich weiß momentan nicht mehr, wie viele das sind!"	

3 Mitbestimmung nach dem Betriebsverfassungsgesetz beschreiben und anwenden

Lernsituation 3:

Die Kramer GmbH ist ein noch relativ junges Unternehmen. Durch innovative Logistikleistungen ist es in den letzten Jahren sehr stark gewachsen und hat inzwischen 74 Mitarbeiter, darunter sieben Auszubildende. Allerdings bereitete das rasche Wachstum nicht jedem Mitarbeiter Freude, da es versäumt wurde, die dafür erforderlichen Organisationsstrukturen und festen Regeln zu schafffen.

Vieles wurde nach wie vor aus dem Bauch heraus entschieden oder mal so, mal so gehandhabt. Insbesondere die immer wieder „von oben herab" geänderten Arbeitszeiten und die Handhabung der Kündigungen sorgten für Unruhe unter den Mitarbeitern. Der Wunsch nach mehr Mitwirkung und mehr Mitbestimmung durch die Mitarbeiter wurde immer lauter.

Gerd Sommer, seit einem Jahr Mitarbeiter in der Kramer GmbH und Mitglied der Gewerkschaft „ver.di", wurde zum Ansprechpartner vieler Mitarbeiter und darum gebeten, „endlich mal was zu unternehmen". Also organisierte er eine Zusammenkunft der Mitarbeiter und referierte – so gut er es konnte – über die Möglichkeiten der betrieblichen Mitbestimmung.

Die Zusammenkunft verlief turbulent, die Zuhörer waren neugierig und stellten viele Fragen. Annegret Geiger protokollierte die Zusammenkunft.

Kramer GmbH, Pforzheimer Str. 21, 75433 Maulbronn

Protokoll

Anlass: Zusammenkunft der Mitarbeiter der Kramer GmbH
Ort: Verwaltungsgebäude der Kramer GmbH, Konferenzraum 1
Zeit: 20. 01. 20 . ., 16:30–18:00 Uhr
Teilnehmer: Siehe Anhang Teilnehmerliste

Tagesordnungspunkte (TOP)

TOP 1: Änderung der Arbeitszeiten seitens der Geschäftsleitung ohne Rücksprache

TOP 2: Kurzfristige Kündigungen in Lager und Verwaltung

TOP 3: Verschiedenes

. . .

Zu TOP 3: Die Terminabsprache mit der Geschäftsleitung für die nächste Zusammenkunft erfolgt durch Gerd Sommer. Bis dahin werden von ihm folgende Fragen geklärt:

1. Welche rechtliche Stellung hat ein Betriebsrat?
2. Erfüllt die Kramer GmbH die Voraussetzungen, damit er eingerichtet werden kann?
3. An welchem Tag findet die Wahl statt?
4. Wer ist wahlberechtigt?
5. Wer ist wählbar?
6. Wie viele Betriebsratsmitglieder gibt es in der Kramer GmbH?
7. Wie wird der Vorsitzende des Betriebsrates gewählt?
8. Können auch Mitarbeiter mit einer ausländischen Staatsangehörigkeit Mitglied im Betriebsrat werden?
9. Gibt es in der Kramer GmbH die Möglichkeit zu einer Jugend- und Auszubildendenvertretung?
10. Was wären ihre Rechte?
11. Was wären ihre Aufgaben?

4 Boller · ISBN 978-3-8120-1557-8

12. Welche Rechte hätte der Betriebsrat
  – bei der Neueinstellung eines Mitarbeiters,
  – wenn Herr Kramer wieder mal die Arbeitszeiten ändern will,
  – wenn einem Mitarbeiter gekündigt werden soll?

Protokollführung: *Annegret Geiger*

Kompetenzorientierte Arbeitsaufträge:

1. Nennen Sie Gründe dafür, warum über die Zusammenkunft ein Protokoll geführt wird!

Mögliche Gründe für das Führen eines Protokolls:

1. _____

   _____

   _____

2. _____

   _____

   _____

3. _____

   _____

   _____

2. Lesen Sie sich den Auszug aus dem von Annegret Geiger angefertigten Protokoll durch. Recherchieren Sie, welche Vorgaben bei der Anfertigung eines Protokolls berücksichtigt werden müssen. Prüfen Sie, ob das vorliegende Protokoll in formaler Hinsicht korrekt angelegt ist!

Das Protokoll muss enthalten:

➤ das Wort Protokoll und den Namen des Unternehmens   ☑

➤ _____ ☐

➤ _____ ☐

➤ _____ ☐

➤ _____ ☐

➤ _____ ☐

Fazit meiner Prüfung des Protokolls: _____

_____

3. Versetzen Sie sich in die Rolle von Gerd Sommer und beantworten Sie die Fragen der Mitarbeiter!

Nr.	
3.1	
3.2	
3.3	
3.4	
3.5	
3.6	
3.7	
3.8	
3.9	

Nr.	
3.10	➤ _____ _____ ➤ _____ _____
3.11	➤ _____ _____ ➤ _____ _____ ➤ _____ _____
3.12	Neueinstellung eines Mitarbeiters: _____ _____ _____ Änderung der Arbeitszeiten: _____ _____ Kündigung eines Mitarbeiters: _____ _____ _____ _____

4. Kreuzworträtsel

4.1 Lösen Sie nachfolgendes Kreuzworträtsel!

4.2 Erläutern Sie anschließend kurz das Lösungswort in dem dafür vorgesehenen Feld.

① Sie gilt als wichtiges Grundrecht für Arbeitnehmer und ist im Betriebsverfassungsgesetz festgelegt.

② Alle Arbeitsnehmer haben das Recht, sie einzusehen.

③ Ein Recht des Betriebsrats.

④ Eine schriftlich niedergelegte Absprache zwischen Arbeitgeber und Betriebsrat.

⑤ Hier werden die Arbeitnehmer über die den Betrieb betreffenden Angelegenheiten informiert.

⑥ Sie ist eine von zwei Mitbestimmungsebenen in der Bundesrepublik Deutschland.

⑦ Er ist zu den Betriebsversammlungen unter Mitteilung der Tagesordnung einzuladen.

⑧ Arbeitnehmer haben das Recht, Vorschläge über die … ihrer Arbeitsplätze zu machen..

⑨ Beim … muss der Arbeitgeber auch Gegenvorschläge zur Kenntnis nehmen, aber nicht befolgen.

⑩ Er stellt einen Sonderfall der Betriebsvereinbarung dar.

⑪ Die Mitbestimmung ist zwingend. Dies bedeutet, dass der Arbeitgeber bestimmte Maßnahmen nur mit … des Betriebsrats durchführen kann.

Lösungswort:

Kompetenz-Check

1. Entscheiden Sie, welche der nachfolgenden Aussagen zur Mitbestimmung nach dem Betriebsverfassungsgesetz falsch ist! Sind alle Aussagen richtig, tragen Sie bitte eine ⑨ in das Kästchen ein!

Kompetenzstufe 1

① Die betriebliche Mitbestimmung ist im Betriebsverfassungsgesetz festgelegt und enthält gesetzliche Regelungen zum Betriebsrat, zur Jugend- und Auszubildendenvertretung, zu unmittelbaren Rechten der Belegschaftsmitglieder und zur Betriebsvereinbarung.

② In Betrieben mit mindestens fünf ständig wahlberechtigten Arbeitnehmern, von denen drei wählbar sind, kann ein Betriebsrat gewählt werden.

③ In Betrieben mit 5 bis 20 wahlberechtigten Arbeitnehmern besteht der Betriebsrat aus mindestens einer Person. Bei mehr als 20 Arbeitnehmern besteht der Betriebsrat aus mindestens zwei Mitgliedern.

④ Unter einer Betriebsversammlung versteht man die Versammlung der Arbeitnehmer und des Betriebsrates eines Unternehmens. Der Betriebsrat hat in jedem Kalendervierteljahr eine Betriebsversammlung einzuberufen, die während der Arbeitszeit stattfindet.

⑤ Sofern ein Betrieb in der Regel mindestens fünf Arbeitnehmer beschäftigt, die das 18. Lebensjahr noch nicht vollendet haben oder die in ihrer Berufsausbildung stehen und das 25. Lebensjahr noch nicht vollendet haben, kann von dem genannten Personenkreis eine Jugend- und Auszubildendenvertretung gewählt werden.

⑥ Die Jugend- und Auszubildendenvertretung wird für einen Zeitraum von zwei Jahren gewählt, der Betriebsrat hingegen für vier Jahre.

2. Überprüfen Sie die nachfolgenden Aussagen auf ihre Richtigkeit und entscheiden Sie, welche Aussage zur betrieblichen Mitbestimmung richtig ist! Sind alle Aussagen falsch, tragen Sie bitte eine ⑨ in das Kästchen ein!

Kompetenzstufe 1

① In die Jugend- und Auszubildendenvertretung können nur Personen gewählt werden, die das 25. Lebensjahr noch nicht vollendet haben. Erfüllen sie diese Bedingung, können sie sich wählen lassen, sie besitzen somit das aktive Wahlrecht.

② Der Arbeitgeber ist zu den Betriebsversammlungen unter Mitteilung der Tagesordnung einzuladen. Er ist jedoch nicht berechtigt, in der Vollversammlung zu sprechen.

③ Die Jugend- und Auszubildendenvertretung ist ein selbstständiges Organ der Betriebsverfassung. Sie ist dem Betriebsrat nachgeordnet. Nur durch dessen Vermittlung kann sie auf den Arbeitgeber einwirken.

④ Alle Arbeitnehmer haben das Recht, in die über sie geführten Personalakten Einsicht zu nehmen. Der Antrag hierzu muss schriftlich zwei Wochen vor Einsichtnahme eingereicht werden.

⑤ Betriebsvereinbarungen sind Absprachen zwischen Arbeitgeber, Betriebsrat und Jugend- und Auszubildendenvertretung. Die schriftlich niedergelegte und von beiden Seiten unterzeichnete Betriebsvereinbarung wird auch Betriebsordnung genannt.

⑥ Der Sozialplan – ein Sonderfall der Betriebsvereinbarung – stellt eine vertragliche Abmachung zwischen Arbeitgeber und Betriebsrat über den Ausgleich oder die Milderung wirtschaftlicher Nachteile dar, die der Belegschaft als Folge geplanter Betriebsänderungen entstehen.

3. Entscheiden Sie, welche der nachfolgenden Aussagen zu den Rechten des Betriebsrats richtig ist! Sind alle Aussagen falsch, tragen Sie bitte eine ⑨ in das Kästchen ein!

Kompetenzstufe 2

① Die volle Mitbestimmung bei personellen Einzelmaßnahmen besteht nur in Unternehmen mit mehr als zwanzig Betriebsratsmitgliedern.

② Das Informationsrecht des Betriebsrates gilt z. B. für die Einführung neuer Arbeitsverfahren und Arbeitsabläufe oder die Veränderung von Arbeitsplätzen.

③ Regelungen zur Arbeitszeit oder zur Auszahlung der Arbeitsentgelte unterliegen dem Beratungsrecht des Betriebsrates.

④ Die Einschränkung oder Stilllegung von Betriebsteilen sowie der Zusammenschluss von Betrieben oder die Änderung der Betriebsorganisation fallen unter das Mitwirkungsrecht des Betriebsrats.

⑤ Widerspricht der Betriebsrat einer fristgemäß ausgesprochenen Kündigung, führt dies zur vorübergehenden Aufhebung der Kündigung. Sollte die Unternehmensleitung mit dem Widerspruch nicht einverstanden sein, muss der Fall vor dem Arbeitsgericht geklärt werden.

⑥ Angelegenheiten in Bezug auf die Sozialeinrichtungen eines Betriebes (z. B. Kantine, Kinderbetreuung), Zuweisung und Kündigung von Betriebswohnungen unterliegen dem Beratungsrecht. Der Betriebsrat hat somit das Recht, Gegenvorschläge zu unterbreiten.

4. Lesen Sie nachfolgende Rechtsvorschriften zur betrieblichen Mitbestimmung und ergänzen Sie die fehlenden Zahlen durch Eintragung in das Feld rechts neben der Rechtsvorschrift!

Kompetenzstufe 3

Nr.	Rechtsvorschrift	Fehlende Angabe
4.1	Die Jugend- und Auszubildendenvertretung kann aus bis zu … Mitgliedern bestehen.	
4.2	Bei mehr als 20 Arbeitnehmern besteht der Betriebsrat aus mindestens … Mitgliedern.	
4.3	Das passive Wahlrecht besitzen alle Arbeitnehmer, die mindestens … Monate dem Betrieb angehören.	
4.4	Das aktive Wahlrecht zur Jugend- und Auszubildendenvertretung haben nur solche Arbeitnehmer, die nicht älter sind als … Jahre.	
4.5	Die tägliche Arbeitszeit bei der Ulmer Trendimmobilien KG beträgt 8 Stunden für alle Vollzeitbeschäftige, der Arbeitsbeginn ist einheitlich auf 09:30 Uhr festgelegt. Die Mittagspause beträgt 45 Minuten. Der Betriebsrat möchte sich zu einer 2-stündigen Sitzung treffen, die auf das Ende des Arbeitstages gelegt werden soll. Somit müsste der Sitzungsbeginn in dem Einladungsschreiben an die Geschäftsleitung auf … Uhr festgelegt sein.	

5.   Kennzeichnen Sie nachfolgende Aussagenpaare mit einer

    ①, wenn nur Aussage A richtig ist,

    ②, wenn nur Aussage B richtig ist,

    ③, wenn sowohl Aussage A als auch Aussage B richtig ist,

    ④, wenn beide Aussagen falsch sind!

Kompetenzstufe 4

5.1	A:	Das Betriebsverfassungsgesetz gilt für sogenannte Tendenzbetriebe (z. B. politisch ausgerichtete Zeitungsverlage, Religionsgemeinschaften) nur eingeschränkt.	
	B:	Durch Betriebsvereinbarungen können in jedem Unternehmen Löhne und Gehälter geregelt werden, sofern sich Arbeitgeber und Arbeitnehmer einig sind.	
5.2	A:	Die Mannheimer Logistik GmbH möchte die Vermögensbildung ihrer Mitarbeiter fördern. Dieses Vorhaben kann mittels Sozialplan umgesetzt werden.	
	B:	Der 24-jährige Jonas Hegele wird in die Jugend- und Auszubildendenvertretung der Konstanzer Maschinenfabrik KG gewählt. Drei Monate nach seiner Wahl vollendet er sein 25. Lebensjahr und scheidet somit automatisch aus diesem Gremium aus.	
5.3	A:	Der Betriebsrat hat Beschwerden von Arbeitnehmern entgegenzunehmen und bei all diesen Beschwerden beim Arbeitgeber auf deren Beseitigung hinzuwirken.	
	B:	Die 17-jährige Hannah Sophie Scholl befindet sich seit 10 Monaten in Ausbildung. Bei den Betriebsratswahlen verfügt sie weder über ein passives noch über ein aktives Wahlrecht.	
5.4	A:	Bei der Bodensee Immobilien GmbH gibt es eine Vielzahl von strittigen Fragen zwischen der Belegschaft und der Geschäftsleitung. Nach dem Betriebsverfassungsgesetz sollten beide Parteien sich mindestens einmal im Monat treffen, um diese Fragen zu klären.	
	B:	Die Freiburger Interlogistik GmbH möchte insgesamt fünf Fachkräfte für Lagerlogistik sowie einen Industriekaufmann für die Personalabteilung einstellen. Die Neubesetzung in der Personalabteilung stößt beim Betriebsrat auf Widerstand. Der Betriebsrat kann in derartigen Fällen gegen diese Einstellung Widerspruch einlegen.	

4 Bedeutung von Tarifverträgen und die Rolle der Sozialpartner beurteilen

Lernsituation 4:

Nils, Tobias und Jennifer besuchen zurzeit alle drei im Rahmen ihrer Ausbildung die Berufsschule in Stuttgart. Während der ersten Pause erzählt Nils ihnen ganz aufgeregt, dass er soeben über sein Smartphone von einem Kollegen die Nachricht erhalten habe, dass er morgen früh in den ersten beiden Stunden nicht wie üblich mit der Arbeit beginnen, sondern an einem Warnstreik vor dem Werkstor seines Ausbildungsbetriebes, der Stuttgarter Eisenwerke KG, teilnehmen soll. Des Weiteren erwähnt Nils noch, dass der Kollege in der Mail vermerkt hat, dass dieser Warnstreik wohl erst der Anfang sei. Nach Einschätzung des Kollegen kommt es wohl bald im

schaft nicht nur seine Interessen gegenüber dem Arbeitgeber vertreten, auch habe er damit einen kostenlosen Rechtsschutz bei arbeits- und sozialrechtlichen Auseinandersetzungen, eine Freizeit-Unfallversicherung und noch eine sehr informative Mitgliederzeitschrift sowie Zugang zu einem umfassenden Seminarangebot zur Weiterbildung. Nils ergänzt noch, dass aus seiner Sicht und nach seinem Verständnis das Beste jedoch darin besteht, dass er als Mitglied von einer eventuell von der IG-Metall ausgehandelten Erhöhung der Ausbildungsvergütung profitiert und somit ja bald mehr Geld in der Tasche hat als seine Mitschüler.

Jetzt schaltet sich Jennifer in das Gespräch ein und fragt Nils ganz interessiert, ob er mit solchen Aktionen nicht seinen Ausbildungsplatz oder gar seine spätere Übernahme in ein Arbeitsver-

„... Das Beste besteht jedoch darin, dass ich als Gewerkschaftsmitglied ... bald mehr Geld in meiner Tasche habe als meine Mitschüler."

„Das kann ich ja nun gar nicht glauben."

Anschluss an eine Urabstimmung zu tage- wenn nicht sogar wochenlangen Streiks im Betrieb und Nils solle sich schon mal auf einen harten Arbeitskampf einstellen.

Tobias reagiert ziemlich überrascht, da er von derartigen Aktionen in seinem Ausbildungsbetrieb bisher noch nichts mitbekommen hat. Zudem wundert er sich, dass Nils als Auszubildender an solchen Aktionen überhaupt teilnehmen darf.

Nils erwidert seinem Mitschüler, dass er gleich zu Beginn der Ausbildung auf Anraten des Betriebsratsvorsitzenden der Stuttgarter Eisenwerke KG der Gewerkschaft IG-Metall beigetreten sei. Für einen relativ kleinen Mitgliedsbeitrag habe er enorme Vorteile. So würde die Gewerk-

hältnis leichtfertig riskiert. Auch das Argument, dass nur Nils als Gewerkschaftsmitglied von einer eventuellen Erhöhung der Ausbildungsvergütung profitieren soll, kann sie überhaupt nicht nachvollziehen. Denn schließlich habe sie im Vorfeld ihrer Bewerbung zur Industriekauffrau in der Elektro- und Metallindustrie in Baden-Württemberg im Internet nur eine einheitliche Angabe der Ausbildungsvergütung gefunden. Wenn die Behauptung von Nils stimmen würde, gäbe es ja unterschiedliche Ausbildungsvergütungen für Mitglieder bzw. für Nicht-Mitglieder der IG-Metall. Schließlich versteht Jennifer überhaupt nicht, was ein Warnstreik eigentlich bezwecken soll und warum dieser nur zwei Stunden dauert.

5 Boller - ISBN 978-3-8120-1557-8

Kompetenzorientierte Arbeitsaufträge:

1. Stellen Sie zunächst in Partnerarbeit alle möglichen Aspekte, die Ihnen zum Thema Gewerkschaften im Zuge Ihrer Ausbildung bisher vermittelt wurden, in Form einer Mindmap zusammen! Versuchen Sie, die gesammelten Aspekte im Anschluss so weit wie möglich zu ordnen und informieren Sie Ihre Klasse über Ihr Arbeitsergebnis!

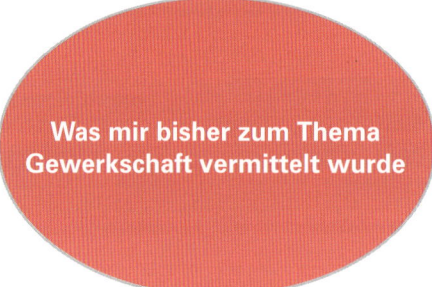

2. In der Lernsituation wird der Begriff „Warnstreik" angeführt. Recherchieren Sie mittels Internet über Laptop, Tablet-PC oder Smartphone, was man unter dieser Art von Streik genau versteht! Gehen Sie im Rahmen Ihrer Recherche auch auf die von Jennifer in diesem Zusammenhang aufgeworfenen Fragen zum Warnstreik ein!

Definition Warnstreik	
Gefahrdet ein Warn- streik den Ausbil- dungsplatz?	
Zahlt der Arbeitgeber während des Warn- streiks das Arbeits- entgelt?	

3. Erläutern Sie kurz, was man unter einer in der Lernsituation angeführten „Urabstimmung" versteht!

4. In dem Gespräch behauptet Nils, dass nur er als Gewerkschaftsmitglied von einer eventuellen Erhöhung der Ausbildungsvergütung profitiert; Jennifer hingegen bezweifelt dies. Klären Sie diese gegensätzlichen Positionen!

5. Lesen Sie nachfolgende Regelungen zu Tarifverträgen und ergänzen Sie die fehlenden Angaben durch Eintragung in das Feld rechts neben dem Sachverhalt!

Kompetenzstufe 4

Nr.	Sachverhalt	Fehlende Angabe
5.1	Lohn- und Gehaltstarifverträge werden im Abstand von … Jahren festgeschrieben.	
5.2	Nach der Kündigung des alten Tarifvertrages bilden die Sozialpartner eine Verhandlungskommission. Die Verhandlungen beginnen … Wochen vor Ablauf des Tarifvertrages.	
5.3	… Wochen nach Ablauf des Tarifvertrages endet die Friedenspflicht für die Sozialpartner.	
5.4	Zur Durchführung eines Streiks müssen sich mindestens … Prozent der aufgerufenen Gewerkschaftsmitglieder dafür entscheiden.	
5.5	Wurde im Anschluss an einen Streik eine Einigung zwischen den Sozialpartnern erzielt, müssen mindestens … Prozent der aufgerufenen Gewerkschaftsmitglieder für die Annahme stimmen.	

5 System der sozialen Absicherung beschreiben und begründen

Lernsituation 5:

Jan, Max, Philipp und Sebastian, allesamt noch Schüler bzw. Auszubildende, sind ziemlich beste Freunde. Sie treffen sich seit vielen Jahren regelmäßig, zumeist am Wochenende, um etwas gemeinsam zu unternehmen. Das Besondere an dieser „Männerfreundschaft" ist, dass sie – anders als vielleicht viele andere Gleichaltrige – nicht nur gemeinsam viel Spaß miteinander haben, sondern auch ihre Sorgen und Probleme teilen, indem sie sehr offen darüber sprechen.

So auch an diesem Wochenende, an dem sich die vier Freunde verabredet haben, um zunächst gemeinsam eine Pizzeria aufzusuchen und anschließend noch etwas Trinken zu gehen. Kurz nachdem sie die Bestellung aufgegeben haben, sagt Philipp, dass er sich solche Abende wohl künftig nicht mehr allzu oft leisten kann. Seit Freitag habe sein Vater seinen Arbeitsplatz verloren, ihm wurde gekündigt. Da seine Familie erst vor wenigen Jahren neu gebaut hat und noch das Darlehen für das Eigenheim stemmen müsse, sei das Haushaltsbudget durch die – hoffentlich nur vorübergehende – Arbeitslosigkeit des Vaters stark eingeschränkt. Sein Vater habe gestern bereits angedeutet, dass er noch gar nicht absehen könne, wie es finanziell weitergehen soll, ob er überhaupt Arbeitslosengeld erhält und wenn ja, wie viel dies genau sei. Vor diesem Hintergrund müssten sich auch Philipp, der zurzeit das Wirtschaftsgymnasium besucht, und seine beiden Geschwister darauf einstellen, „den Gürtel enger zu schnallen", zumindest was das Taschengeld anbelangt.

Jan kann die Nöte von Philipp nur allzu gut verstehen. Auch in seiner Familie gibt es zurzeit ziemliche Sorgen. Seine Oma, die bei ihnen im Haus wohnt, ist vor zwei Wochen im Badezimmer ausgerutscht und hat sich dabei den Oberschenkelhals gebrochen. Seit dieser Zeit sitzt sie im Rollstuhl und kann nicht mehr laufen. Im Krankenhaus haben seine Eltern zudem darauf hingewiesen, dass die Oma schon vor dem Sturz nicht nur erkennbar unsicher auf den Beinen unterwegs war, sondern in den letzten Jahren auch einen zunehmend vergesslicheren Eindruck macht. So habe sie immer häufiger in kurzen Zeitabständen die gleichen Fragen gestellt. Daraufhin haben die Ärzte im Rahmen

weitergehender Untersuchungen festgestellt, dass sie unter einer Demenz im fortgeschrittenen Stadium leidet. Die Sorgen der Eltern richten sich nun auf die Zeit, wenn die Oma aus dem Krankenhaus entlassen wird, da sie nicht genau wissen, wie sie die Pflege der nunmehr – zumindest für einen längeren Zeitraum – an den Rollstuhl gefesselten Oma sicherstellen sollen. Erste Erkundigungen bei einem örtlichen Pflegeheim haben ergeben, dass die monatlichen Kosten für einen Heimplatz die Rente der Oma bei Weitem übersteigen würden. Nunmehr hätten seine Eltern bei der Krankenversicherung einen Termin, um abzuklären, ob und wenn ja, in welchem Umfang hier mit Zuschüssen gerechnet werden könne oder ob sie die Kostendifferenz ganz allein tragen müssten.

Schnell stellen die vier Freunde im Gespräch fest, dass es eigentlich in all ihren Familien gleichartig gelagerte Sorgen gibt. Bei Sebastian ist es die ältere Schwester, die noch zu Hause wohnt und den Eltern finanzielle Probleme bereitet. Sebastian ist vor zwei Monaten erstmalig Onkel geworden. Eigentlich ein erfreuliches Ereignis, allerdings ist seine Schwester noch in der Ausbildung zur Einzelhandelskauffrau. Der Vater des Kindes hingegen wohnt nicht in Deutschland und hat auch nach derzeitigem Stand der Dinge kein Interesse, dies grundsätzlich ändern zu wollen. Zudem ist er noch Schüler und verfügt über kein eigenes Einkommen. Die Familie von Sebastian unterstützt die Schwester,

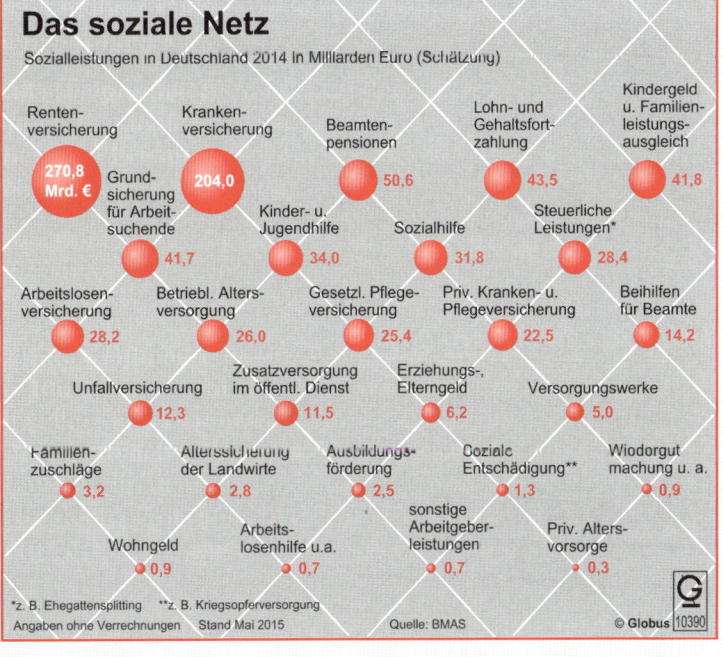

Das soziale Netz
Sozialleistungen in Deutschland 2014 in Milliarden Euro (Schätzung)

Rentenversicherung **270,8 Mrd. €**
Grundsicherung für Arbeitsuchende
Krankenversicherung **204,0**
Beamtenpensionen **50,6**
Lohn- und Gehaltsfortzahlung **43,5**
Kindergeld u. Familienleistungsausgleich **41,8**
Kinder- u. Jugendhilfe **41,7**
Betriebl. Altersversorgung **34,0**
Sozialhilfe **31,8**
Steuerliche Leistungen* **28,4**
Arbeitslosenversicherung **28,2**
Betriebl. Altersversorgung **26,0**
Gesetzl. Pflegeversicherung **25,4**
Priv. Kranken- u. Pflegeversicherung **22,5**
Beihilfen für Beamte **14,2**
Unfallversicherung **12,3**
Zusatzversorgung im öffentl. Dienst **11,5**
Erziehungs-, Elterngeld **6,2**
Versorgungswerke **5,0**
Familienzuschläge **3,2**
Alterssicherung der Landwirte
Ausbildungsförderung **2,5**
Soziale Entschädigung** **1,3**
Wiedergutmachung u. a. **0,9**
Wohngeld **0,9**
Arbeitslosenhilfe u. a. **0,7**
sonstige Arbeitgeberleistungen **0,7**
Priv. Altersvorsorge **0,3**

*z. B. Ehegattensplitting   **z. B. Kriegsopferversorgung
Angaben ohne Verrechnungen   Stand Mai 2015   Quelle: BMAS   © Globus 10390

wo sie nur kann und fängt die ganze Situation auch finanziell auf, da für das Kind kein Unterhalt vom Vater des Kindes gezahlt wird. Ihnen stellt sich nunmehr die Frage, inwiefern der Staat an dieser Stelle finanzielle Hilfen vorsieht.

Schließlich kann auch Max von ähnlichen Problemen berichten. Seine Mutter leidet seit längerer Zeit unter einer seltenen Krankheit und muss sich infolgedessen in besonderer Weise ernähren. Diese Form der Ernährung sei ziemlich kostenintensiv und die Krankenkasse habe noch nicht abschließend erklärt, ob und in welchem Umfang sie sich an den Kosten beteiligen werde. Erschwerend kommt hinzu, dass sich die

finanzielle Situation seiner Mutter zugespitzt hat, seit die Ärzte sie aufgrund dieser Erkrankung vor einigen Wochen nach dem Verlust ihres Arbeitsplatzes für erwerbsunfähig erklärt hätten und sie nunmehr auf den endgültigen Rentenbescheid wartet.

Am Ende des Gesprächs sagt Philipp: „Es ist gut, wenn man Freunde hat, die einen verstehen, insbesondere in solchen Momenten, wenn man ernsthafte Sorgen hat. Erschreckend ist für mich nur, wie viele Familien anscheinend derartige Probleme haben. Dabei dachte ich immer, dass wir in einem Sozialstaat leben."

Kompetenzorientierte Arbeitsaufträge:

1. Notieren Sie, welche Bereiche bzw. welche Leistungen der Sozialpolitik in der vorliegenden Lernsituation angesprochen werden!

Schüler	Bereich bzw. Leistung der Sozialversicherung
Philipp	
Jan	
Sebastian	
Max	

2. Erläutern Sie kurz, wozu Sozialpolitik erforderlich ist und welche Ziele sie verfolgen sollte!

Sozialpolitik ist erforderlich für …	
Ziele der Sozialpolitik	➤ _____ ➤ _____ ➤ _____ ➤ _____

3. Erläutern Sie, was unter dem Generationenvertrag zu verstehen ist!

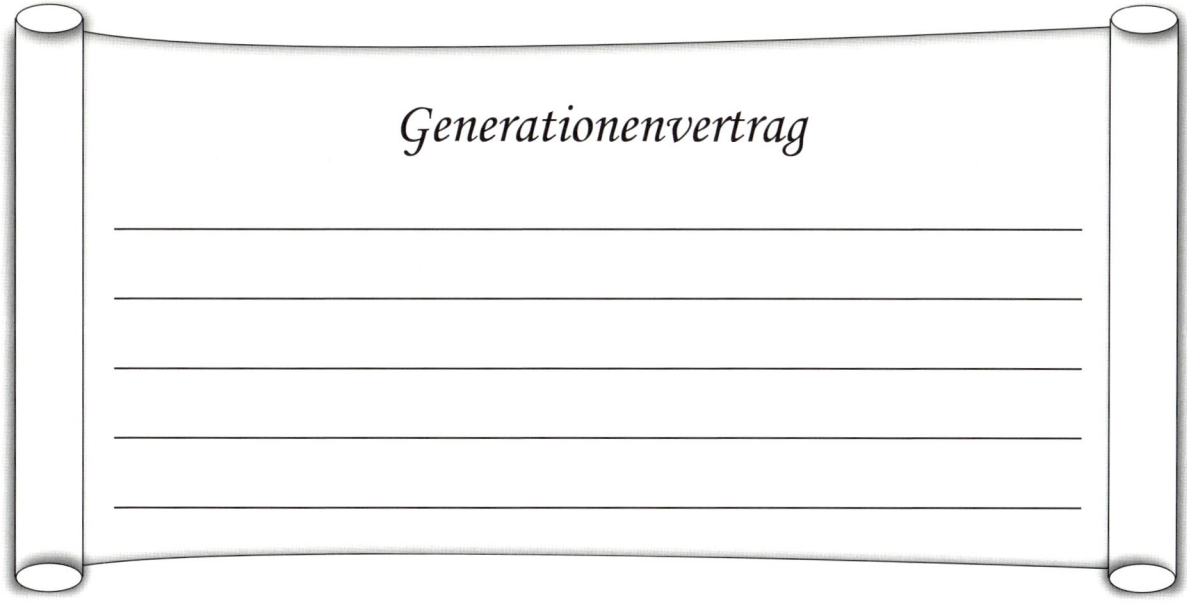

Generationenvertrag

4. Analysieren Sie, wie sich die demografische Entwicklung hierzulande auf die soziale Sicherheit auswirken wird. Gehen Sie dabei auch darauf ein, welche Konsequenzen sich zukünftig für Sie hieraus ergeben könnten und zeigen Sie Möglichkeiten auf, wie sich negative Auswirkungen des demografischen Wandels auffangen ließen!

Auswirkung der demografischen Entwicklung auf die soziale Sicherung

Konsequenzen dieser Entwicklung

Möglichkeiten zum Auffangen dieser negativen Auswirkungen

6 Boller - ISBN 978-3-8120-1557-8

5. Arbeitsvorschlag mit regionalem Bezug:

Die Klasse sollte in Kleingruppen eingeteilt werden, von denen jede Gruppe ein soziales Projekt aus ihrer Region vorstellt (z. B. eine örtliche Obdachlosenhilfe, eine regional aktive Jugendhilfe, eine örtliche Tafel). Im Fokus der Referate sollte vor allem stehen, welcher Kreis von sozial benachteiligten Menschen durch dieses Projekt unterstützt wird und welche Hilfen im Einzelnen geleistet werden. Diskutieren Sie im Anschluss an die vorgestellten Projekte als Klassengemeinschaft darüber, welches Projekt Sie als Klasse – eventuell unter Einbindung Ihrer Schule – ganz konkret unterstützen könnten!

Quelle: Bundesverband Deutsche Tafel e. V.,
Foto: Wolfgang Borrs.

Projektskizze:

Welche Projekte interessieren mich?	_____ _____ _____ _____ _____
Mit wem möchte ich zusammenarbeiten?	_____ _____ _____ _____ _____
Wer übernimmt welche Aufgaben?	_____ _____ _____ _____ _____
Welche Termine setzen wir uns?	_____ _____ _____ _____ _____

6. Lückentext

Ergänzen Sie den Lückentext, indem Sie das jeweils fehlende Wort einsetzen!

Die gesetzliche Sozialversicherung ist durch das _____ gekennzeich-

net: „_____ für _____ und _____ für _____. Die Sozialversi-

cherung ist für die Mehrheit der Bevölkerung eine _____. Die

Anmeldung erfolgt durch den _____.

Zu den Zweigen der Sozialversicherung zählt die gesetzliche Arbeitsförderung, deren

Träger die _____ ist.

Bei der _____ zahlt allein der Arbeitgeber

die Versicherungsbeiträge.

Ansonsten werden die Versicherungsbeiträge solidarisch zwischen dem Arbeitgeber

und dem Arbeitnehmer aufgeteilt, einzig bei der _____

ist der Beitrag für den Arbeitgeber gesetzlich auf maximal _____% festgeschrieben.

Die Krankenversicherungsbeiträge fließen in einen _____, aus

dem die einzelnen _____ eine Pauschale sowie ergänzende

_____ erhalten.

Das Mutterschaftsgeld wird von der _____ gezahlt.

Arbeitnehmer haben einen Anspruch auf Arbeitslosengeld bei _____

und bei _____. Wer einen Arbeitsplatz ohne wichtigen Grund

aufgibt, erhält Arbeitslosengeld jedoch erst nach _____ Wochen.

Für die gesetzliche Rentenversicherung ist die _____

zuständig. Das Renteneintrittsalter wird bis zum Jahr _____ stufenweise auf

_____ Jahre angehoben.

Da die Rente allein wohl künftig nicht mehr ausreicht, sollten die Bundesbürger

_____ Vorsorge betreiben. Eine Möglichkeit stellt die Riester-Rente

dar. Um diese Vorsorge zu fördern, zahlt der Staat jährlich bis zu _____ € Zulage.

Für jedes nach 2007 geborene Kind erhält der Riester-Sparer zudem noch _____ €

Kinderzulage jährlich.

Kompetenz-Check

1. Überprüfen Sie die nachfolgenden Aussagen auf ihre Richtigkeit und entscheiden Sie, welche der Aussagen zu dem System der Sozialversicherung falsch ist!

Kompetenzstufe 1

① Die Sozialversicherung ist eine Pflichtversicherung, da die Mehrheit der Bevölkerung dieser Versicherung kraft Gesetz angehören muss.

② Die Höhe der Beiträge richtet sich nach dem Einkommen, so dass Versicherte mit hohem Einkommen mehr zur Finanzierung der Leistungen beitragen als Versicherte mit niedrigem Einkommen.

③ Die Versicherungspflicht in der gesetzlichen Krankenversicherung umfasst grundsätzlich alle Arbeitnehmer, wenn sie monatlich durchschnittlich nicht mehr verdienen als die Beitragsbemessungsgrenze.

④ Die Versicherungspflicht in der sozialen Pflegeversicherung besteht für alle Mitglieder der Krankenversicherung, ihre nicht berufstätigen Ehepartner und Kinder.

⑤ Privat Krankenversicherte müssen per Gesetz eine private Pflegeversicherung abschließen.

⑥ Arbeitslose können von der Agentur für Arbeit die Zuweisung in eine Maßnahme zur Aktivierung und beruflichen Eingliederung verlangen, wenn sie sechs Monate nach Eintritt ihrer Arbeitslosigkeit noch arbeitslos sind.

⑦ Die Versicherungspflicht für die gesetzliche Rentenversicherung umfasst alle Auszubildenden, Arbeiter und Angestellten ohne Rücksicht auf die Höhe ihres Einkommens.

⑧ Bei dem Generationenvertrag handelt ist sich um ein allgemeines gesellschaftliches Übereinkommen, bei dem die heute Berufstätigen durch ihre Beiträge zur Rentenversicherung die Rente der Älteren finanzieren. Dies geschieht in der Erwartung, dass die kommende Generation dann später die Rente für sie aufbringt.

⑨ Jede sozialversicherungspflichtige Person erhält einen Sozialversicherungsausweis, den sie bei Beginn der Beschäftigung dem Arbeitgeber vorlegen muss.

2. Entscheiden Sie, welche der nachfolgenden Aussagen zu den privaten Personenversicherungen richtig ist! Sind alle Aussagen falsch, tragen Sie bitte eine ⑨ in das Kästchen ein!

Kompetenzstufe 1

① Die private Unfallversicherung besteht darin, den Versicherten gegen die finanziellen Folgen von Arbeitsunfällen abzusichern.

② Die private Krankenversicherung erstattet vollständig oder teilweise die Kosten, die dem Versicherten aus der Behandlung einer Krankheit oder aus Unfällen entstehen. Sozialversicherungspflichtige können sie nicht als Zusatzversicherung abschließen.

③ Eine private Krankenversicherung kann nur von Selbstständigen oder Beamten abgeschlossen werden.

④ Eine Lebensversicherung dient der Sicherung der Existenz des Versicherten und/oder seiner Familienangehörigen im Falle einer vertraglich festgelegten Altersgrenze oder des Todes.

⑤ Bei der Versicherung auf den Tod wird die Versicherungssumme ausbezahlt, wenn der Versicherte die vertraglich vereinbarte Altersgrenze erreicht hat.

⑥ Stirbt der Versicherungsnehmer vor dem Termin einer Versicherung mit festem Auszahlungstermin, müssen die Hinterbliebenen die Beitragsprämien weiter zahlen.

3. Überprüfen Sie die nachfolgenden Aussagen auf ihre Richtigkeit und entscheiden Sie, welche beiden Aussagen zu den Systemen der sozialen Sicherung falsch sind!

① Die Leistungen der gesetzlichen Krankenkassen sind gesetzlich vorgeschrieben. Über diese sogenannten Regelleistungen hinaus können die Krankenkassen in ihrer Satzung Mehrleistungen festlegen.

② Der einkommensabhängige Zusatzbeitrag der gesetzlichen Krankenversicherung wird nicht von allen Krankenkassen erhoben und fällt je nach Krankenkasse unterschiedlich hoch aus.

③ Pflegebedürftig sind Personen, die wegen einer körperlichen, geistigen oder seelischen Krankheit oder Behinderung für die gewöhnlichen und regelmäßig wiederkehrenden Verrichtungen im Ablauf des täglichen Lebens vorübergehend in erheblichem oder höherem Maße der Hilfe bedürfen.

④ Die Agenturen für Arbeit beraten Jugendliche und Erwachsene, die am Arbeitsleben teilnehmen oder teilnehmen wollen.

⑤ Die einzelnen Krankenkassen erhalten aus dem Gesundheitsfonds pro Versicherten eine Pauschale sowie ergänzende Zu- und Abschläge.

⑥ Für das gesundheitsbewusste Verhalten der Versicherten können die Krankenkassen ihren Versicherten einen Bonus einräumen.

⑦ Auch berufstätige werdende Mütter, die nicht in einer Krankenkasse versichert sind, bekommen während der Schutzfrist Mutterschaftsgeld. Sie erhalten es von der Agentur der Arbeit.

⑧ Ob und in welcher Stufe Pflegebedürftigkeit vorliegt, entscheidet die Pflegekasse aufgrund eines Gutachtens, das Ärzte oder Pflegekräfte des Medizinischen Dienstes der Krankenversicherung in der Wohnung des möglicherweise Pflegebedürftigen bzw. an dessen ständigem Aufenthaltsort erstellen.

☐ ☐

4. Beurteilen Sie, welcher Zweig der Sozialversicherung in den nachfolgenden Fällen Leistungen erbringen muss. Tragen Sie eine

① ein, wenn die gesetzliche Krankenversicherung,

② ein, wenn die soziale Pflegeversicherung,

③ ein, wenn die gesetzliche Rentenversicherung,

④ ein, wenn die gesetzliche Arbeitsförderung,

⑤ ein, wenn die gesetzliche Unfallversicherung,

⑥ ein, wenn keine der genannten Versicherungen

zuständig ist.

4.1	Der Auszubildende Benny Schwall absolviert eine Ausbildung zum Verkäufer. Als er für einen Kunden ein paar Schuhe aus dem Regal holen will, verunglückt er beim Sturz von der Leiter und muss wegen eines komplizierten Beinbruchs im Krankenhaus operiert werden.	
4.2	Nach bestandener Fachoberschulreife möchte die 18-jährige Anna Bolicka bei der Wahl möglicher Ausbildungsberufe unterstützt werden.	
4.3	Der 19-jährige Auszubildende Dennis Schwarzenecker geht unmittelbar nach Dienstende von seinem Ausbildungsbetrieb zu seinem Fitnessstudio. Auf dem Weg dorthin bleibt er mit dem Fuß an einer Bordsteinkannte hängen. Der Bänderriss muss ärztlich behandelt werden.	

4.4	Ein bei der Interlogistik Mannheim KG beschäftigter Lkw-Fahrer verunglückt in seiner Freizeit mit dem Motorrad tödlich. Seine Ehefrau und seine Kinder erhalten daraufhin eine monatliche Leistung.	
4.5	Auf dem Weg zur Berufsschule verunglückt die Auszubildende Jennifer Lobetz mit ihrem Fahrrad. Die dabei erlittenen Schürfwunden müssen im Krankenhaus behandelt werden.	
4.6	Der 18-jährige Schüler Ben Kuhl verunglückt beim Snowboarden in den deutschen Alpen so schwer, dass er künftig voraussichtlich keiner Erwerbstätigkeit nachgehen kann.	
4.7	Die Freiburger Immobilien B. Trug GmbH muss Insolvenz anmelden. Der 28-jährige Immobilienkaufmann arbeitet weiterhin für das Unternehmen, hat aber seit zwei Monaten kein Gehalt mehr bekommen.	
4.8	Der 42-jährige Speditionskaufmann Stephan Lammers leidet unter einem Burn-out-Syndrom und ist seit nunmehr 8 Wochen krank. Er erhält monatliche Zahlungen.	

5. Lesen Sie nachfolgende Aussagen zur Sozialversicherung und ergänzen Sie die fehlenden Angaben durch Eintragung in das Feld rechts neben dem Sachverhalt!

Kompetenzstufe 3

Nr.	Sachverhalt	Fehlende Angabe
5.1	Der einheitliche Beitragssatz zur gesetzlichen Krankenversicherung beträgt … Prozent.	
5.2	Die gesetzliche Krankenversicherung übernimmt die Kosten für die Früherkennung von Krankheiten, so z.B. die Krebsvorsorge für Frauen ab dem … Lebensjahr.	
5.3	Das Krankengeld der gesetzlichen Krankenkassen beträgt … Prozent des regelmäßig erzielten Arbeitsentgelts.	
5.4	Wer einen Arbeitsplatz ohne wichtigen Grund aufgibt, erhält Arbeitslosengeld erst nach … Wochen.	
5.5	Das Arbeitslosengeld beträgt für Arbeitslose, die mindestens 1 Kind haben … Prozent des für den Bemessungszeitraum berechneten pauschalierten Nettoentgelts.	
5.6	Die Anmeldung beim Rentenversicherungsträger erfolgt durch den Arbeitgeber binnen … Tagen vom Arbeitsantritt an über die Krankenkassen.	
5.7	Bei der Regelaltersrente wird das Renteneintrittsalter bis zum Jahr 2030 stufenweise auf … Jahre angehoben.	
5.8	Das Mutterschaftsgeld wird von der Krankenkasse gezahlt und beträgt zurzeit (2016) höchstens … € täglich.	

6. Lesen Sie nachfolgende Aussagen zu dem System der sozialen Absicherung
    und ergänzen Sie die fehlenden Begriffe durch Eintragung in das Feld rechts
    neben dem Sachverhalt!

Kompetenzstufe 3

Nr.	Sachverhalt	Fehlender Begriff
6.1	Als … werden vom Staat Leistungen zur Sicherung des Lebensunterhalts einschließlich der angemessenen Kosten für Unterkunft und Heizung gewährt.	
6.2	Das … beträgt 67 % des weggefallenen Nettoeinkommens, mindestens aber 300,00 €, höchstens 1 800,00 € mit einer Laufzeit von 12 Monaten. Bei Beteiligung des Partners bzw. bei Alleinerziehenden verlängert sich der Zeitraum für diese Leistung auf 14 Monate.	
6.3	Pflegebedürftige, welche ihre Pflege selbst sicherstellen, können anstelle der häuslichen Pflegehilfe ein nach der Pflegestufe gestaffeltes monatliches … erhalten.	
6.4	Das … erhalten Arbeitnehmer, wenn ein erheblicher Arbeitsausfall mit Entgeltausfall vorliegt. Es wird längstens für sechs Monate für den Arbeitsausfall während der Bezugsfrist gezahlt.	
6.5	Der Anspruch auf … besteht ab Geburt und endet mit dem vollendeten 18. Lebensjahr. Für ein Kind, das nach dem 18. Lebensjahr eine Ausbildung oder ein Studium beginnt, kann es bis zur Vollendung des 25. Lebensjahres beantragt werden.	
6.6	Versicherte haben Anspruch auf …, wenn sie ihre persönliche Altersgrenze erreicht und eine Versicherungszeit von mindestens fünf Jahren erfüllt haben.	
6.7	Das … erhalten nicht erwerbsfähige Leistungsbedürftige ohne einen Anspruch auf Sozialhilfe, wenn in ihrer Bedarfsgemeinschaft mindestens ein erwerbsfähiger Hilfebedürftiger lebt.	
6.8	Das … wird von der Krankenkasse gezahlt. Beträgt nach den gesetzlichen Abzügen vom Einkommen das tägliche Arbeitsentgelt mehr als die von der Krankenkasse gezahlte Leistung, bezahlt der Arbeitgeber diesen Unterschied als Zuschuss zu dieser Leistung.	

7. Nils Luca Bensheim arbeitet als gelernter Kaufmann für Groß- und Außenhandel seit mehr als 10 Jahren für die Tuttlinger Bärenbräu AG, Tuttlingen. Der 31-jährige überzeugte Single lebt für seine Karriere und hat es in der Zwischenzeit – nicht zuletzt wegen konsequenter beruflicher Weiterbildung – zu einigen Beförderungen im Unternehmen gebracht. Im Jahr 2016 betrug sein monatliches Bruttoeinkommen beachtliche 5 600,00 €. Nils Luca Bensheim ist bei einer gesetzlichen Krankenkasse versichert, die in 2016 einen Zusatzbeitrag in Höhe von 0,4 % verlangte.

Kompetenzstufe 4

    Berechnen Sie auf der Basis der für das Jahr 2016 geltenden Beitragssätze bzw. Beitragsbemessungsgrenzen (siehe Material auf Seite 49):

7.1   den Anteil des Krankenkassenbeitrages, den Nils Luca Bensheim von seinem Bruttogehalt insgesamt an seine Krankenkasse zahlen muss,

$$\square\ \square\ \square\ ,\ \square\ \square\ €$$

7.2   den Anteil des Beitrages zur Pflegeversicherung, den Nils Luca Bensheim von seinem Bruttogehalt zahlen muss,

$$\square\ \square\ \square\ ,\ \square\ \square\ €$$

7.3   die Summe des vom Arbeitgeber insgesamt zu tragenden Anteils für Kranken-, Pflege-, Arbeitslosen- und Rentenversicherung!

$$\square\ \square\ \square\ ,\ \square\ \square\ €$$

Material: Beitragssätze und Beitragsbemessungsgrenzen 2016

Rechengrößen der Sozialversicherung:			In den alten Bundesländern	In den neuen Bundesländern
Krankenversicherung:*	14,6 %	Beitragsbemessungsgrenze:	4 237,50 €	4 237,50 €
Pflegeversicherung:**	2,35 %	Beitragsbemessungsgrenze:	4 237,50 €	4 237,50 €
Rentenversicherung:	18,7 %	Beitragsbemessungsgrenze:	6 200,00 €	5 400,00 €
Arbeitslosenversicherung:	3,0 %	Beitragsbemessungsgrenze:	6 200,00 €	5 400,00 €

* Der Beitragssatz zur Krankenversicherung in Höhe von 14,6 % ist **bundeseinheitlich**. Jede Krankenkasse kann hierauf einen **kassenindividuellen Zusatzbeitrag** erheben. Gehen Sie bei Ihren Berechnungen von einem Zusatzbeitrag in Höhe von 1,1 % aus. Am Zusatzbeitrag ist der **Arbeitgeber nicht beteiligt**, d.h. der Arbeitgeberanteil zur Krankenversicherung beträgt somit 7,3 %.

** Für alle kinderlosen Pflichtversicherten erhöht sich der Beitrag zur Pflegeversicherung um 0,25 % des beitragspflichtigen Einkommens. Für diesen Personenkreis beträgt daher der Beitragssatz 1,425 %. An dieser Erhöhung ist der **Arbeitgeber nicht beteiligt**. Ausgenommen von diesem Beitragszuschlag sind Personen, die das 23. Lebensjahr noch nicht vollendet haben.

8. Ann-Kristin Willmes ist alleinerziehende Mutter und arbeitet als Industriekauffrau bei der Karlsruher Industriemaschinen AG im mittleren Management. Mit Blick auf die verantwortungsvolle Aufgabe erhält sie eine angemessene Vergütung. Im letzten Jahr betrug ihr versicherungspflichtiges Bruttoeinkommen 52 400,00 €. Ihre beiden Kinder Charlotte-Luise und Malte-Claudius sind 5 bzw. 3 Jahre alt und gehen in die betriebseigene Kita. Frau Willmes macht sich Gedanken über ihre finanzielle Zukunft im Alter und möchte deshalb einen Riester-Vertrag bei der Bank oder Versicherung ihres Vertrauens abschließen.

Kompetenzstufe 4

8.1 Berechnen Sie die Höhe der gesamten jährlichen Förderung für diesen Vertrag!

☐ ☐ ☐ , ☐ ☐ €

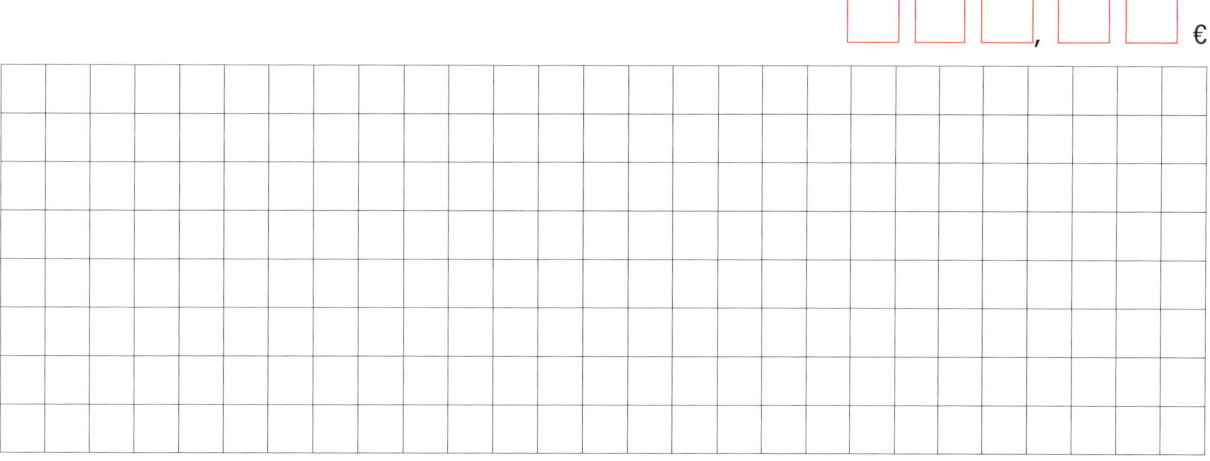

8.2 Berechnen Sie die Höhe der jährlichen Einzahlung wenn Frau Willmes den für sie geltenden Höchsteigenbeitrag vollständig einzahlen möchte!

☐ ☐ ☐ , ☐ ☐ €

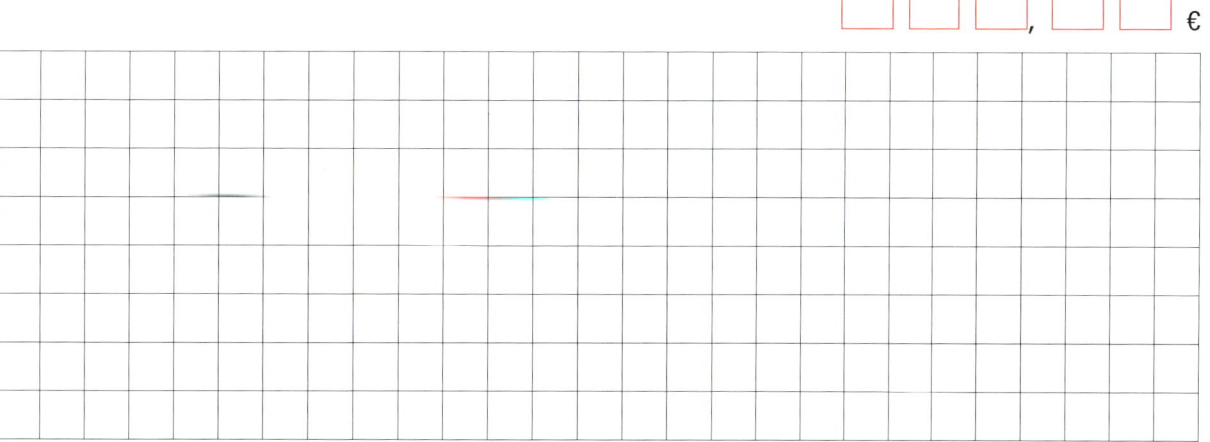

7 Boller - ISBN 978-3-8120-1557-8

1 Wechselseitige Beziehungen der Wirtschaftssubjekte mittels Wirtschaftskreislauf darstellen und analysieren

Lernsituation 1:

Melek Ünver absolviert zurzeit eine Ausbildung zur Kauffrau für Büromanagement bei der Solartech Müller KG. Nach einigen Tagen im Betrieb nimmt sich Marc Kunz, einer der Geschäftsführer, ausgiebig Zeit für Melek und erklärt ihr, von wie vielen Akteuren der Erfolg des Unternehmens abhängt.

Dabei führt er zunächst an, wie wichtig es für die Zukunft des Unternehmens sei, auch in den nächsten Jahren hinreichend motivierte und gut ausgebildete Fachkräfte zu bekommen. Nicht umsonst investiere das Unternehmen sehr viel Geld in die Aus- und Weiterbildung der Mitarbeiter, da ohne sie der Erfolg der vergangenen Jahre so nicht möglich gewesen wäre. Marc Kunz lässt nicht unerwähnt, dass die Mitarbeiter des Unternehmens über-

Quelle: TÜV SÜD

tariflich bezahlt werden und zudem eine erfolgsabhängige Prämie erhalten.

Weiterhin führt Marc Kunz an, dass auch dem Staat eine wesentliche Rolle für den künftigen Erfolg des Unternehmens zukommt. Nur wenn die Regierung auch in Zukunft die Solarenergie fördere, könnten die Absatzerfolge auf dem heutigen Niveau gefestigt werden. Ohne diese staatlichen Förderungen würden viele Abnehmer von einer Investition in Solarparks absehen, da diese sich dann nicht mehr für sie lohnen würde. Auch die Rolle des Staates als Geldgeber lässt Marc Kunz nicht außen vor, da der Staat dem Unternehmen unter bestimmten Voraussetzungen zinsgünstige Investitionsdarlehen oder gar Subventionen zukommen lässt.

Als wichtige Partner bezeichnet Marc Kunz die Banken, die das Unternehmen seit der Existenzgründung vor etwa zehn Jahren begleitet haben. Marc Kunz weist vor allem darauf hin, dass es dem Unternehmen ohne die Finanzierung durch die Banken gar nicht möglich gewesen wäre, derartige Investitionen durchzuführen, geschweige denn die seit Gründung stark verbesserte Auftragslage zu bewältigen. Schließlich habe das Unternehmen durch die Absatzsteigerungen der letzten Jahre nicht nur neu investieren müssen, auch der vermehrte Material- und Lohnaufwand musste finanziell bewältigt werden. Zudem musste das Unternehmen neue Fertigungshallen pachten, um die eingehenden Aufträge zeitnah zu bearbeiten.

Sorge macht Marc Kunz die zunehmende Konkurrenz aus dem Ausland, die bei der Herstellung von Solaranlangen nicht nur technisch aufholt, sondern vor allem mit niedrigeren Preisen den Wettbewerb auf den Märkten anheizt. Dies habe bereits dazu geführt, dass einige kleinere Konkurrenten der Solartech Müller KG im Inland aus dem Markt gedrängt wurden, was nicht zuletzt zum Verlust der Arbeitsplätze geführt hat. Dies belaste nicht nur die Sozialversicherung, sondern führe auch zu geringeren Steuereinnahmen des Staates. Marc Kunz weist zudem darauf hin, dass durch die Schließung dieser heimischen Betriebe auch die Existenz einer Vielzahl von Zulieferbetrieben massiv betroffen ist. Abschließend führt er jedoch auch an, dass die Solartech Müller KG mittlerweile wichtige Zulieferer im Ausland hat, die zuverlässig und pünktlich wichtige Komponenten zu sehr günstigen Preisen liefern.

Kompetenzorientierte Arbeitsaufträge:

1. Bestimmen Sie, welche Wirtschaftssubjekte in der vorangestellten Lernsituation aufgeführt sind!

```
┌──────────────┐                    ┌──────────────┐
│              │                    │              │
└──────────────┘                    └──────────────┘
         \                         /
          \                       /
┌──────────────┐   ╭──────────╮   ┌──────────────┐
│              │───│ Wirtschafts- │───│              │
└──────────────┘   │  subjekte │   └──────────────┘
                   ╰──────────╯
                        │
                 ┌──────────────┐
                 │              │
                 └──────────────┘
```

2. Erläutern Sie beispielhaft die in der Lernsituation aufgezeigten Beziehungen der Wirtschaftssubjekte untereinander!

   In der Lernsituation dargestellte Beziehungen der Wirtschaftssubjekte

   ➤ _____

   _____

   _____

   ➤ _____

   _____

   _____

   ➤ _____

   _____

   _____

   ➤ _____

   _____

   _____

3. Beschreiben Sie an zwei Beispielen, wie sich veränderte Aktivitäten eines Wirtschaftssubjektes auf die monetären und realen Ströme im Wirtschaftskreislauf auswirken!

Beispiel 1:	_____ _____ _____ _____ _____ _____ _____ _____
Beispiel 2:	_____ _____ _____ _____ _____ _____ _____ _____

4. Diskutieren Sie die Grenzen der Aussagekraft von ökonomischen Modellen in Bezug auf realwirtschaftliche Prozesse!

Notizen:

_____

_____

_____

_____

_____

_____

5. In der nachfolgenden Darstellung sind die Geldströme eines erweiterten Wirtschaftskreislaufs zwischen verschiedenen Sektoren eingezeichnet. Dabei gilt, dass alle Wirtschaftssektoren die eingenommen Gelder dem Kreislauf wieder zuführen.

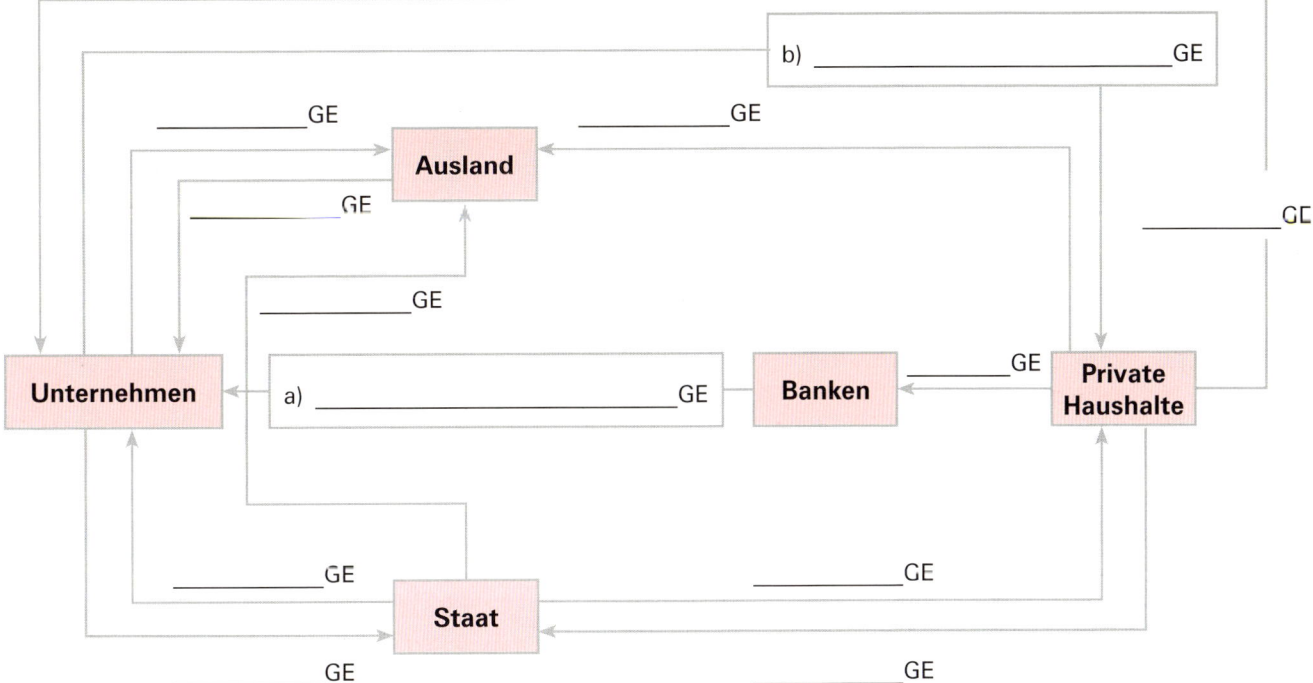

Folgende Vorgänge zwischen den Wirtschaftssektoren finden statt:

➤ Die Unternehmen erzielen Exporterlöse in Höhe von 300 GE.

➤ Der Staat erhält von den privaten Haushalten 330 GE Steuern.

➤ Die Haushalte sparen 270 GE.

➤ Die Unternehmen zahlen Steuern in Höhe von 120 GE.

➤ Die Haushalte machen Urlaub im Ausland und zahlen hierfür 120 GE.

➤ Der Staat zahlt 120 GE Entwicklungshilfe an das Ausland.

➤ Die Haushalte erhalten 30 GE an Transferzahlungen.

➤ Die Unternehmen verkaufen an den Staat Güter und Dienstleistungen im Gegenwert von 300 GE.

➤ Das Ausland erhält von den Unternehmen 60 GE für Exporte.

➤ Die Haushalte erwerben für 1 200 GE Waren und Dienstleistungen von den Unternehmen.

5.1 Ordnen Sie diese Transaktionen den einzelnen Pfeilen im erweiterten Wirtschaftskreislauf zu!

5.2 Bezeichnen Sie die mit a) und b) gekennzeichneten Geldströme in dem dafür in der Übersicht jeweils vorgesehenen Feld und ermitteln Sie deren jeweilige Höhe in GE!

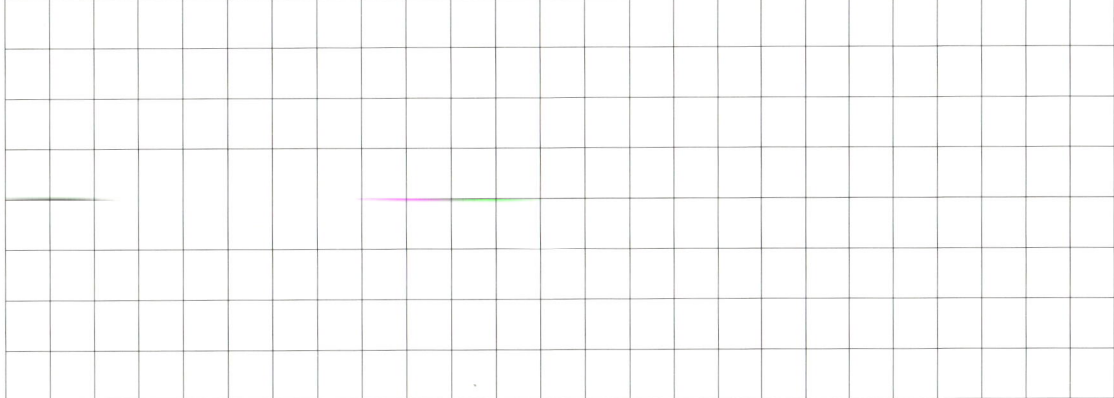

5.3 Ermitteln Sie den Saldo des Handels mit dem Ausland in Bezug auf Waren- und Dienstleistungsgeschäfte. Erläutern Sie kurz, wodurch sich dieser Saldo zugunsten des Auslands verbessert und geben Sie die Höhe des Saldos unter Einbeziehung dieser Transaktion an!

Der Saldo verbessert sich durch:

Höhe des Saldos unter Einbeziehung der Transaktion: _____ GE

Kompetenz-Check

1. Der einfache Wirtschaftskreislauf bildet das Zusammenwirken der Sektoren Haushalte und Unternehmen ab. Welche der folgenden Aussagen zum einfachen Wirtschaftskreislauf ist falsch? Sind alle Aussagen richtig, tragen Sie bitte eine ⑨ ein!

   ① Die privaten Haushalte stellen den Unternehmen ihre Arbeitskraft, ihr Kapital oder auch Boden zur Verfügung.

   ② Für die geleistete Arbeit und die den Unternehmen zur Verfügung gestellten sonstigen Produktionsfaktoren erhalten die privaten Haushalte Einkommen in Form von Löhnen, Gehältern, Gewinnen, Mieten, Zinsen oder Pachten.

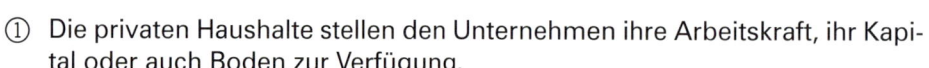

Kompetenzstufe 1

   ③ Dem realen Strom bzw. Güterstrom steht ein monetärer Strom gegenüber. Geld- und Güterstrom laufen in die gleiche Richtung.

   ④ Der Markt, auf dem Konsumgüter angeboten und nachgefragt werden, heißt Konsumgütermarkt.

   ⑤ Der in Geld gemessene Wert der an die privaten Haushalte verkauften Güter stellt für die Unternehmen Verkaufserlöse dar.

   ⑥ Bei dem einfachen Wirtschaftskreislauf gibt es keinen Staat und auch keine Außenhandelsbeziehungen.

2. Welche der folgenden Aussagen zum erweiterten Wirtschaftskreislauf ist falsch? Sind alle Aussagen richtig, tragen Sie bitte eine ⑨ ein!

① Eine wachsende Wirtschaft, also eine Wirtschaft, die von Jahr zu Jahr mehr erzeugt, bezeichnet man als stationäre Wirtschaft.

② Die privaten Haushalte sparen einen Teil ihrer Einkommen und führen die gesparten Mittel den Banken zu.

Kompetenzstufe 1

③ Die Banken stellen die Mittel den Unternehmen zur Verfügung, die ihre Produktionsanlagen erweitern und/oder ihre Vorräte aufstocken, also investieren.

④ Die Investitionsgüterindustrie verkauft die von ihnen hergestellten Investitionsgüter an die Konsumgüterindustrie. Die Verkaufserlöse aus diesen Lieferungen fließen der Investitionsgüterindustrie zu.

⑤ Der Ausgleich von Kreditangebot und Kreditnachfrage vollzieht sich auf den Finanzmärkten.

3. Welche der folgenden Aussagen zum vollständigen Wirtschaftskreislauf ist richtig? Sind alle Aussagen falsch, tragen Sie bitte eine ⑨ ein!

① Eine Volkswirtschaft ohne staatliche Aktivitäten ist nicht denkbar. Dem Staat fällt unter anderem die Aufgabe zu, mit wirtschafts- und gesellschaftspolitischen Maßnahmen den Wirtschaftsablauf zu steuern. In Deutschland fließen durch den staatlichen Sektor knapp 40 % des Bruttoinlandsprodukts.

Kompetenzstufe 2

② Eine moderne Wirtschaft ohne außenwirtschaftliche Beziehungen ist ebenfalls kaum vorstellbar. Unterschiedliche Rohstoffvorkommen, unterschiedliches technisches Wissen und die Ansprüche der Bevölkerung zwingen dazu, Güter zu importieren und zu exportieren.

③ Ein Teil der Einkommen der privaten Haushalte und Unternehmen wird von den öffentlichen Haushalten in Form von Steuern und anderen gesetzlichen Subventionen einbehalten.

④ Die Staatseinnahmen werden wieder ausgegeben. Sie fließen zum Teil den privaten Haushalten in Form von Löhnen und Gehältern für Staatsbedienstete zu. Ein weiterer Teil wird für die Vergabe von Staatsaufträgen an die Unternehmen verwendet, die dadurch Umsatzerlöse erzielen. Für besonders förderwürdige Zwecke erhalten die Unternehmen Geldbeträge, die nicht mehr zurückgezahlt werden müssen. Diese Zahlungen bezeichnet man auch als Transferzahlungen an private Haushalte.

⑤ Die Unternehmen verkaufen Dienstleistungen und Sachgüter an das Ausland. Für diese Exporte erhalten sie Geldeinnahmen oder Forderungen. Eine Außenwirtschaft mit Außenhandelsbeziehungen heißt „geschlossene Wirtschaft".

4. Der Wirtschaftskreislauf ist ein Modell, das die Beziehungen der Teilnehmer einer Volkswirtschaft darstellt! Kennzeichnen Sie die nachfolgenden Aussagen mit einer

①, wenn diese die Beziehung zwischen Haushalt und Unternehmen betreffen und zum Güterstrom zählen,

②, wenn diese die Beziehung zwischen Haushalt und Unternehmen betreffen und zum Geldstrom zählen,

Kompetenzstufe 3

③, wenn diese die Beziehung zwischen Haushalt und Staat betreffen und zum Güterstrom zählen,

④, wenn diese die Beziehung zwischen Haushalt und Staat betreffen und zum Geldstrom zählen,

⑤, wenn diese die Beziehung zwischen Unternehmen und Staat betreffen und zum Güterstrom zählen,

⑥, wenn diese die Beziehung zwischen Unternehmen und Staat betreffen und zum Geldstrom zählen,

⑦, wenn nichts zutrifft.

4.1	Die Familie Ümür erhält für ihre beiden Kinder jeden Monat eine Kindergeldzahlung.	
4.2	Manfred Koslowski arbeitet als Hausmeister an einem Berufskolleg für Wirtschaft und Verwaltung.	
4.3	Die „Bürowelt Meier KG" liefert dem Finanzamt Freiburg neue Rechner und Monitore.	
4.4	Einem Bundesligaverein werden aus Sicherheitsgründen bei den Heimspielen regelmäßig Polizisten unentgeltlich zur Verfügung gestellt.	
4.5	Ein deutscher Bundesligaprofi und Nationalspieler spielt für einen Verein im Breisgau.	
4.6	Die „Stahlwerke Ditzingen AG" überweisen die Körperschaftsteuer an das Finanzamt.	
4.7	Ein Bundesligaverein aus Baden-Württemberg kauft einen niederländischen Nationalspieler von Ajax Amsterdam.	
4.8	Jennifer, Schülerin der Höheren Berufsfachschule, arbeitet am Wochenende in einem Discounter und räumt dort Regale ein.	

5. In einer Volkswirtschaft finden im Geldkreislauf im Laufe eines Kalenderjahres nachfolgende Vorgänge zwischen Haushalten, Unternehmen, Staat, Banken und Ausland statt. Die Angaben sind jeweils in Milliarden Geldeinheiten (Mrd. GE) aufgeführt.

Kompetenzstufe 3

➤ Von den Unternehmen bezogene Einkommen der privaten Haushalte: 1 400 Mrd. GE

➤ Der Staat erhält Subventionszuschüsse aus dem Ausland: 100 Mrd. GE

➤ Von den Haushalten an den Staat abgeführte Abgaben, Steuern und Gebühren: 500 Mrd. GE

➤ Die privaten Haushalte erzielen Einkünfte aus dem Ausland in Höhe von: 300 Mrd. GE

➤ Von den Unternehmen in Anspruch genommene Kredite: 400 Mrd. GE

➤ Die Ex- und Importe der Unternehmen betragen jeweils: 160 Mrd. GE

➤ Die privaten Haushalte sparen bei den Banken: 400 Mrd. GE

➤ Der Staat kauft von den Unternehmen Sachgüter und Dienstleistungen im Wert von: 200 Mrd. GE

➤ Die privaten Haushalte beziehen Güter und Dienstleistungen aus dem Ausland: 200 Mrd. GE

➤ Die Unternehmen führen Steuern und Abgaben an den Staat ab: 300 Mrd. GE

➤ Die privaten Haushalte erhalten vom Staat Einkommen und Sozialleistungen: 600 Mrd. GE

➤ Der Staat überweist Entwicklungshilfezahlungen an das Ausland: 200 Mrd. GE

➤ Konsumausgaben der Haushalte fließen den Unternehmen zu: ? Mrd. GE

Berechnen Sie die Höhe der Konsumausgaben der Haushalte in Mrd. GE!

Hinweis zur Lösung: Zeichnen Sie den Geldkreislauf mit den einzelnen Sektoren auf die folgende Karofläche.

☐☐ . ☐☐☐ Mrd. GE

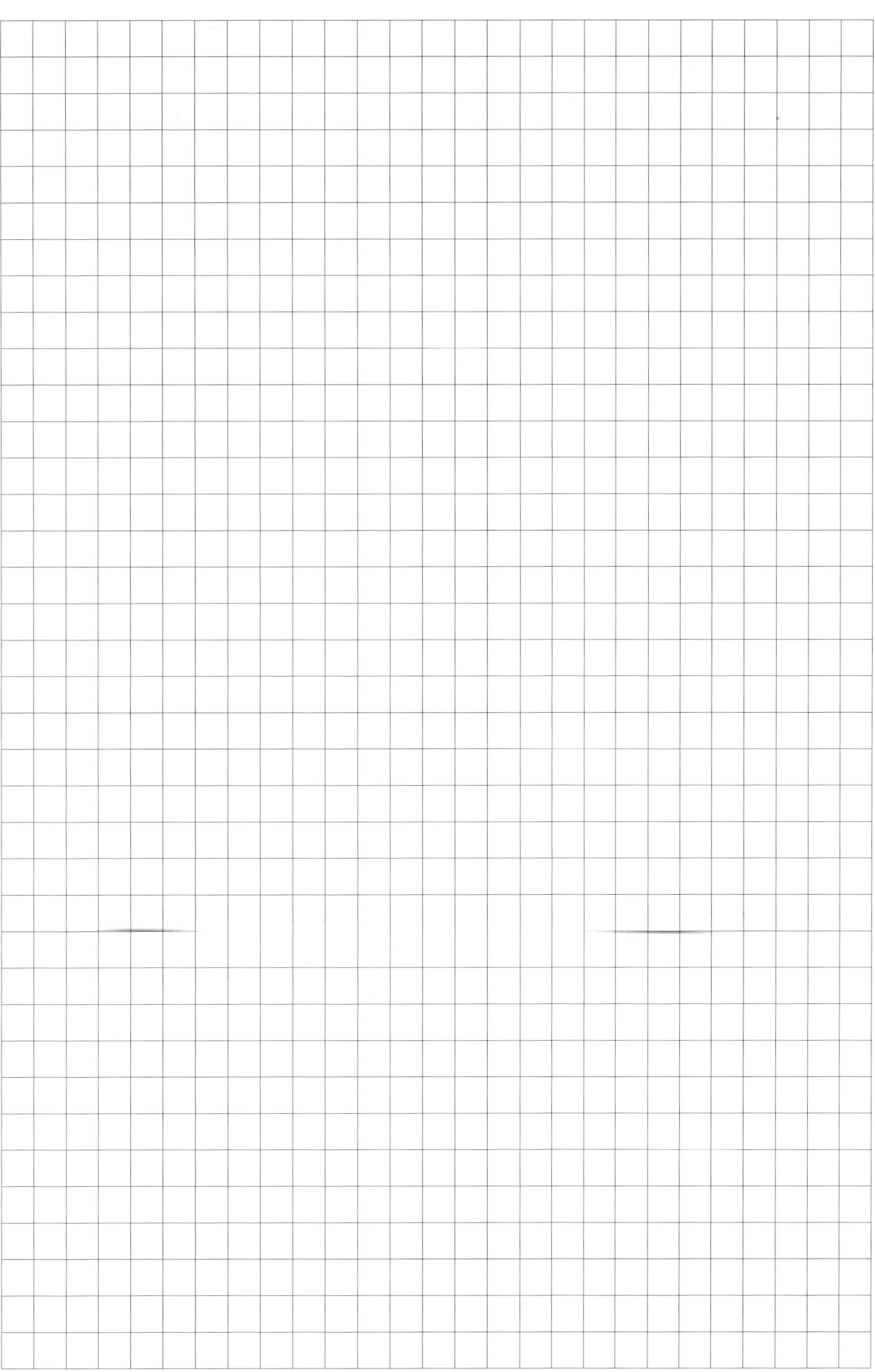

8 Boller - ISBN 978-3-8120-1557-8

Kompetenzstufe 4

6. In einer Volkswirtschaft finden im Geldkreislauf im Laufe eines Kalenderjahres nachfolgende Vorgänge zwischen Haushalten, Unternehmen, Staat, Banken und Ausland statt. Die Angaben sind jeweils in Milliarden Geldeinheiten (Mrd. GE) aufgeführt.

   ➤ Von den Unternehmen bezogene Einkommen der privaten Haushalte: 1 400 Mrd. GE

   ➤ Der Staat erhält Subventionszuschüsse aus dem Ausland: 100 Mrd. GE

   ➤ Von den Haushalten an den Staat abgeführte Abgaben, Steuern und Gebühren: 500 Mrd. GE

   ➤ Die privaten Haushalte erzielen Einkünfte aus dem Ausland in Höhe von: 300 Mrd. GE

   ➤ Von den Unternehmen in Anspruch genommene Kredite: 400 Mrd. GE

   ➤ Die Ex- und Importe der Unternehmen betragen jeweils: 160 Mrd. GE

   ➤ Die privaten Haushalte sparen bei den Banken: 400 Mrd. GE

   ➤ Der Staat kauft von den Unternehmen Sachgüter und Dienstleistungen im Wert von: 200 Mrd. GE

   ➤ Die privaten Haushalte beziehen Güter und Dienstleistungen aus dem Ausland: 200 Mrd. GE

   ➤ Die Unternehmen führen Steuern und Abgaben an den Staat ab: 300 Mrd. GE

   ➤ Die privaten Haushalte erhalten vom Staat Einkommen und Sozialleistungen: 600 Mrd. GE

   ➤ Der Staat überweist Entwicklungshilfezahlungen an das Ausland: 200 Mrd. GE

   ➤ Konsumausgaben der Haushalte fließen den Unternehmen zu: 1 200 Mrd. GE

   6.1 Bestimmen Sie, welche der nachfolgenden gesamtwirtschaftlichen Wirkungen mit hoher Wahrscheinlichkeit nicht eintritt, wenn der Staat die Steuern erhöht, ohne seine Ausgaben zu steigern! Treten alle Wirkungen ein, tragen Sie bitte eine ⑨ ein!

   ① Das Haushaltsdefizit des Staates wird sich unter sonst gleichen Bedingungen erhöhen.

   ② Die Haushalte kaufen weniger Konsumgüter.

   ③ Die Unternehmen investieren weniger.

   ④ Das verfügbare Einkommen der privaten Haushalte sinkt.

   ⑤ Die Wirtschaft entwickelt sich rückläufig, die Arbeitslosigkeit steigt.

   6.2 Entscheiden Sie, welche der nachfolgenden gesamtwirtschaftlichen Wirkungen mit hoher Wahrscheinlichkeit nicht eintritt, wenn die Nettoinvestitionen der Unternehmen steigen! Treten alle Wirkungen ein, tragen Sie bitte eine ⑨ ein!

   ① Die Gesamtkapazität der Volkswirtschaft wächst.

   ② Die Umsätze der Investitionsgüterindustrie steigen.

   ③ Die Arbeitseinkommen der Haushalte sinken.

   ④ Die Gewinne steigen.

   ⑤ Es findet eine Belebung der gesamten Wirtschaft statt.

7. In einer Volkswirtschaft finden im Geldkreislauf im Laufe eines Kalenderjahres nachfolgende Vorgänge zwischen Haushalten, Unternehmen, Staat, Banken und Ausland statt. Die Angaben sind jeweils in Milliarden Geldeinheiten (Mrd. GE) aufgeführt.

Kompetenzstufe 4

➤ Von den Unternehmen bezogene Einkommen der privaten Haushalte: 1400 Mrd. GE

➤ Der Staat erhält Subventionszuschüsse aus dem Ausland: 100 Mrd. GE

➤ Der Staat zahlt Zinsen an die Banken: 50 Mrd. GE

➤ Von den Haushalten an den Staat abgeführte Abgaben, Steuern und Gebühren: 500 Mrd. GE

➤ Die privaten Haushalte erzielen Einkünfte aus dem Ausland in Höhe von: 300 Mrd. GE

➤ Von den Unternehmen in Anspruch genommene Kredite: 400 Mrd. GE

➤ Die Ex- und Importe der Unternehmen betragen jeweils: 160 Mrd. GE

➤ Die privaten Haushalte sparen bei den Banken: 400 Mrd. GE

➤ Der Staat kauft von den Unternehmen Sachgüter und Dienstleistungen im Wert von: 200 Mrd. GE

➤ Die privaten Haushalte beziehen Güter und Dienstleistungen aus dem Ausland: 200 Mrd. GE

➤ Die Unternehmen führen Steuern und Abgaben an den Staat ab: 300 Mrd. GE

➤ Die Banken zahlen Steuern und Abgaben an den Staat: 40 Mrd. GE

➤ Die privaten Haushalte erhalten vom Staat Einkommen und Sozialleistungen: 600 Mrd. GE

➤ Der Staat überweist Entwicklungshilfezahlungen an das Ausland: 200 Mrd. GE

➤ Konsumausgaben der Haushalte fließen den Unternehmen zu: ? Mrd. GE

Berechnen Sie das Defizit des Staatshaushalts, das dieser auf dem ausländischen Kapitalmarkt finanzieren muss!

Hinweis zur Lösung: Zeichnen Sie den Geldkreislauf mit den einzelnen Sektoren auf die folgende Karofläche.

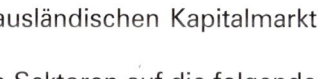 Mrd. GE

8.2 Berechnen Sie

    8.2.1 die Höhe der Konsumausgaben der Haushalte in Mrd. GE an die Unternehmen,

           ☐ . ☐ ☐ ☐ Mrd. GE

    8.2.2 die Höhe des Staatsdefizits in Mrd. GE!

           ☐ ☐ ☐ Mrd. GE

8.3 Erläutern Sie anschließend kurz eine Möglichkeit, wie der Staat in diesem Wirtschaftskreislauf das vorhandene finanzielle Defizit ausgleichen könnte!

_____

_____

_____

8.4 Berechnen Sie die Sparquote der privaten Haushalte, also jenen Anteil des frei verfügbaren Einkommens, den die Haushalte sparen (Ergebnis auf eine Nachkommastelle runden)!

           ☐ ☐ , ☐ %

2 Bruttoinlandsprodukt als Maß für die wirtschaftliche Leistung eines Landes berechnen und beurteilen

Lernsituation 2:

Lesen Sie zunächst folgenden Artikel und betrachten Sie die nachfolgende Abbildung!

Glück statt Wachstum – Die Grenzen der wirtschaftlichen Produktivität

Im Kapitalismus ist das Bruttoinlandsprodukt das Maß aller Dinge. Und obwohl die sogenannte Erste Welt nach wie vor reicher und produktiver ist als die Dritte, sind die Menschen hier nicht glücklich. Woran liegt das?

Bereits in den 1970ern erkannte der Club of Rome die Grenzen des Wachstums. Wirtschaftliche Produktivität sei kein alleiniger Gradmesser von Lebensqualität und Wohlstand – wichtig seien auch andere Dinge wie Gesundheit, Bildung, das persönliche Umfeld oder eine ökologische Umwelt.

Durch die unsichtbare Hand, die Selbstregulierung des Marktes, werde gleichzeitig auch das allgemeine, gesellschaftliche Glück erhöht – so wollte es der Begründer der modernen Marktökonomie, Adam Smith. Viele unsichtbare Hände stürzten gut 230 Jahre später die Welt in die Krise. Die Wirtschaft wuchs wild, die Finanzwelt wucherte – bis zum Overkill. Wachstum, so das Mantra, soll nun sogar wieder aus der Krise führen. „Wir haben das fast aus dem Auge verloren, kulturell und kollektiv, dass eigentlich Glück der Indikator ist und nicht Wachstum", sagt der Soziologe Hartmut Rosa. […] Längst gehe es bei unserer Produktion nicht mehr darum, Mangel zu beheben. Das einzige, was steige, sei das Tempo. „Inzwischen ist Wachstum zu einem derart unerbittlichen Zwang geworden, dass es uns alle wie in ein Hamsterrad setzt, das uns jedes Jahr zwingt, ein bisschen schneller zu laufen, ein bisschen höher die Wettbewerbsfähigkeit zu steigern", so Rosa. […]

Je höher das Bruttosozialprodukt, desto mehr Wohlstand – diese Rechnung geht für moderne Industriestaaten nicht mehr auf. Hier läuft die Suche nach neuen Gradmessern für Lebensqualität, zum Beispiel dem Bruttoinlands-Glück. Den jüngsten Vorstoß wagten die Nobelpreisträger Joseph Stiglitz und Amartya Sen. […] „Arbeit etwa hat einen Einfluss auf unser Wohlbefinden, der jenseits des Einkommens liegt. Gesundheit, Bildung, Sicherheit und soziale Beziehungen machen Lebensqualität aus, aber werden nicht vom Bruttosozialprodukt erfasst", so Stiglitz.

Das statistische Maß ist blind gegen Leid und Wohl. Es zeigt die Welt im Zerrspiegel: Ganz gleich, ob eine Ölpest Arbeit schafft, Staus den Benzinverbrauch steigern oder Katastrophen Aufräumarbeiten bedingen, das Bruttosozialprodukt wird dadurch gesteigert. Wie aber lassen sich Wohl- und Missstand überhaupt bestimmen? „Der Bettler, der sich am Wegesrand sonnt", schrieb Adam Smith, „hat eine Zufriedenheit, für welche die Könige kämpfen müssen." Das kleine Land Bhutan, ökonomisch betrachtet nicht der Rede wert, ist beim Bruttosozialglück Vorreiter. Das kleine Königtum im Himalaya misst seit gut 40 Jahren Lebensqualität: Spirituelle Wohlfahrt zählt wie auch Fertigkeiten im Handwerk. Kann uns Bhutan Vorbild sein?

[…] Was wir sehen wollen, berechnen wir. Ein realistisches Maß für Wohlstand würde abwägen, mit welchen Umwelt- und Sozial-Kosten wir unsere Produktivität bezahlen. […] „Die Krise hat vor Augen geführt, wie wichtig unsere Bedenken sind", sagt Joseph Stiglitz. „Das Finanzwesen ist das Mittel einer produktiven Wirtschaft und kein Selbstzweck. Die Wirtschaft soll unserem Wohlergehen dienen – auch sie ist nicht Selbstzweck." Politik müsste Wirtschaft zum Allgemeinwohl verpflichten. So könnte der durchaus vorhandene Reichtum gerechter verteilt werden. Keine Gesellschaft kann gedeihen und glücklich sein, in der der weitaus größte Teil ihrer Mitglieder arm und elend ist.

Quelle: www.3sat.de/kulturzeit/themen/141024/index.html, 2012/3sat, Donya Ravasani.

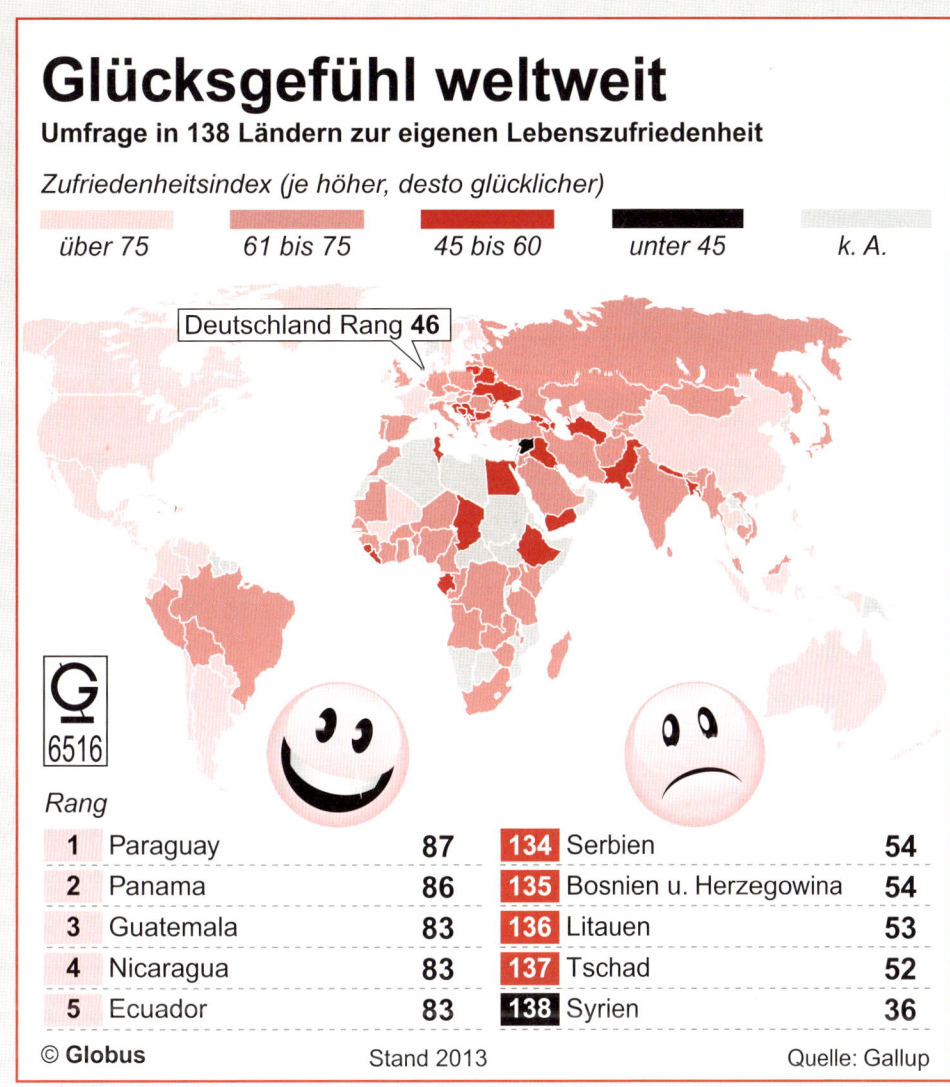

Glücksgefühl weltweit

Umfrage in 138 Ländern zur eigenen Lebenszufriedenheit

Zufriedenheitsindex (je höher, desto glücklicher)

über 75	61 bis 75	45 bis 60	unter 45	k. A.

Deutschland Rang **46**

G 6516

Rang

Rang		Index	Rang		Index
1	Paraguay	87	134	Serbien	54
2	Panama	86	135	Bosnien u. Herzegowina	54
3	Guatemala	83	136	Litauen	53
4	Nicaragua	83	137	Tschad	52
5	Ecuador	83	138	Syrien	36

© **Globus**   Stand 2013   Quelle: Gallup

Zum dritten Mal in Folge führt Paraguay die Liste der glücklichsten Länder der Welt an. Neun der zehn glücklichsten Länder 2013 liegen in Lateinamerika. Der eine Ausreißer: Dänemark liegt auf Platz acht. Jedes Jahr erstellt das Washingtoner Gallup-Institut den internationalen Glücksatlas. Menschen in 138 Nationen wurden unter anderem gefragt, ob sie am Tag zuvor gelacht haben, mit Respekt behandelt wurden und sich glücklich fühlten. Die unglücklichste Nation ist das kriegszerrüttete Syrien. Deutschland liegt auf Rang 46, gleichauf mit dem Senegal und Kenia. Dass Deutschland als eines der reichsten Länder der Erde nur im oberen Mittelfeld liegt, zeigt, dass Geld nicht automatisch glücklich macht. Fest steht: Menschen ohne Geldsorgen sind zufriedener. Allerdings gilt diese Regel nur bis zu einem bestimmten Einkommensniveau. Experten beobachten, dass ab einem Jahreseinkommen von 75 000 Dollar das Glücksgefühl nicht mehr deutlich ansteigt.

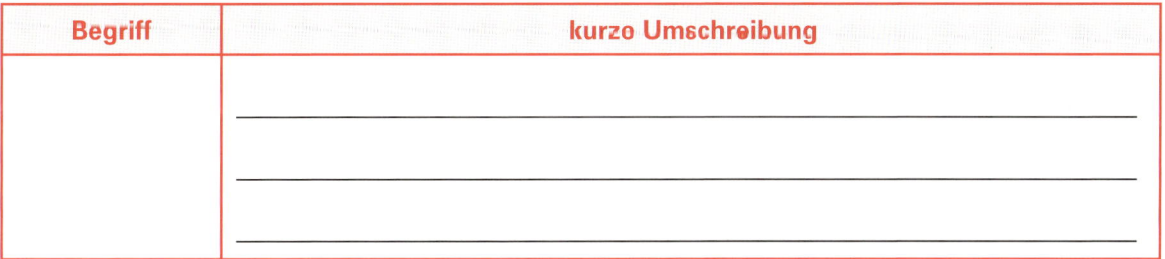

Kompetenzorientierte Arbeitsaufträge:

1. Notieren Sie sich zunächst die Begriffe in dem vorangestellten Text, die Ihnen unverständlich erscheinen und recherchieren Sie diese anschließend im Internet!

Begriff	kurze Umschreibung
	_____
	_____
	_____

Begriff	kurze Umschreibung
	_____ _____ _____
	_____ _____ _____ _____
	_____ _____ _____ _____

2. Nennen Sie fünf allgemeine Bestimmungsfaktoren für den Wohlstand eines Landes!

3. Versuchen Sie Argumente dafür zu finden, warum im Falle von Wirtschaftswachstum in Deutschland nicht alle Einwohner gleichermaßen davon profitieren! Gehen Sie dabei insbesondere auf mögliche Ursachen für diese Ungleichverteilung ein!

Argument	kurze Umschreibung
	_____ _____ _____
	_____ _____ _____ _____

Argument	kurze Umschreibung
	_____ _____ _____
	_____ _____ _____

4. Entwickeln Sie abseits der Umverteilung von Einkommen einen möglichen Lösungsansatz zur dauerhaften Beseitigung solcher Ungleichverteilungen!

Mein Lösungsansatz zur dauerhaften Beseitigung von Ungleichverteilungen

_____

_____

_____

_____

5. Erläutern Sie anhand von drei Beispielen, inwiefern Wirtschaftswachstum hierzulande auch negative Auswirkungen für die Bevölkerung haben kann!

	Beispiel	kurze Erläuterung
1		_____ _____ _____ _____
2		_____ _____ _____ _____
3		_____ _____ _____ _____

2. Das Bruttoinlandsprodukt als Wohlstandsindikator wird immer wieder kriti-
siert. Welche zwei der nachfolgenden Aussagen zur Kritik am Bruttoinlandsprodukt als Wohlstandsindikator sind falsch? Ist nur eine Aussage falsch, so
tragen Sie bitte eine ⑨ in das zweite Kästchen!

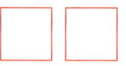
Kompetenzstufe 1

① Die Ermittlung der volkswirtschaftlichen Leistung stößt auf Erfassungs-
und Bewertungsprobleme, sodass Schätzungen erforderlich werden, die
auf mehr oder weniger willkürlichen Annahmen beruhen.

② Die volkswirtschaftliche Gesamtleistung ist vor allem deshalb zu niedrig
berechnet, weil die sozialen Kosten nicht erfasst werden.

③ Nicht berücksichtigte Leistungen wie Kindererziehung oder Arbeitsleistungen privater Haushalte sorgen dafür, dass das Bruttoinlandsprodukt zu niedrig angesetzt wird.

④ Die im Rahmen der Schattenwirtschaft geschaffenen Leistungen sind illegal und finden in der
Berechnung des Bruttoinlandsprodukts keine Berücksichtigung.

⑤ Die Leistungen des Staates sind nicht ausreichend bewertet. Da es für staatliche Leistungen
keine Marktpreise gibt, müssen diese zu Herstellungspreisen bewertet werden.

⑥ Die Gesamtleistung wird auch deshalb zu hoch wiedergegeben, weil Teile der sozialen Kosten
der Gesamtleistung hinzugerechnet werden, so z. B. die Behandlungskosten von Unfallopfern
und Berufskranken, die Reparaturen an Unfallfahrzeugen oder -maschinen sowie die Neuan-
schaffungen von Fahrzeugen und Maschinen, die aufgrund von Unfällen erforderlich waren.

3. In der volkswirtschaftlichen Gesamtrechnung gibt es drei verschiedene
Ansätze zur Berechnung des Bruttoinlandsprodukts. Welche zwei der folgenden Aussagen zur Berechnung des Bruttoinlandsprodukts sind falsch? Ist nur
eine Aussage falsch, so tragen Sie bitte eine ⑨ in das zweite Kästchen ein!

Kompetenzstufe 2

① Die Entstehungsrechnung basiert auf der Frage: „Wo ist das Bruttoinlandsprodukt entstanden?" Sie erfasst die wirtschaftliche Leistung einer Periode
nach ihren Quellen, d. h. nach den Wirtschaftsbereichen, die in drei Gruppen untergliedert sind: primärer, sekundärer und tertiärer Sektor.

② Die Summe der wirtschaftlichen Leistungen der einzelnen Wirtschaftsbereiche ergibt die Bruttowertschöpfung. Sie ergibt sich aus der Addition von Produktionswert zuzüglich der Vorleis-
tungen.

③ Werden zu der Bruttowertschöpfung die Gütersteuern addiert und die Gütersubventionen sub-
trahiert, so erhält man das Bruttoinlandsprodukt.

④ Um den tatsächlichen Wertzuwachs der Wirtschaftsbereiche zu ermitteln, muss der Wertver-
lust, der durch die Nutzung der Produktionsmittel entstanden ist, abgezogen werden.

⑤ Werden vom Bruttoinlandsprodukt die Abschreibungen abgezogen, erhält man das Nettoin-
landsprodukt.

⑥ Das Bruttoinlandsprodukt lässt sich sowohl preisbereinigt als auch in jeweiligen Preisen
berechnen. Im ersten Fall handelt es sich um das nominale Bruttoinlandsprodukt, im zweiten
Fall um das reale Bruttoinlandsprodukt.

⑦ Als Nettoproduktionsabgabe bezeichnet man den Saldo aus Gütersteuern abzüglich Gütersubventionen.

⑧ Die Entstehungsrechnung macht den Anteil der einzelnen Wirtschaftsbereiche am Bruttoinlandsprodukt deutlich.

4. In der volkswirtschaftlichen Gesamtrechnung gibt es drei verschiedene Ansätze zur Berechnung des Bruttoinlandsproduktes. Welche zwei der folgenden Aussagen zur Berechnung des Bruttoinlandsprodukts sind falsch? Ist nur eine Aussage falsch, so tragen Sie bitte eine ⑨ in das zweite Kästchen ein!

Kompetenzstufe 2

① Bei der Verwendungsrechnung steht die Frage im Vordergrund: „Wie wird das Bruttoinlandprodukt verwendet?" Die Verwendungsrechnung setzt an der Angebotsseite an.

② Der Außenbeitrag errechnet sich aus der Differenz von Exporten und Importen.

③ Zu den Bruttoinvestitionen im Rahmen der Verwendungsrechnung zählen die Ausrüstungen, Bauten, sonstigen Anlagen und Vorratsveränderungen.

④ Das Volkseinkommen setzt sich aus dem Arbeitnehmerentgelt und den Unternehmens- und Vermögenseinkommen zusammen.

⑤ Der Unterschied zwischen dem Bruttonationaleinkommen und dem Volkseinkommen basiert auf den Abschreibungen sowie den Produktions- und Importabgaben abzüglich Subventionen.

⑥ Die Differenz zwischen dem Bruttoinlandsprodukt und dem Bruttonationaleinkommen ist der Saldo der Primäreinkommen aus der übrigen Welt.

⑦ Bei der Berechnung der Lohnquote wird das Arbeitnehmerentgelt ins Verhältnis zu dem Volkseinkommen gesetzt.

⑧ Setzt man das Unternehmens- und Vermögenseinkommen ins Verhältnis zum Volkseinkommen, so erhält man die Gewinnquote.

☐ ☐

5. In einer Volkswirtschaft liegen folgende Daten vor (in Milliarden Geldeinheiten):

Volkseinkommen:	2 856,8
Unternehmens- und Vermögenseinkommen:	951,3

Berechnen Sie die Lohnquote!

Kompetenzstufe 3

☐ ☐ , ☐ %

6. In einer Volkswirtschaft liegen folgende Daten vor (in Milliarden Geldeinheiten):

Unternehmens- und Vermögenseinkommen:	322,5
Arbeitnehmerentgelt:	845,8
Primäreinkommen, die Inländer aus dem Ausland beziehen:	63,6
Primäreinkommen, die Ausländer aus dem Inland beziehen:	35,1
Abschreibungen:	186,2
Produktions- und Importabgaben abzüglich Subventionen:	122,4

Kompetenzstufe 3

6.1 Ermitteln Sie das Volkseinkommen (in Mrd. GE)!

☐ . ☐ ☐ ☐ , ☐ Mrd. GE

6.2 Ermitteln Sie das Bruttonationaleinkommen (in Mrd. GE)!

☐ . ☐ ☐ ☐ , ☐ Mrd. GE

6.3 Ermitteln Sie das Bruttoinlandsprodukt (in Mrd. GE)!

☐ . ☐ ☐ ☐ , ☐ Mrd. GE

7. Zur Lösung der nachfolgenden Aufgabenstellungen nutzen Sie bitte den Auszug aus dem Monatsbericht (siehe Material auf nachfolgender Seite) der Deutschen Bundesbank zur Entstehung und Verwendung des Inlandsproduktes sowie zur Verteilung des Volkseinkommens.

Kompetenzstufe 4

7.1 Ermitteln Sie, um wie viel Prozent das nominale Bruttoinlandsprodukt von 2014 auf 2015 gestiegen ist; runden Sie das Ergebnis auf eine Stelle hinter dem Komma!

7.2 Berechnen Sie die prozentuale Veränderung des realen Bruttoinlandsprodukts von 2014 auf 2015 (Ergebnis auf eine Stelle nach dem Komma runden)!

7.3 Wie viel Prozentpunkte des Wachstums des nominalen Bruttoinlandsprodukts im Jahr 2015 sind auf Preissteigerungen zurückzuführen?

Material:

Entstehung und Verwendung des Inlandsprodukts, Verteilung des Volkseinkommens

Position	2013	2014	2015	2013	2014	2015	2014 1.Vj.	2.Vj.	3.Vj.	4.Vj.	2015 1.Vj.	2.Vj.	3.Vj.
	Index 2010 = 100			Veränderung gegen Vorjahr in %									
Preisbereinigt, verkettet													
I. Entstehung des Inlandsprodukts													
Produzierendes Gewerbe (ohne Baugewerbe)	106,3	108,1	110,4	0,4	1,6	2,2	3,5	0,4	1,6	1,1	1,1	2,3	1,9
Baugewerbe	101,3	104,0	103,8	− 1,2	2,6	− 0,2	11,6	1,7	0,2	− 0,4	− 2,0	0,0	0,2
Handel, Verkehr, Gastgewerbe	103,9	105,2	106,9	− 2,4	1,3	1,6	2,5	0,6	0,7	1,5	1,6	1,3	1,8
Information und Kommunikation	122,6	125,5	129,1	6,0	2,4	2,9	2,4	2,2	2,5	2,4	1,8	3,1	2,9
Erbringung von Finanz- und Versicherungsdienstleistungen	99,1	99,8	98,8	0,5	0,6	− 1,0	0,6	1,9	− 0,0	0,2	0,2	− 1,5	− 2,0
Grundstücks- und Wohnungswesen	102,6	103,6	105,0	1,4	1,0	1,3	1,3	0,9	1,0	0,9	0,8	1,3	2,1
Unternehmensdienstleister [1]	104,0	106,6	109,6	0,6	2,4	2,8	3,0	1,7	2,6	2,2	1,9	2,9	2,7
Öffentliche Dienstleister, Erziehung und Gesundheit	102,6	103,7	105,0	0,6	1,0	1,3	1,6	0,6	0,7	1,2	1,4	1,2	1,2
Sonstige Dienstleister	98,4	98,5	98,9	− 0,9	0,1	0,3	0,9	− 0,4	− 0,0	0,0	− 0,0	0,6	0,3
Bruttowertschöpfung	104,4	106,0	107,7	0,3	1,5	1,6	2,6	0,9	1,3	1,2	1,1	1,6	1,6
Bruttoinlandsprodukt [2]	104,4	106,1	107,9	0,3	1,6	1,7	2,6	1,0	1,2	1,6	1,2	1,6	1,8
II. Verwendung des Inlandsprodukts													
Private Konsumausgaben [3]	103,0	103,9	105,9	0,6	0,9	1,9	1,0	0,6	0,5	1,6	2,3	1,8	2,1
Konsumausgaben des Staates	103,0	104,8	107,7	0,8	1,7	2,8	1,1	1,9	1,8	2,0	2,1	2,1	2,9
Ausrüstungen	101,6	106,3	110,0	− 2,3	4,5	3,6	8,4	4,5	3,8	2,3	3,9	3,4	4,2
Bauten	107,5	110,7	110,9	− 1,1	2,9	0,2	12,3	0,5	− 0,0	1,1	− 1,8	0,7	0,8
Sonstige Anlagen [4]	106,3	109,7	112,6	− 0,3	3,1	2,7	1,9	3,2	3,7	3,7	2,7	2,7	2,8
Vorratsveränderungen [5] [6]	.	.	.	0,6	− 0,3	− 0,4	0,2	− 0,1	− 0,9	− 0,3	− 0,5	− 1,0	− 0,2
Inländische Verwendung	102,7	104,1	105,7	0,8	1,3	1,6	2,6	1,1	0,0	1,5	1,4	0,8	2,0
Außenbeitrag [6]				− 0,5	0,4	0,2	0,2	− 0,1	1,1	0,2	0,0	0,9	− 0,1
Exporte	113,0	117,6	123,9	1,6	4,0	5,4	4,4	2,7	4,7	4,4	4,8	6,5	5,1
Importe	109,9	114,0	120,6	3,1	3,7	5,7	4,7	3,3	2,4	4,6	5,8	5,4	6,2
Bruttoinlandsprodukt [2]	104,4	106,1	107,9	0,3	1,6	1,7	2,6	1,0	1,2	1,6	1,2	1,6	1,8
In jeweiligen Preisen (Mrd €)													
III. Verwendung des Inlandsprodukts													
Private Konsumausgaben [3]	1 562,7	1 592,2	1 632,7	1,9	1,9	2,5	2,1	1,7	1,5	2,3	2,6	2,7	2,7
Konsumausgaben des Staates	541,9	564,0	589,2	3,7	4,1	4,5	3,8	4,5	4,1	4,0	3,5	4,1	4,8
Ausrüstungen	181,3	189,8	197,3	− 2,0	4,7	4,0	8,5	4,4	4,0	2,6	4,2	3,9	4,8
Bauten	277,2	291,8	297,2	1,6	5,2	1,9	15,6	3,3	1,8	2,7	0,2	2,4	2,4
Sonstige Anlagen [4]	98,8	103,5	108,5	0,9	4,8	4,7	3,2	4,9	5,6	5,4	4,8	4,8	4,8
Vorratsveränderungen [5]	− 10,5	− 22,0	− 35,2	.	.	.	.	.	.	.	.	.	.
Inländische Verwendung	2 651,4	2 719,3	2 789,7	2,5	2,6	2,6	4,1	2,6	1,3	2,4	2,1	1,8	3,1
Außenbeitrag	169,4	196,4	236,9	.	.	.	.	.	.	.	.	.	.
Exporte	1 283,1	1 333,2	1 419,0	1,3	3,9	6,4	3,8	2,2	4,8	4,7	5,6	8,4	6,3
Importe	1 113,7	1 136,8	1 182,0	1,3	2,1	4,0	2,6	1,5	1,1	3,1	3,4	4,6	5,0
Bruttoinlandsprodukt [2]	2 820,8	2 915,7	3 026,6	2,4	3,4	3,8	4,5	2,8	2,9	3,2	3,2	3,7	3,8
IV. Preise (2010 = 100)													
Privater Konsum	104,9	105,9	106,6	1,2	1,0	0,6	1,1	1,0	1,0	0,7	0,4	0,9	0,6
Bruttoinlandsprodukt	104,7	106,6	108,8	2,1	1,7	2,1	1,8	1,8	1,7	1,6	2,0	2,1	2,0
Terms of Trade	98,3	99,7	102,5	1,4	1,5	2,7	1,5	1,4	1,3	1,7	3,1	2,6	2,3
V. Verteilung des Volkseinkommens													
Arbeitnehmerentgelt	1 430,8	1 485,3	1 542,8	2,8	3,8	3,9	3,9	3,8	3,8	3,7	3,4	4,1	3,9
Unternehmens- und Vermögenseinkommen	665,8	690,9	722,3	0,9	3,8	4,6	8,5	0,3	4,2	1,5	3,7	2,5	4,2
Volkseinkommen	2 096,6	2 176,2	2 265,1	2,2	3,8	4,1	5,5	2,7	3,9	3,1	3,5	3,6	4,0
Nachr.: Bruttonationaleinkommen	2 882,0	2 982,4	3 093,8	2,2	3,5	3,7	4,8	2,7	3,4	3,1	3,3	3,3	3,8

Quelle: Statistisches Bundesamt; Rechenstand: November 2015. Erste Jahresergebnisse für 2015: Rechenstand Januar 2016. **1** Erbringung von freiberuflichen, wissenschaftlichen, technischen und sonstigen wirtschaftlichen Dienstleistungen. **2** Bruttowertschöpfung zuzüglich Gütersteuern (saldiert mit Gütersubventionen). **3** Einschl. Private Organisationen ohne Erwerbszweck. **4** Geistiges Eigentum (u. a. EDV-Software, Urheberrechte) sowie Nutztiere und -pflanzen. **5** Einschl. Nettozugang an Wertsachen. **6** Wachstumsbeitrag zum BIP.

Quelle: Deutsche Bundesbank, Monatsbericht Februar 2016.

7.4   Berechnen Sie die Lohnquote für 2015 (Ergebnis auf eine Stelle nach dem Komma runden)!

☐☐,☐ %

7.5   Wie hoch waren die Bruttoinvestitionen im Jahr 2015 (in Mrd. EUR)?

☐☐☐,☐ Mrd. EUR

8.   Berechnen Sie aus den nachfolgenden Daten in Mrd. Geldeinheiten (GE) das Bruttoinlandsprodukt!

Primäreinkommen, die Ausländer aus dem Inland bezogen haben: 148,9

Primäreinkommen, die Inländer aus dem Ausland bezogen haben: 157,6

Produktions- und Importabgaben an den Staat: 541,7

Abschreibungen: 112,2

Subventionen: 238,9

Arbeitnehmerentgelt: 1 856,1

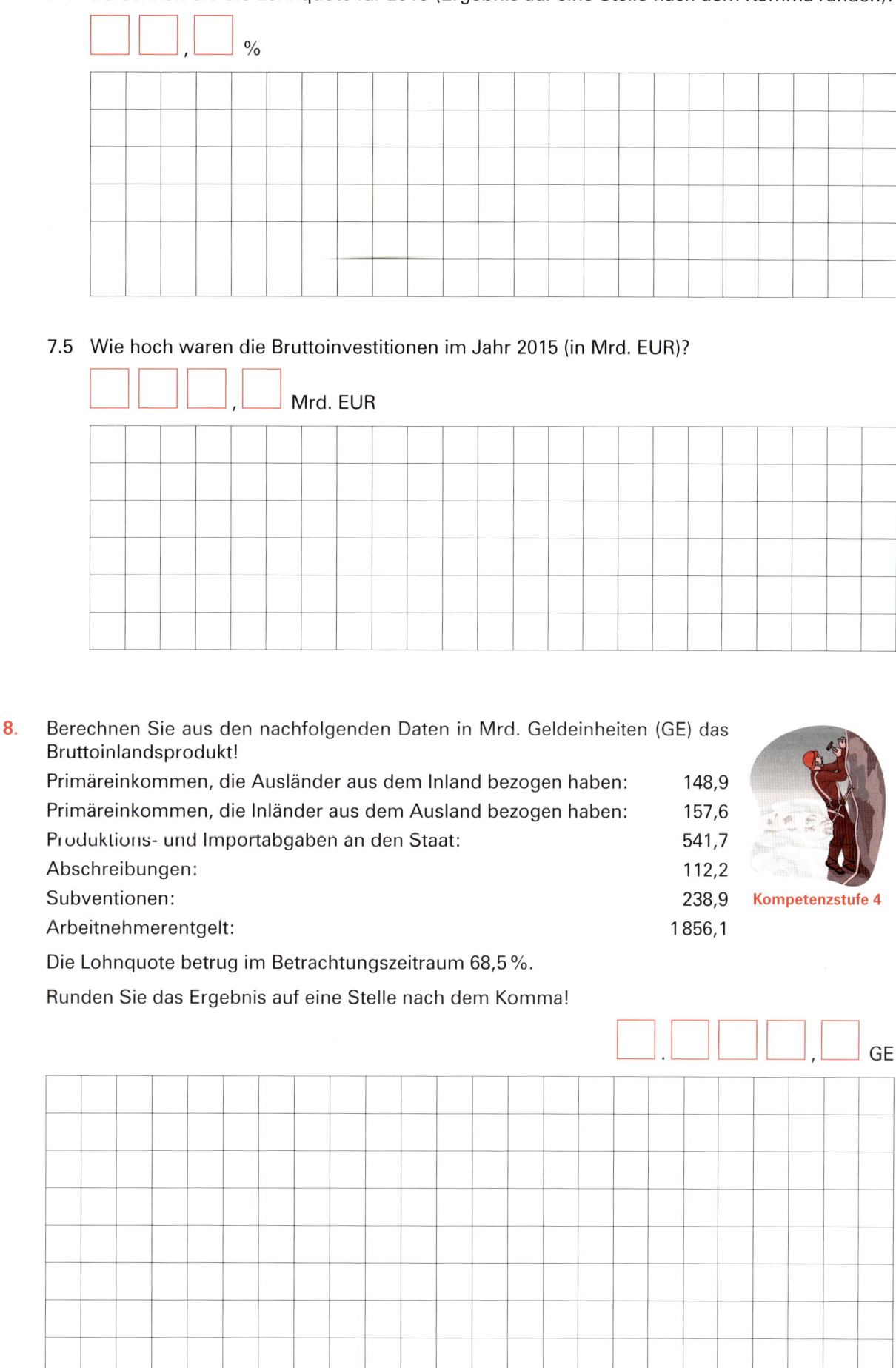

Kompetenzstufe 4

Die Lohnquote betrug im Betrachtungszeitraum 68,5 %.

Runden Sie das Ergebnis auf eine Stelle nach dem Komma!

☐.☐☐☐,☐ GE

3 Grundgedanken und Ordnungsmerkmale der Sozialen Marktwirtschaft in der Bundesrepublik Deutschland beschreiben und deren Einfluss untersuchen

77

3 Grundgedanken und Ordnungsmerkmale der Sozialen Marktwirtschaft in der Bundesrepublik Deutschland beschreiben und deren Einfluss untersuchen

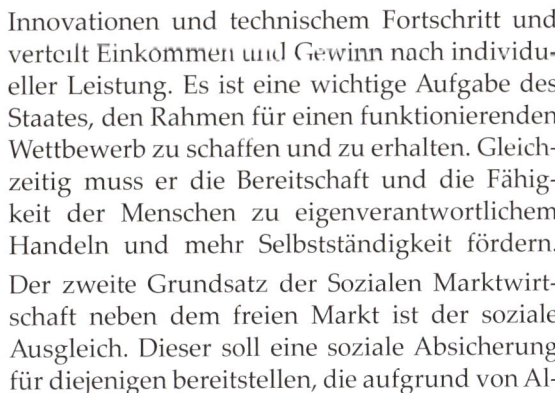

Lernsituation 3:

Lesen Sie zunächst den nachfolgenden Artikel!

Soziale Marktwirtschaft

Die deutsche Wirtschaftspolitik orientiert sich seit Mitte des 20. Jahrhunderts am Konzept der Sozialen Marktwirtschaft. Es geht zurück auf Ludwig Erhard, der von 1949 bis 1963 der erste Bundeswirtschaftsminister der Bundesrepublik Deutschland war. Die zentrale Idee besteht darin, die Freiheit aller, die als Anbieter oder Nachfrager am Markt teilnehmen, zu schützen und gleichzeitig für sozialen Ausgleich zu sorgen. Erstmals schriftlich erwähnt wurde der Begriff „Soziale Marktwirtschaft" von Erhards Mitstreiter Alfred Müller-Armack, 1952 Leiter der wirtschaftspolitischen Grundsatzabteilung im BMWi [Bundesministerium Wirtschaft] und ab 1958 Staatssekretär für Europapolitik.

Die Soziale Marktwirtschaft ist ein wesentlicher Teil unserer freiheitlichen, offenen und solidarischen Gesellschaft. Mit ihr gibt es einen bewährten Kompass, der Wohlstand und Vollbeschäftigung ermöglicht und zugleich den sozialen Ausgleich und den gesellschaftlichen Zusammenhalt in unserem Land festigt.

Der erste Grundsatz in der Sozialen Marktwirtschaft ist, dass die Märkte über den Preismechanismus für den Ausgleich von Angebot und Nachfrage sorgen: Sind besonders begehrte Güter knapp, steigt deren Preis. Das drängt Nachfrage zurück und bietet zugleich Gewinnmöglichkeiten für zusätzliche Anbieter. Anbieter werden versuchen, die Produktion so kostengünstig wie möglich zu gestalten. So kommt es zu einer effizienten Verwendung der Produktionsmittel und zu günstigen Preisen für die Verbraucher. Dafür ist wichtig, dass Wettbewerb mit offenem Marktzugang herrscht und Marktmacht verhindert wird. Der Marktmechanismus erhöht dann die Konsummöglichkeiten, motiviert die Anbieter zu

Innovationen und technischem Fortschritt und verteilt Einkommen und Gewinn nach individueller Leistung. Es ist eine wichtige Aufgabe des Staates, den Rahmen für einen funktionierenden Wettbewerb zu schaffen und zu erhalten. Gleichzeitig muss er die Bereitschaft und die Fähigkeit der Menschen zu eigenverantwortlichem Handeln und mehr Selbstständigkeit fördern.

Der zweite Grundsatz der Sozialen Marktwirtschaft neben dem freien Markt ist der soziale Ausgleich. Dieser soll eine soziale Absicherung für diejenigen bereitstellen, die aufgrund von Alter, Krankheit oder Arbeitslosigkeit keine Markteinkommen erzielen können. Zu einer Sozialen Marktwirtschaft gehören zudem nicht nur gute Wettbewerbsbedingungen und ein gutes Investitionsklima, sondern auch soziale Teilhabe sowie Chancengerechtigkeit.

Rechtliche Grundlage

Die Soziale Marktwirtschaft wurde nie namentlich als Wirtschaftssystem Deutschlands im Grundgesetz verankert, weil das Grundgesetz keinen eigenen Abschnitt zur Wirtschaft enthält. Allerdings legen zentrale Elemente unserer Rechtsordnung, wie u. a. die Grundrechte, die Vertrags- und Koalitionsfreiheit oder das Recht auf eine freie Berufs- und Arbeitsplatzwahl die Grundlage für die Soziale Marktwirtschaft und schließen die Extreme einer reinen Zentralverwaltungswirtschaft oder einer schrankenlosen Marktwirtschaft aus.

Im Mai 1990 wurde die Soziale Marktwirtschaft im Vertrag über die Schaffung einer Währungs-, Wirtschafts- und Sozialunion zwischen der Bundesrepublik und der ehemaligen DDR rechtlich als gemeinsame Wirtschaftsordnung verankert.

Textquelle: www.bmwi.de.

Kompetenzorientierte Arbeitsaufträge:

1. Notieren Sie sich zunächst die Begriffe in dem vorangestellten Text, die Ihnen unverständlich erscheinen und recherchieren Sie diese anschließend im Internet!

Begriff	kurze Umschreibung

2. Nennen Sie die zentrale Idee der Sozialen Marktwirtschaft und legen Sie kurz dar, wo die Soziale Marktwirtschaft in der Bundesrepublik Deutschland verankert ist!

Zentrale Idee der Sozialen Marktwirtschaft:

3. Erläutern Sie in wenigen Worten die aus dieser Idee (vgl. Aufgabe 2) resultierende Zielsetzung der Sozialen Marktwirtschaft!

Zielsetzung der Sozialen Marktwirtschaft

3 Grundgedanken und Ordnungsmerkmale der Sozialen Marktwirtschaft in der Bundesrepublik Deutschland beschreiben und deren Einfluss untersuchen

79

4. Ein Grundsatz der Sozialen Marktwirtschaft betont den sogenannten „sozialen Ausgleich". Erläutern Sie kurz, was man hierunter versteht und führen Sie konkrete Beispiele an, wie dieser Grundsatz im Alltag anzutreffen ist!

sozialer Ausgleich	_____ _____
konkrete Beispiele	➤ _____ ➤ _____ ➤ _____

5. Nicht wenige Kritiker führen immer wieder an, dass der „soziale Ausgleich" ein wesentlicher Grund für die zunehmende Belastung der öffentlichen Haushalte darstellt.

Recherchieren Sie im Internet, wie hoch die Sozialausgaben aktuell die öffentlichen Haushalte belasten und diskutieren Sie über Möglichkeiten, diese Ausgaben künftig einzudämmen!

Notizen zu den Sozialausgaben

Kompetenz-Check

1. Entscheiden Sie, welche der nachfolgenden Aussagen zur sozialen Marktwirtschaft falsch ist! Sind alle Aussagen richtig, tragen Sie bitte eine ⑨ in das Kästchein ein!

Kompetenzstufe 1

① Die soziale Marktwirtschaft ist eine Wirtschaftsordnung, die grundsätzlich den freien Markt befürwortet, ohne die Nachteile der freien Marktwirtschaft in Kauf nehmen zu wollen.

② Das Grundgesetz der Bundesrepublik Deutschland schreibt ausdrücklich keine bestimmte Wirtschaftsform vor, sondern lässt einen großen Spielraum für denkbare Wirtschaftsordnungen.

③ Das Grundziel der sozialen Marktwirtschaft ist: „So viel Freiheit wie gerade nötig und so viel staatlichen Zwang wie möglich."

④ In einem Rechtsstaat muss die Wirtschaftsordnung in eine Rechtsordnung eingebunden sein, die sich wiederum an der Verfassung auszurichten hat.

⑤ Im Grundgesetz werden verschiedene Freiheitsrechte garantiert, so z.B. die Vertragsfreiheit, die Konsum- oder Gewerbefreiheit.

⑥ Gemäß dem Grundgesetz ist die Grenze der Freiheitsrechte dort erreicht, wo die Rechte anderer verletzt werden können.

2. Entscheiden Sie, welche beiden der nachfolgenden Aussagen zu Individualismus bzw. Kollektivismus richtig sind! Ist nur eine Aussage richtig, tragen Sie bitte eine ⑨ in das zweite Kästchen ein!

Kompetenzstufe 2

① Vor dem Fall der Mauer gab es vor allem in Osteuropa Staaten, in denen die Zentralverwaltungswirtschaft vollständig verwirklicht wurde.

② Beim Individualismus wird vor allem die Freiheit des Einzelnen betont. Bei diesem Ansatz ist der einzelne Mensch eine eigenständige Persönlichkeit, der für sich selbst verantwortlich ist.

③ Die Bundesrepublik Deutschland ist eine der führenden Industrienationen, in denen die freie Marktwirtschaft vollständig umgesetzt wird.

④ Für den Kollektivismus ist der Mensch in erster Linie ein Gemeinschaftswesen. Deswegen stehen die Interessen des Einzelnen über den Interessen des Staates bzw. der Gesellschaft.

⑤ Für Wirtschaftsordnungen, die vor allem den Individualismus in den Mittelpunkt stellen, bedeutet dies, dass sich der Staat vor allem durch Gesetze und Verordnungen in die Wirtschaft einmischen soll.

⑥ Wirtschaftsordnungen, die den Kollektivismus in den Mittelpunkt stellen, bezeichnet man als Zentralverwaltungswirtschaft.

⑦ Bei der Wirtschaftsordnung der Zentralverwaltungswirtschaft stellt der Einzelne Pläne auf und versucht diese zu verwirklichen. Der Staat hingegen greift allenfalls korrigierend in das Wirtschaftsgeschehen ein.

☐ ☐

3. Beurteilen Sie für die nachfolgenden Situationen, welches Freiheitsrecht im Mittelpunkt steht. Tragen Sie eine

Kompetenzstufe 3

① ein, wenn die Gewerbefreiheit,

② ein, wenn die Vertragsfreiheit,

③ ein, wenn die Konsumfreiheit,

④ ein, wenn die Vereinigungsfreiheit,

⑤ ein, wenn das Recht auf Freizügigkeit,

⑥ ein, wenn das Recht auf Berufsfreiheit,

⑦ ein, wenn das Recht auf Privateigentum,

⑧ ein, wenn keines der genannten Freiheitsrechte

zutrifft.

3.1	Der 19-jährige Maximilian Benzko möchte im Anschluss an sein Abitur entgegen den Empfehlungen seines Vaters nicht Medizin studieren, sondern eine Ausbildung zum Drogist absolvieren.	
3.2	Die erfolgreiche Immobilienkauffrau Wiebke Wendelin eröffnet ein Konto bei der Baden-Direktbank AG, da sie dort keine Kontoführungsgebühren zahlen muss.	
3.3	Robert Geissen kauft bei der Bodenseewerft GmbH ein neues Motorboot. Entgegen den gesetzlichen Regelungen vereinbart er mit dem Unternehmen eine individuelle Gewährleistungsfrist von 10 Jahren.	
3.4	Nach der Ausbildung zur Medienkauffrau verwirklicht sich Leonie Klum ihren Traum und nimmt ein Jobangebot in New York an.	
3.5	Jennifer Beierle arbeitet seit Jahren als Verkäuferin in einer Modeboutique in Stuttgart. Nun beschließt sie, sich mit einem eigenen Modelabel „Schwabenchic" selbstständig zu machen und hierfür Geschäftsräume in bester Citylage anzumieten	

3 Grundgedanken und Ordnungsmerkmale der Sozialen Marktwirtschaft in der Bundesrepublik Deutschland beschreiben und deren Einfluss untersuchen

81

3.6	Der 17-jährige Dave Mutschke kauft in der Nähe des Bahnhofs in Karlsruhe von einem Dealer eine größere Menge Cannabis für den Eigenkonsum.	
3.7	Der Kurierfahrer Robert Vettel fühlt sich seit vielen Jahren als Arbeitnehmer bezüglich seiner Rechte nicht ordentlich vertreten. Über das Internet startet er deshalb deutschlandweit eine Kampagne mit dem Ziel, eine eigene Gewerkschaft zu gründen, die sich insbesondere für die Interessen dieser Berufsgruppe einsetzen soll.	
3.8	Die Immobilienkauffrau Lina-Sophie Kümmerle erwirbt in der Nähe von Freiburg eine Eigentumswohnung in bester Lage. Wenige Wochen nach Vertragsunterzeichnung wird sie als Eigentümerin in das Grundbuch eingetragen.	

4. Die Grenze der Freiheitsrechte nach Artikel 2 Grundgesetz ist dort erreicht, wo die Rechte anderer verletzt werden können. Beurteilen Sie für die nachfolgenden Situationen, welche Einschränkung von Freiheitsrechten im Mittelpunkt steht. Tragen Sie eine

① ein, wenn die Einschränkung die Gewerbefreiheit,

② ein, wenn die Einschränkung die Eigentumsrechte,

③ ein, wenn die Einschränkung die Wettbewerbsgesetzgebung,

④ ein, wenn die Einschränkung die Tarifautonomie,

⑤ ein, wenn die Einschränkung die Sozialgesetzgebung,

⑥ ein, wenn der Sachverhalt keinen der genannten Bereiche

Kompetenzstufe 4

betrifft.

4.1	Die Freiburger Maschinenfabrik AG hat ein größeres Grundstück erworben, um dort eine neue Produktionsstätte zu errichten. Bei dem Investitionsvorhaben muss sie allerdings einige Auflagen zum Landschaftsschutz beachten.	
4.2	Nach dem Abitur unterzieht sich Chantal Bäuerle einigen Eignungstest bei der Agentur für Arbeit und lässt sich auf der Basis der Ergebnisse dieser Untersuchungen Vorschläge für mögliche Ausbildungsberufe unterbreiten.	
4.3	Die angehende Abiturientin Charlotte von Wienkamp möchte Kinderärztin werden. Bei einem ersten Orientierungspraktikum in einer Arztpraxis muss sie jedoch erfahren, dass man für diesen Beruf neben einem Studium auch eine entsprechende staatliche Zulassung benötigt.	
4.4	Um dem zunehmenden Preiskampf zu entgehen, treffen sich mehrere Gastronomen in Stuttgart und sprechen ihre Preise ab.	
4.5	Fiona Meier möchte eine Ausbildung zur Drogistin beginnen. Die sehr gesundheitsbewusste Fiona informiert sich vor Ausbildungsbeginn bei unterschiedlichen Krankenkassen über deren Leistungskatalog.	
4.6	Die Weinheimer Lackfabrik KG produziert hochwertige Speziallacke für den Weltmarkt. Bei der Produktion kommen zahlreiche Gefahrstoffe zum Einsatz, sodass das Unternehmen vielfältige Vorschriften im Umgang mit diesen Stoffen beachten muss.	

© MERKUR VERLAG RINTELN

11 Boller - ISBN 978-3-8120-1557-8

4 Formen und Ziele der Kooperation und Konzentration unterscheiden und bearbeiten

Lernsituation 4:

Lesen Sie zunächst den nachfolgenden Artikel!

Die verordnete Solidarität

Wettbewerb war selbst unter Zunftmitgliedern verboten – Verstöße dagegen wurden sogar mit dem Tod bestraft

Am 29. September 1615 zogen die Kölner Handwerker aus, ihren Lebensunterhalt zu verteidigen. Mit Äxten, Pickeln und Pferdewagen setzten Zimmerleute, Dachdecker und Maurer über den Rhein und marschierten unter dem Schutz von 500 Soldaten gegen die Festung Mülheim. Sie rissen die Festungsmauern ein, zerstörten Häuser und Gewerbebetriebe. In der zum Herzogtum Berg gehörenden „Freiheit" Mülheim hatte sich in den vergangenen Jahrzehnten eine für die stadtkölnischen Zunfthandwerker ruinöse Konkurrenz entwickelt.

All jene Protestanten und aufstrebenden Manufakturbetreiber, denen im katholischen Köln das Produzieren verboten war, wurden in Mülheim kostenlos in den Bürgerstand aufgenommen. Sie statteten ihre Betriebe mit modernen mechanischen Hilfsmitteln aus, deren Gebrauch den Zunftmeistern verboten war, und sie stellten zur Arbeit ein, wer arbeiten wollte und konnte – ohne Rücksicht auf Gesellenbrief und Zunftfähigkeit. Die dynamischen Mülheimer Unternehmer erdrückten das zünftige Handwerk auf der anderen Rheinseite. Sie nahmen ihm die Märkte und kauften ihm die Rohstoffe vor der Nase weg. Der Feldzug von 1615 hat den Siegeszug des freien Gewerbes allerdings nicht aufhalten können. [...]

Textquelle: DIE ZEIT vom 05. 12. 1997; Bildquelle: Gästeamt Wangen im Allgäu.

Kompetenzorientierte Arbeitsaufträge:

1. Nennen Sie kurz Gründe, die die Kölner Handwerker dazu bewegt haben, gegen die Festung Mülheim zu ziehen! Gehen Sie dabei insbesondere auf die im Text genannten Ursachen ein!

Gründe für das Eingreifen der Kölner Handwerker

_____

_____

_____

_____

_____

2. Erläutern Sie kurz, warum es im Rahmen der Sozialen Marktwirtschaft eine wichtige Aufgabe des Staates ist, den Rahmen für einen funktionierenden Wettbewerb zu schaffen und zu erhalten.

Gründe für einen funktionierenden Wettbewerb

➤ _____

➤ _____

➤ _____

➤ _____

3. Vielfach muss das Bundeskartellamt namhafte Unternehmen mit Strafen belegen, weil sie gegen geltendes Wettbewerbsrecht verstoßen, indem sie versuchen, den Wettbewerb auszuschalten. Recherchieren Sie hierzu aktuelle Fälle und präsentieren Sie die Ergebnisse Ihrer Recherche Ihren Mitschülern!

Notizen zur Recherche

_____

_____

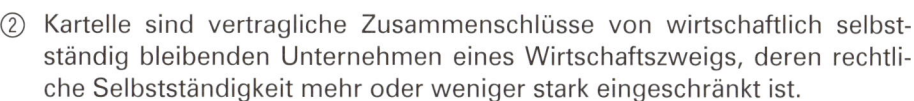

_____

_____

_____

_____

Kompetenz-Check

1. Überprüfen Sie die nachfolgenden Aussagen zur Kooperation und Konzentration! Welche zwei der folgenden Aussagen sind falsch? Ist nur eine Aussage falsch, so tragen Sie in das zweite Kästchen bitte eine ⑨ ein!

Kompetenzstufe 1

① Kooperation ist jede Zusammenarbeit zwischen Unternehmen, wobei die einzelnen Kooperationsformen als Unternehmenszusammenschlüsse oder Unternehmensverbindungen bezeichnet werden.

② Kartelle sind vertragliche Zusammenschlüsse von wirtschaftlich selbstständig bleibenden Unternehmen eines Wirtschaftszweigs, deren rechtliche Selbstständigkeit mehr oder weniger stark eingeschränkt ist.

③ Konzerne sind horizontale, vertikale oder anorganische Zusammenschlüsse von Unternehmen, die rechtlich selbstständig sind, ihre wirtschaftliche Selbstständigkeit aber aufgeben, indem sie sich einer einheitlichen Leitung unterstellen.

④ Trusts sind Zusammenschlüsse von Unternehmen, die ihre rechtliche und wirtschaftliche Selbstständigkeit aufgeben.

⑤ Gemäß dem Kartellgesetz sind Vereinbarungen zwischen Unternehmen, Beschlüsse von Unternehmensvereinigungen sowie aufeinander abgestimmte Verhaltensweisen zu Verhinderung, Einschränkung oder Verfälschung des Wettbewerbs verboten.

⑥ Eine missbräuchliche Ausnutzung einer marktbeherrschenden Stellung durch ein oder mehrere Unternehmen ist verboten.

⑦ Vom Kartellverbot nicht freigestellt sind Vereinbarungen zwischen Unternehmen, die unter angemessener Beteiligung der Unternehmen an dem entsprechenden Gewinn, zur Verbesserung der Warenerzeugung oder -verteilung oder zur Förderung des technischen oder wirtschaftlichen Fortschritts beitragen.

⑧ Marktbeherrschend sind z. B. zwei oder mehr Unternehmen, wenn zwischen ihnen für eine bestimmte Art von Waren oder von gewerblichen Leistungen kein wesentlicher Wettbewerb besteht.

2. Entscheiden Sie in den nachfolgenden Fällen, ob es sich um eine

① vertikale Kooperation oder Konzentration,

② horizontale Kooperation oder Konzentration oder

③ anorganische Kooperation oder Konzentration

handelt!

Kompetenzstufe 2

2.1	Ein Kreditinstitut kooperiert mit einer Bausparkasse und einer Versicherungsgesellschaft.	
2.2	Ein Sternerestaurant kauft die Zutaten für die zubereiteten Speisen überwiegend von heimischen Landwirten.	
2.3	Ein Möbelhaus kooperiert mit einem Berufskolleg für Wirtschaft und Verwaltung, indem es die SV-Räume mit einem Sofa kostenlos ausstattet.	
2.4	Zwei Automobilhersteller schließen sich zu einer Einkaufskooperation zusammen, um so günstigere Konditionen zu erhalten.	
2.5	Ein Metzger kooperiert mit heimischen Landwirten und ortsansässigen Restaurants.	
2.6	Ein Kreditkartenanbieter schließt einen Kooperationsvertrag mit einem Bundesligaverein.	
2.7	Mehrere Unternehmen schließen sich zu einem „Mischkonzern" zusammen, um so in wirtschaftlichen Krisen weniger anfällig zu sein.	
2.8	Ein Unternehmen der Stahlerzeugung kauft einen Konkurrenten in Baden-Württemberg auf.	

3. Entscheiden Sie in den nachfolgenden Fällen, ob es sich um

① einen Trust,

② aufeinander abgestimmtes Verhalten,

③ eine Preisbindung,

④ Missbrauch einer marktbeherrschenden Stellung,

⑤ ein Mittelstandskartell,

⑥ eine Fusion

handelt!

Kompetenzstufe 3

3.1	Ein Automobilzulieferer aus dem Sauerland produziert fast ausschließlich für ein Unternehmen, welches nunmehr auf erpresserische Art erhebliche Preisnachlässe fordert.	
3.2	Die europäischen Zementhersteller haben nach einer Fachtagung einheitlich die Preise um 15 % angehoben.	
3.3	Das Bundeskartellamt genehmigt einer deutschen Großbank die Übernahme eines Konkurrenten.	

3.4	Mehrere Unternehmen schließen sich zusammen und geben dabei ihre rechtliche und wirtschaftliche Selbstständigkeit auf.	
3.5	Eine Großbrauerei versucht einen kleineren Konkurrenten auszuschalten, indem er ihn von den Hopfenlieferanten boykotieren lässt.	
3.6	Ein Hersteller von Markenuhren gibt seine begehrte Ware nur an solche Händler ab, die sich verpflichten, ohne jegliche Abweichung an die Preisliste des Herstellers zu halten.	
3.7	Einige im Wettbewerb stehende Unternehmen vereinbaren eine zwischenbetriebliche Zusammenarbeit zur Rationalisierung wirtschaftlicher Vorgänge.	
3.8	Nach Ablehnung des Bundeskartellamtes wenden sich die beiden betroffenen Unternehmen an den Bundesminister für Wirtschaft und Technologie, um ein überragendes Interesse der Allgemeinheit geltend zu machen.	

4. Kennzeichnen Sie nachfolgende Aussagenpaare mit einer

①, wenn nur Aussage A richtig ist,

②, wenn nur Aussage B richtig ist,

③, wenn sowohl Aussage A als auch Aussage B richtig ist,

④, wenn beide Aussagen falsch sind!

Kompetenzstufe 4

4.1	A:	Unter einem Syndikat versteht man eine von einzelnen Produzenten unabhängige Verkaufseinrichtung.	
	B:	Ein Konsortium ist ein vorübergehender, loser Zweckverband zur Durchführung von Geschäften, die mit geringem Kapitaleinsatz und hohem Risiko verbunden sind.	
4.2	A:	Bei sogenannten Dachgesellschaften übertragen die Konzernunternehmen ihre Aktien auf eine übergeordnete Gesellschaft, die dann die Produktion und den Absatz übernimmt.	
	B:	Von Trusts, die durch Fusion entstehen, verspricht man sich Synergieeffekte, d. h. Kosteneinsparungen durch Zusammenlegung von Abteilungen.	
4.3	A:	Abgestimmte Verhaltensweisen fallen unter das Kartellverbot. Sie sind dadurch gekennzeichnet, dass eine verbindliche Übereinkunft zwischen den sich am Markt gleichförmig verhaltenden Unternehmen fehlt.	
	B:	Nicht gegen das Kartellgesetz verstoßen verbindliche Vorgaben für Verkaufspreise durch die Hersteller an die Händler.	
4.4	A:	Vereinbarungen von miteinander in Wettbewerb stehender Unternehmen, die der Rationalisierung wirtschaftlicher Vorgänge dienen, sind gemäß dem Kartellgesetz verboten.	
	B:	Das Kartellrecht schafft die Voraussetzungen dafür, dass der Wettbewerb zwischen den Unternehmen nicht zu groß wird.	
4.5	A:	Marktbeherrschenden Unternehmen ist es gemäß dem Kartellgesetz verboten, ihre Stellung missbräuchlich auszunutzen.	
	B:	Marktbeherrschend ist ein Unternehmen, wenn es auf einem Markt über einen Marktanteil von 40 % verfügt.	
4.6	A:	Alle Unternehmenszusammenschlüsse in der Bundesrepublik Deutschland sind vor dem Vollzug beim Bundeskartellamt anzumelden.	
	B:	Auf Antrag kann der Bundesminister für Finanzen die Erlaubnis zu einem vom Bundeskartellamt untersagten Zusammenschluss erteilen, wenn dieser von gesamtwirtschaftlichem Vorteil ist oder ein überragendes Interesse der Allgemeinheit gerechtfertigt ist.	

5 Markt als Ort des Zusammentreffens von Angebot und Nachfrage systematisieren und analysieren

Lernsituation 5:

Der 18-jährige Schüler Max Schlaumeier verdient sich gerne ein wenig Geld zusätzlich. Da Max schon recht früh in seinem Leben für sich erkannt hat, dass er gerne „sein eigenes Ding macht", kam für ihn kein normaler Job infrage, sodass er sich vor drei Monaten selbstständig machte. Zu diesem Zweck hat er gemeinsam mit seinem Vater den Kleinwohnwagen des Großvaters zu einem schönen „Marktstand" umgebaut und mit tollen Graffitis versehen. Mit dem mobilen Verkaufsstand fährt er

dann zu verschiedenen Festen in der näheren Umgebung seines Wohnortes, um frisch zubereitete Crêpes zu verkaufen.

Zurzeit überlegt Max, ob er seinen Crêpestand für das eintägige Stadtfest seines Wohnortes am Sonntag anmelden soll, an dem vielfältige Marktstände die Einkaufspassage bereichern und zudem alle örtlichen Geschäfte geöffnet haben. Nach Auskunft der Organisatoren dieses Festes müsste er für den Stand eine Tagesgebühr von 150,00 € entrichten. Max verkauft die Crêpes zurzeit mit drei verschiedenen Belägen. Nach seiner Berechnung betragen die Kosten pro Crêpe inklusive Crêpetüte und Serviette unabhängig vom Belag ca. 1,00 €. Den Verkaufspreis hat Max seit Beginn seiner Geschäftstätigkeit auf 2,50 € festgelegt.

Da Max für das Backen eines Crêpes nur eine Herdplatte zur Verfügung steht, kann er während des zehnstündigen Brunnenfestes maximal 300 Crêpes herstellen und verkaufen. Dieser „Engpass" ist Max schon seit Längerem ein Dorn im Auge. Grundsätzlich wäre er in der Lage, zwei Herdplatten gleichzeitig zu bedienen und somit die oft langen und auch geschäftsschädigenden Warteschlangen an seinem Stand zu vermeiden. Die Anschaffung einer zweiten Herdplatte hat Max jedoch bisher noch zurückgestellt, da diese Spezialplatten sehr teuer sind.

Kompetenzorientierte Arbeitsaufträge:

1. Angenommen, Sie wollen bei herrlichem Sonnenschein dieses Stadtfest besuchen. Bestimmen Sie, welche Faktoren konkret Ihr Einkaufsverhalten an den einzelnen Ständen bzw. in den Geschäften beeinflussen!

Faktoren, die mein Einkaufsverhalten beeinflussen

2. Erläutern Sie beispielhaft, wie sich Preisänderungen auf Ihr Nachfrageverhalten auswirken!

_____

_____

_____

_____

_____

3. Angenommen, Crêpes zählen zu Ihren absoluten Lieblingsspeisen. Kurz bevor Sie den Marktstand von Max erreichen, sehen Sie, wie er den Preis pro Crêpe um 1,00 € erhöht. Welche Auswirkung hat diese Preiserhöhung auf Ihre Kaufentscheidung, wenn es keinen anderen Crepêstand gibt und Sie über ausreichend Taschengeld verfügen? Wie würde Ihre Entscheidung ausfallen, wenn Crêpes nicht Ihre einzige Lieblingsspeise wäre?

Auswirkung der Preiserhöhung auf meine Kaufentscheidung von Crêpes

_____

_____

_____

_____

4. Erläutern Sie, wie Sie sich verhalten würden, wenn es weitere Crêpestände auf dem Markt geben würde und Sie unbedingt Crêpes essen möchten!

_____

_____

_____

_____

5. Diskutieren Sie, welche Auswirkungen es auf die Preisgestaltung von Max hat, ob es Konkurrenzanbieter gibt oder nicht!

Verhalten von Max	kurze Umschreibung
ohne Konkurrenz	
mit Konkurrenz	

6. Angenommen, Max hätte mit einem Verkaufspreis von 2,00 € kalkuliert. Nunmehr stellt er aber fest, dass die beiden anderen Crêpesanbieter 2,50 € pro Crêpe nehmen. Erläutern Sie kurz, welche Auswirkungen sich für Max ergeben, wenn er sich den anderen Anbietern anpassen möchte!

   Auswirkungen für Max bei Anpassung an die Konkurrenz

   _____

   _____

7. Aus den Erfahrungen der Vergangenheit heraus ist Ihnen bei Crêpes ein Preis von 4,00 € in Erinnerung. Erläutern Sie, was konkret die in Aufgabe 6 formulierte preisliche Ausgangssituation für Sie bedeutet!

   Auswirkungen von geringeren Preisen auf mich als Konsument

   _____

   _____

8. Max hat noch immer keine Entscheidung getroffen, ob er für das Stadtfest seinen Stand anmelden möchte. Von den Organisatoren erfährt er, dass er der einzige Anbieter von Crêpes sein wird. Unterstellen Sie, dass Max einen Verkaufspreis von 2,50 € für realistisch hält. Berechnen Sie, wie viele Crêpes er verkaufen müsste, damit er keinen Verlust erleidet; bei welcher Verkaufsmenge also seine „Gewinnschwelle"läge! Ermitteln Sie, wie hoch der für ihn maximal auf dem Stadtfest erzielbare Gewinn wäre!

   Berechnung der Gewinnschwelle

   Berechnung des Gewinnmaximums

9. Lösen Sie die beiden nachfolgenden Situationen grafisch, indem Sie die Geschehnisse in das vorgegebene Marktschema einzeichnen! Achten Sie dabei bitte auf eine vollständige Beschriftung der Skizze!

9.1 Infolge einer Krise im Euroraum kommt es zu verstärkten Goldkäufen. Das Angebot des Edelmetalls kann nicht ausgeweitet werden.

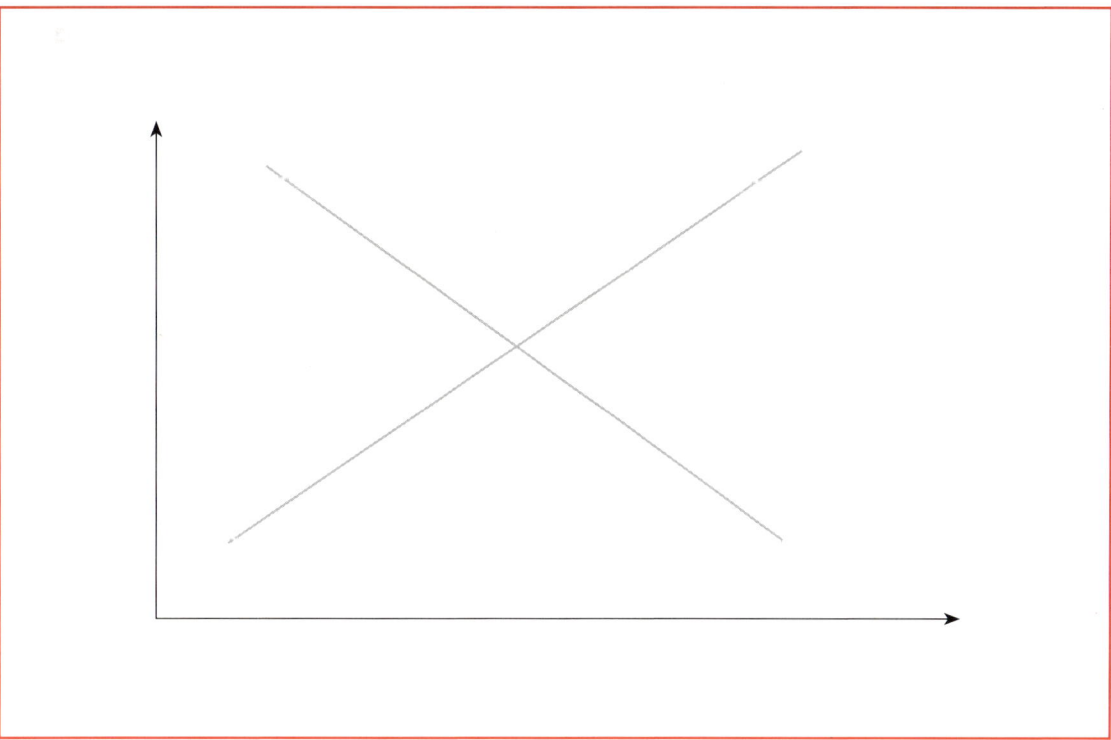

9.2 Auf dem deutschen Holzmarkt stagnieren seit Jahren die Preise für Brenn- und Bauholz. Durch einen starken Orkan in großen Teilen der Bundesrepublik Deutschland werden über 200 000 Hektar Waldfläche entwurzelt. Das Holz muss – nicht zuletzt wegen der schlechten Lagerfähigkeit dieses Rohstoffs – umgehend aufgearbeitet und verkauft werden.

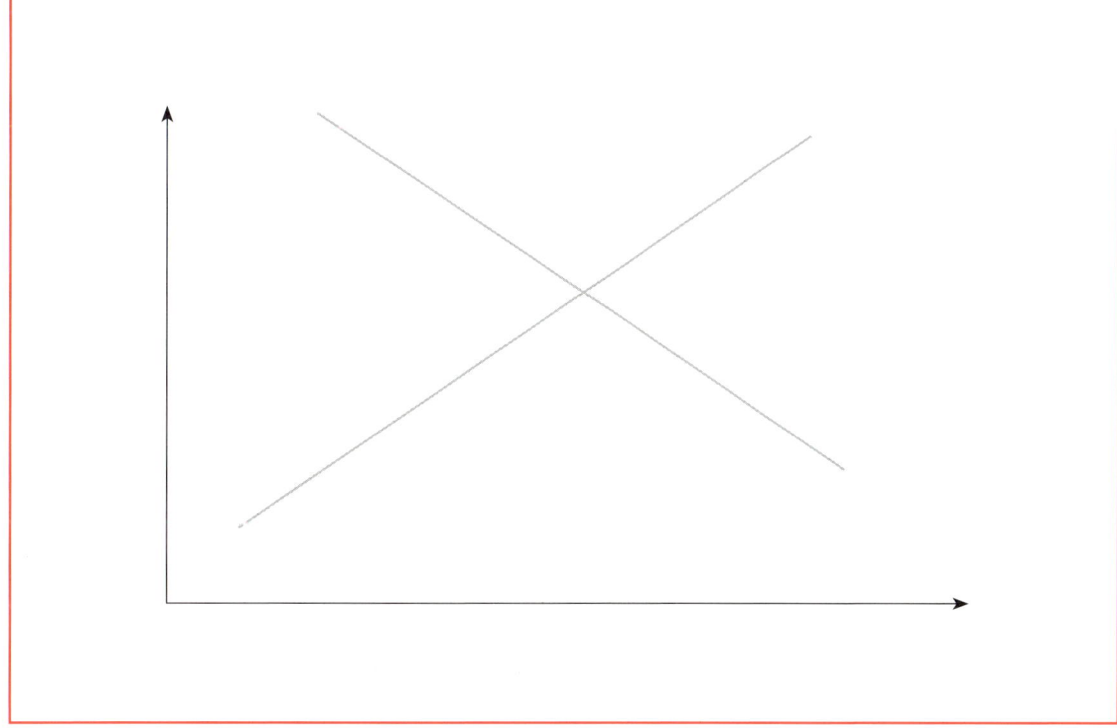

12 Boller - ISBN 978-3-8120-1557-8

10. Ein Orkan richtete in den Waldstücken von vier Forstwirten erheblichen Schaden an. Nur noch als Brennholz verwertbar sind 4 000 Kubikmeter aus dem Wald des Forstwirts A, 5 000 Kubikmeter aus dem Wald des Forstwirts B, 500 Kubikmeter aus dem Wald des Forstwirts C und 6 000 Kubikmeter aus dem Wald des Forstwirts D.

Interpretieren Sie das in den Diagrammen dargestellte Marktverhalten der vier Forstwirte! Tragen Sie die Lösung jeweils in den unterhalb der Skizze angebrachten Lösungskasten ein!

Forstwirt A

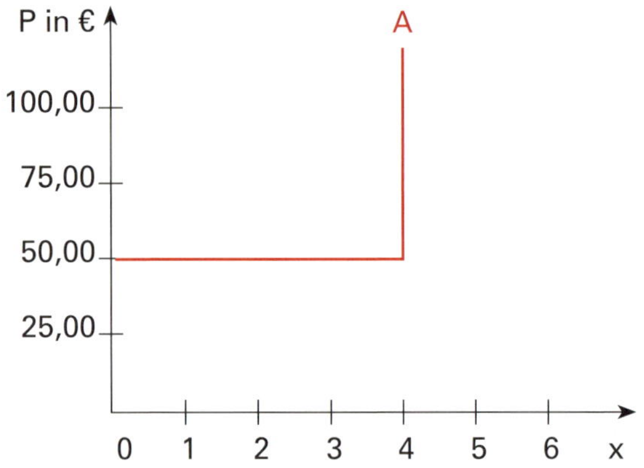

Forstwirt B

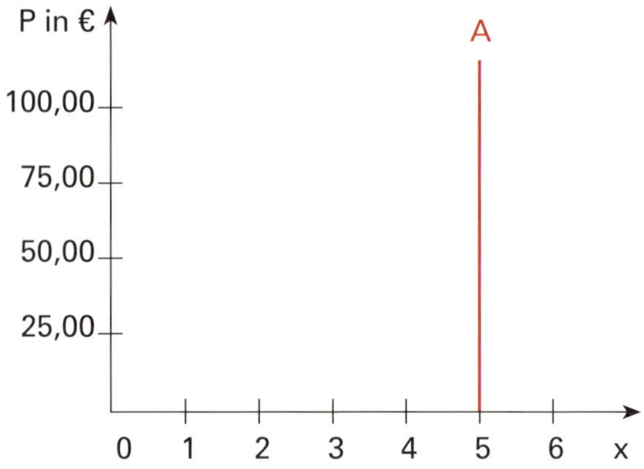

Forstwirt C

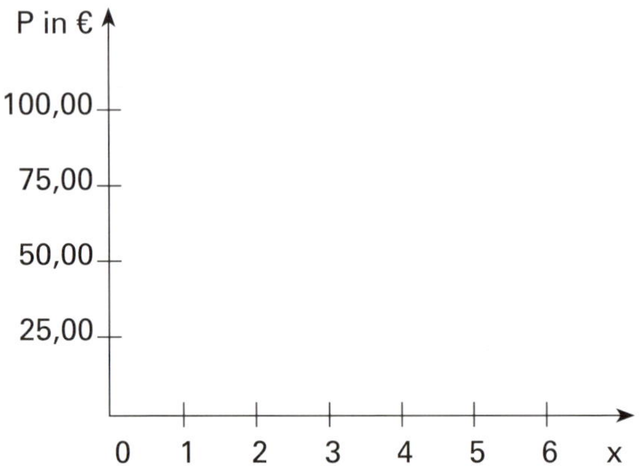

Forstwirt D

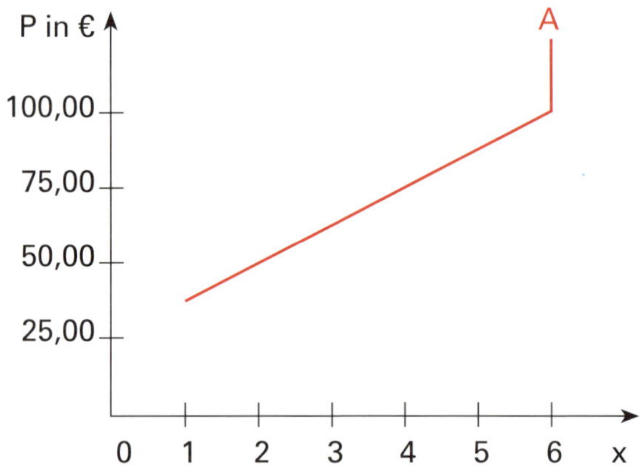

x = Brennholz in 1 000 Kubikmeter

A = Angebotskurve

Kompetenz-Check

1. Die Erwartungen der Unternehmen für die Zukunft sind positiv, gleichzeitig gibt es in vielen Branchen einen technologischen Fortschritt, der die Produktivität deutlich erhöht. Das Angebot verschiebt sich unter sonst gleichen Bedingungen in die entsprechende Richtung.

   Wie verändert sich die Erlössumme der Unternehmungen?

   ① Die Erlössumme wird kleiner.

   ② Die Erlössumme verändert sich nicht.

   ③ Die Erlössumme wird in Grenzen kleiner.

   ④ Die Erlössumme wird größer.

   ⑤ Andere Lösung.

Kompetenzstufe 1

2. Auf einem stark umkämpften Markt ist ein Gleichgewichtspreis erreicht und es tritt eine Verschiebung der Nachfragekurve und der Angebotskurve nach rechts ein.

   Welche Wirkung haben diese Ereignisse unter sonst gleichen Bedingungen?

   ① Die neue Gleichgewichtsmenge wird niedriger sein.

   ② Der neue Preis könnte niedriger, gleich oder höher sein.

   ③ Der neue Preis wird höher sein.

   ④ Die neue Menge könnte niedriger, gleich oder höher sein.

   ⑤ Andere Lösung.

Kompetenzstufe 1

3. Auf einem Markt besteht für ein Gut folgende Gesamtnachfrage und folgendes Gesamtangebot:

Kompetenzstufe 1

Preis pro Stück in €	Gesamte Nachfragemenge	Gesamte Angebotsmenge
5,00	2 500	1 500
5,20	2 250	1 750
5,40	2 000	2 000
5,60	1 750	2 250
5,80	1 500	2 500

   Welche der folgenden Aussagen kann durch das obige Zahlenbeispiel bestätigt werden?

   ① Bei einem Preis von 5,80 € besteht ein Nachfrageüberhang von 1 000 Stück.

   ② Der Gleichgewichtspreis bildet sich bei einer Nachfragemenge von 2 250 Stück.

   ③ Bei einem Preis von 5,00 € ergibt sich ein Angebotsüberhang von 1 000 Stück.

   ④ Bei einem Preis von 5,60 € ergibt sich eine Gleichgewichtsmenge von 1 750 Stück.

   ⑤ Bei einem Preis von 5,20 € ergibt sich ein Nachfrageüberhang von 500 Stück.

4. Welche der folgenden Aussagen zur Konsumentenrente ist richtig? Sind alle Aussagen falsch, tragen Sie bitte eine ⑨ ein!

Die Konsumentenrente

① ist gleich der Zahlungsbereitschaft der Käufer minus der Summe der Kaufpreiszahlungen.

② misst den Nutzen der Verkäufer aus der Marktteilnahme.

③ entspricht dem Nutzen, den Produzenten aus der Teilnahme am Marktgeschehen ziehen.

④ entspricht dem Nutzen, den Produzenten und Konsumenten aus der Teilnahme am Marktgeschehen ziehen.

⑤ ist die Fläche unter der Nachfragekurve und unter dem Preis.

⑥ ist die Fläche über der Angebotskurve und unter dem Preis.

Kompetenzstufe 2

5. Entscheiden Sie, welche der nachfolgenden Aussagen zu Mindestpreisen richtig sind! Wählen Sie anschließend die richtige Antwortkombination aus den Lösungen ① bis ⑥!

Mindestpreise

a) erzeugen eine Wirkung nur dann, wenn sie unterhalb des Gleichgewichtspreises liegen.

b) erzeugen eine Wirkung nur dann, wenn sie oberhalb des Gleichgewichtspreises liegen.

c) werden zum Schutz der Produzenten festgelegt.

d) werden zum Schutz der Konsumenten festgelegt.

e) erzeugen einen Nachfrageüberschuss auf dem Markt.

f) erfordern weitere staatliche Regulierungen wie beispielsweise Abnahmegarantien und Anreize, weniger zu produzieren.

① Die Aussagen a), c) und e).

② Die Aussagen b), c) und e).

③ Die Aussagen b), d) und f).

④ Die Aussagen b), c) und d).

⑤ Die Aussagen b), c) und f).

⑥ andere Lösung

Kompetenzstufe 2

6. Entscheiden Sie, welche der nachfolgenden Aussagen zu Höchstpreisen richtig sind! Wählen Sie anschließend die richtige Antwortkombination aus den Lösungen ① bis ⑥!

Höchstpreise

a) erzeugen eine Wirkung nur dann, wenn sie unterhalb des Gleichgewichtspreises liegen.

b) erzeugen eine Wirkung nur dann, wenn sie oberhalb des Gleichgewichtspreises liegen.

c) werden zum Schutz der Produzenten festgelegt.

d) werden zum Schutz der Konsumenten festgelegt.

e) erzeugen einen Nachfrageüberschuss auf dem Markt.

f) erfordern weitere staatliche Regulierungen wie beispielsweise Abnahmegarantien und Anreize, weniger zu produzieren.

Kompetenzstufe 2

① Die Aussagen a), c) und e).

② Die Aussagen b), c) und e).

③ Die Aussagen a), d) und f).

④ Die Aussagen b), c) und d).

⑤ Die Aussagen a), c) und f).

⑥ andere Lösung

7. Die Marktforschung hat für einen bestimmten Gütermarkt die folgenden Nach-
frage- und Angebotsfunktionen ermittelt:

N(p) = 1.600 − 300p;

A(p) = 1.400 + 700p

(mit N(p) = Nachfragemenge;   A(p) = Angebotsmenge; p = Güterpreis).

Welche der folgenden Lösungen beschreibt das Marktgleichgewicht, also den Gleichgewichtspreis (in Geldeinheiten/GE) und die Gleichgewichtsmenge, richtig?

Kompetenzstufe 3

① 0,1 GE und 1 360 Stück,

② 0,2 GE und 1 540 Stück,

③ 0,3 GE und 1 620 Stück,

④ 0,4 GE und 1 750 Stück,

⑤ 0,5 GE und 1 910 Stück,

⑥ 0,6 GE und 1 980 Stück,

⑦ 0,7 GE und 2 020 Stück.

8. Auf dem Markt für einen bestimmten Rohstoff liegen dem Makler folgende Kauf- und Verkaufsaufträge in Tonnen (t) vor:

Käufer	Jeweils akzeptierte Preisobergrenze
Kunde A möchte 480 t kaufen	130,00 € pro t
Kunde B möchte 192 t kaufen	180,00 € pro t
Kunde C möchte 288 t kaufen	220,00 € pro t
Kunde D möchte 144 t kaufen	250,00 € pro t

Kompetenzstufe 3

Verkäufer	Jeweils akzeptierte Preisuntergrenze
Kunde E möchte 480 t verkaufen	250,00 € pro t
Kunde F möchte 288 t verkaufen	220,00 € pro t
Kunde G möchte 432 t verkaufen	180,00 € pro t
Kunde H möchte 192 t verkaufen	130,00 € pro t

Wie hoch ist der vom Makler festzusetzende Marktpreis?

① 130,00 €,   ④ 250,00 €,

② 180,00 €,   ⑤ andere Lösung.

③ 220,00 €,

9. Auf dem Markt für einen bestimmten Rohstoff liegen dem Makler folgende Kauf- und Verkaufsaufträge in Tonnen (t) vor:

Kompetenzstufe 3

Käufer	Jeweils akzeptierte Preisobergrenze
Kunde A möchte 480 t kaufen	130,00 € pro t
Kunde B möchte 192 t kaufen	180,00 € pro t
Kunde C möchte 288 t kaufen	220,00 € pro t
Kunde D möchte 144 t kaufen	250,00 € pro t

Verkäufer	Jeweils akzeptierte Preisuntergrenze
Kunde E möchte 480 t verkaufen	250,00 € pro t
Kunde F möchte 288 t verkaufen	220,00 € pro t
Kunde G möchte 432 t verkaufen	180,00 € pro t
Kunde H möchte 192 t verkaufen	130,00 € pro t

Wie hoch ist der Angebotsüberhang bei einem Preis von 220,00 € je Tonne?

① 192 Tonnen,

② 480 Tonnen,

③ 624 Tonnen,

④ 768 Tonnen,

⑤ 912 Tonnen,

⑥ andere Lösung.

10. Wir unterstellen einen Markt mit einem Nachfrageverlauf (D) und einem Angebotsverlauf (S) wie nachfolgend dargestellt. Angenommen der Staat legt zum Schutz der Anbieter einen Mindestpreis (pM) fest und garantiert den Produzenten dazu noch die Abnahme der gesamten Angebotsmenge. Bestimmen Sie die staatlichen Kosten für diese Abnahmegarantie, indem Sie aus den unten stehenden Lösungen die entsprechende Fläche für diese Kosten auswählen!

Kompetenzstufe 4

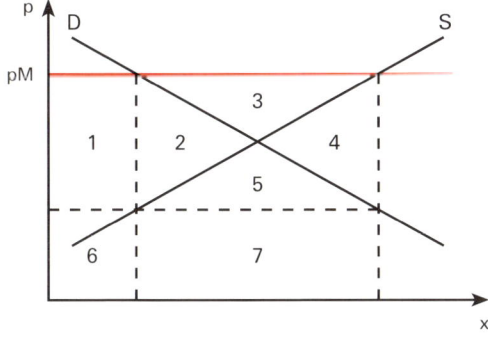

① Es handelt sich um die Fläche 1 und 6.
② Es handelt sich um die Fläche 6 und 7.
③ Es handelt sich um die Fläche 5 und 7.
④ Es handelt sich um die Fläche 2, 3, 4 und 5.
⑤ Es handelt sich um die Fläche 2, 3, 4, 5 und 7.
⑥ Es handelt sich um die Fläche 1–7.
⑦ Keine der angegebenen Lösungen ist richtig.

11. Auf dem europäischen Markt herrscht für ein bestimmtes Agrarprodukt nachfolgende Angebots- und Nachfragesituation.

Kompetenzstufe 4

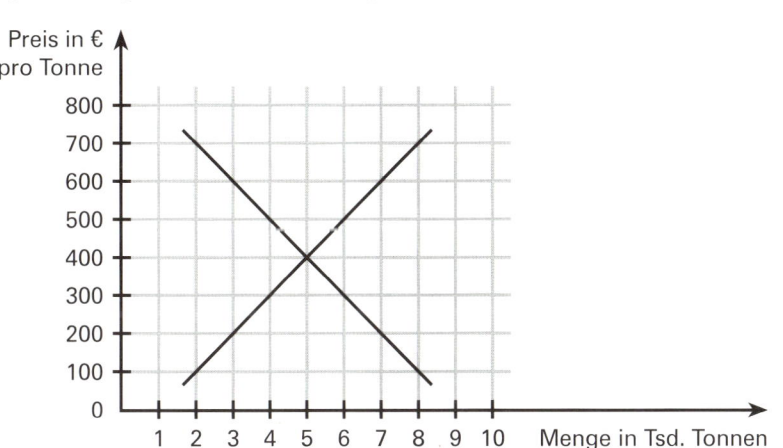

Die EU-Kommission setzt einen Mindestpreis fest, der pro Tonne um 300,00 € vom Gleichgewichtspreis entfernt ist.

11.1   Bestimmen Sie, wie hoch der von der EU-Kommission festgesetzte Mindestpreis pro Tonne ist!

⬚⬚⬚,⬚⬚ €/t

11.2   Ermitteln Sie den Aufwand der Europäischen Union, wenn diese die gesamte jährliche Angebotsmenge zum garantierten Mindestpreis aufkauft!

⬚.⬚⬚⬚.⬚⬚⬚,⬚⬚ €

11.3   Berechnen Sie, wie hoch der Verlust der EU pro Jahr ist, wenn diese die auf dem europäischen Markt zum Gleichgewichtspreis absetzbare Menge zu eben diesem Preis verkauft und die dann noch vorhandenen Überschüsse auf dem Weltmarkt für 200,00 € pro Tonne absetzt!

⬚.⬚⬚⬚.⬚⬚⬚,⬚⬚ €

11.4 Angenommen, der Europäischen Union gelänge es, durch die Einführung entsprechender Produktionskontingente den jährlichen Angebotsüberschuss des betrachteten Agrarproduktes um 2000 Tonnen abzusenken. Ermitteln Sie die unter den Annahmen der Aufgabenstellung 11.1–11.3 hieraus resultierende jährliche Ersparnis!

☐ . ☐☐☐ . ☐☐☐ , ☐☐ €

11.5 In Abwandlung der Aufgabenstellung 11.4 soll nunmehr davon ausgegangen werden, dass die EU-Kommission plant, die Reduzierung der Angebotsmenge um 2000 Tonnen jährlich durch die Einführung einer sogenannten Flächenstilllegungsprämie zu erreichen. Langjährigen Studien zur Folge liegt der Ernteertrag pro Hektar bei durchschnittlich 0,5 Tonnen im Jahr. Ermitteln Sie, wie hoch eine solche zur Produktionsreduzierung geplante Einmalzahlung pro Hektar an die Produzenten maximal ausfallen dürfte, wenn diese durch die Ersparnisse der ersten fünfzehn Folgejahre gegenfinanziert werden sollte!

☐ . ☐☐☐ , ☐☐ €/ha

13 Boller - ISBN 978-3-8120-1557-8

6 Preisbildung im Angebotsmonopol und -oligopol darstellen und beurteilen

Lernsituation 6:

Mehrere Auszubildende zum Industriekaufmann stehen an einem Montag in der ersten Pause gemeinsam auf dem Schulhof und unterhalten sich über die gerade geschriebene Klassenarbeit. Aus dem Hintergrund nähert sich Kevin, den man von Weitem bereits lauthals vor sich hin schimpfen hört. Als er bei der Gruppe angekommen ist, lässt er seinem Ärger freien Lauf. Kevin erzählt, dass er sich gerade in der Schulkantine ein Schnitzelbrötchen gekauft hat und im Vergleich zur Vorwoche 0,50 € mehr zahlen musste. Dies sei aus seiner Sicht eine totale Abzocke; aber was bleibe einem Schüler in der 15-minütigen Pause auch anderes übrig, als in der Schulkantine etwas zu kaufen, wenn man sein Frühstück mal wieder zu Hause hat liegen lassen.

Der im Klassenverband stets besonnene Hendrik hält die Aufregung von Kevin für vollkommen übertrieben und führt an, Kevin solle sich bloß nicht so aufregen. Schließlich habe er ständig mit einer solchen Abzockerei zu tun. Seit ihm seine Eltern einen gebrauchten Kleinwagen vorfinanziert haben, müsste er beim Tanken aufpassen wie ein Luchs. In der näheren Umgebung seines Wohnortes gäbe es drei unterschiedliche Tankstellen, die täglich mehrfach ihre Preise än-

dern – teilweise um bis zu 0,10 € pro Liter, was insgesamt verhältnismäßig mehr ausmacht als die Preiserhöhung beim Schnitzelbrötchen. Was ihn besonders ärgert, ist die Tatsache, dass die unterschiedlichen Tankstellenbetreiber die Preise immer nahezu zeitgleich ändern; danach könne man quasi die Uhr stellen.

Sarah-Marie, die Klassenbeste, mischt sich in das Gespräch ein. Sie sagt, dass sie das Ganze nicht verstehen kann. Schließlich wäre Benzin doch gleich Benzin, so wie beim Telefonieren die verkaufte Leistung doch auch die gleiche sei. In diesem Markt allerdings würden sich die Anbieter bei den Preisen schon seit Langem gegenseitig ständig unterbieten. Erst diese Woche sei sie deshalb mit ihrem Smartphone zu einem wesentlich günstigeren Anbieter gewechselt. Dadurch würde sie jetzt monatlich mehr als 10,00 € einsparen und das, obwohl sie nunmehr sogar noch mehr SMS verschicken könne als bei dem vorherigen Anbieter.

Kevin erwidert daraufhin, dass er sich ja genau aus diesem Grund so aufregt. In der Stadt gäbe es viele Bäckereien und dort würden die Schnitzelbrötchen teilweise viel günstiger angeboten als in der Schulkantine.

Kevins Nachfrage nach Schnitzelbrötchen*

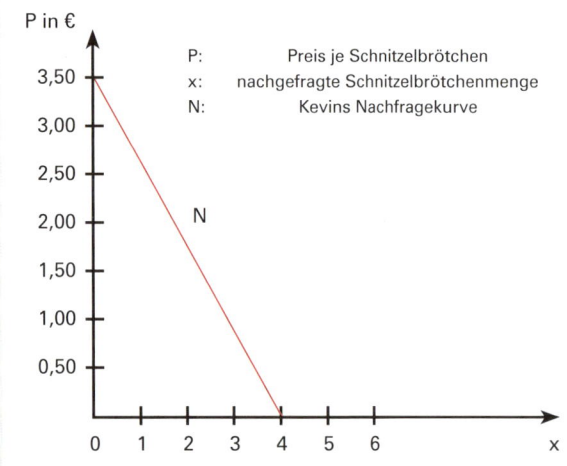

P: Preis je Schnitzelbrötchen
x: nachgefragte Schnitzelbrötchenmenge
N: Kevins Nachfragekurve

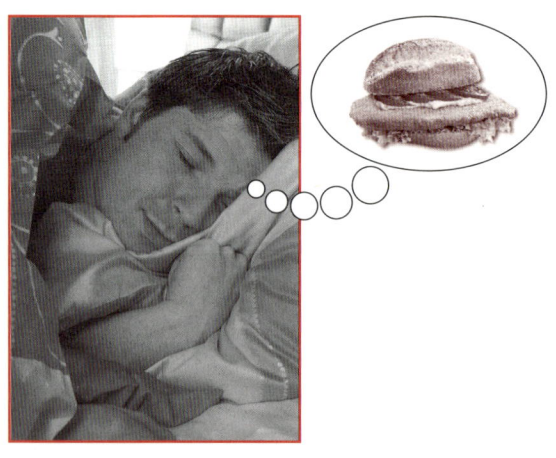

* Der Verlauf der Nachfragekurve unterstellt eine „beliebige Teilbarkeit" der Schnitzelbrötchen.

Kompetenzorientierte Arbeitsaufträge:

1. Betrachten Sie zunächst Kevins Nachfragekurve nach Schnitzelbrötchen und interpretieren Sie deren Verlauf!

   ➤ _____

   _____

   ➤ _____

   _____

   ➤ _____

   _____

2. Vergleichen Sie die hier angesprochenen Marktformen und untersuchen Sie diese unter dem Aspekt der Verteilung von Marktmacht und Wettbewerb!

Marktform	kurze Umschreibung
Schulkantine	
Tankstellen	
Telefon-anbieter	
Bäckereien in der Stadt	

3. Finden Sie heraus, welche Präferenzen in der vorangestellten Lernsituation beim Benzin und den Schnitzelbrötchen eine Rolle spielen könnten!

Benzin	_____ _____ _____ _____
Schnitzel-brötchen	_____ _____ _____ _____

4. Nennen Sie jeweils zwei weitere Beispiele für Märkte, auf denen der Wettbewerb aufgrund des „Preiskampfes" scheinbar funktioniert, und solche, auf denen mangels Preiskampf augenscheinlich kein Wettbewerb herrscht!

Märkte mit Preiskampf	➤ _____ ➤ _____
Märkte ohne Preiskampf	➤ _____ ➤ _____

5. Erläutern Sie, was Unternehmen dazu veranlassen könnte bezüglich der Preise „zu kooperieren", statt sich auf einen Preiskampf einzulassen!

➤ _____

➤ _____

➤ _____

6. Beurteilen Sie die Notwendigkeit, inwiefern der Staat Regelungen zum Schutz des Wettbewerbs einführen sollte!

_____

_____

_____

_____

1. Überprüfen Sie die nachfolgenden Aussagen zu der Preisbildung! Welche zwei der folgenden Aussagen sind falsch? Ist nur eine Aussage falsch, so tragen Sie in das zweite Kästchen bitte eine ⑨ ein!

   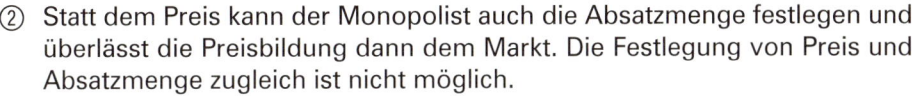

   Kompetenzstufe 1

   ① Ein Angebotsmonopol liegt vor, wenn einem einzigen Anbieter eine Vielzahl von Nachfragern gegenübersteht.

   ② Statt dem Preis kann der Monopolist auch die Absatzmenge festlegen und überlässt die Preisbildung dann dem Markt. Die Festlegung von Preis und Absatzmenge zugleich ist nicht möglich.

   ③ Die Gesamtangebotskurve eines Monopolisten wird auch als Preis-Absatz-Kurve bezeichnet, weil aus ihr ablesbar ist, welche Gütermengen der Monopolist bei alternativen Preisen verkaufen kann.

   ④ Ein Angebotsoligopol liegt vor, wenn wenigen Anbietern eine Vielzahl von Nachfragern gegenübersteht.

   ⑤ Homogene Märkte können nur einen einheitlichen Preis aufweisen. Würde der Oligopolist versuchen, den Preis zu senken, gewänne er alle Kunden, falls die Konkurrenz nicht nachzieht.

   ⑥ Die staatliche Wirtschaftspolitik kann die positive Wohlfahrtswirkung dadurch fördern, dass sie die Kartellbildung verbietet.

   ⑦ Gelingt es dem stärkeren Anbieter im Oligopol, seine Konkurrenz aus dem Markt zu drängen, wird er zum Monopolisten.

   ⑧ Die Wirtschaftspolitik versucht Antworten auf die Fragen zu finden: Welche Ziele sind realisierbar und wie lassen sich die festgelegten Ziele erreichen?

   ☐ ☐

2. Welche der folgenden Erklärungen zu den Marktformen ist falsch? Sind alle Aussagen richtig, tragen Sie bitte eine ⑨ ein!

   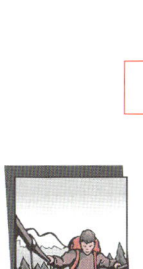

   Kompetenzstufe 2

   ① Es handelt sich um eine quantitative Einteilung der Märkte.

   ② Die Marktformen haben Auswirkungen auf den Preisbildungsprozess.

   ③ Stehen wenige Anbieter einem Nachfrager gegenüber, so spricht man von einem Angebotsmonopol.

   ④ Bei einem Angebotsoligopol treffen viele Nachfrager auf wenige Anbieter.

   ⑤ Die Marktformen geben auch Aufschluss über die Verteilung von Marktmacht.

   ☐

3. Welche der folgenden Aussagen zur Preisbildung in unterschiedlichen Märkten ist richtig?

   Kompetenzstufe 2

   ① Angebotsmonopolisten schaffen sich einen „monopolistischen Preisspielraum".

   ② Für den Oligopolisten im vollkommenen Markt ist der Preis ein Datum.

   ③ Monopolisten sind reine Preisfixierer.

   ④ Der Anbieter im Monopol strebt nach maximalem Gewinn.

   ⑤ Der Monopolist am vollkommenen Markt kann mittels Preisdifferenzierung den Markt segmentieren.

   ☐

4. Beantworten Sie nachfolgende Aufgaben zur Preisbildung im vollkommenen Monopol!

Ein Monopolist ermittelt mittels Marktforschung seine Preis-Absatz-Funktion $p = 10 - 0,5x$.

Seine Gesamtkosten entsprechen der Funktion $KG(x) = 4 + 1,5 x$.

Kompetenzstufe 3

4.1 Wie verändert sich die gewinnmaximale Absatzmenge, wenn nur Fixkosten anfallen?

① Die gewinnmaximale Menge bleibt unverändert.

② Die gewinnmaximale Menge verringert sich.

③ Die gewinnmaximale Menge steigt.

④ Eine Aussage zur Veränderung der gewinnmaximalen Menge ist ceteris paribus nicht möglich.

4.2 Wie verändert sich die gewinnmaximale Absatzmenge, wenn sich die Fixkosten auf 6 Geldeinheiten erhöhen?

① Die gewinnmaximale Menge bleibt unverändert.

② Die gewinnmaximale Menge verringert sich.

③ Die gewinnmaximale Menge steigt.

④ Eine Aussage zur Veränderung der gewinnmaximalen Menge ist ceteris paribus nicht möglich.

4.3 Wie hoch sind die Grenzkosten?

① 10 Geldeinheiten.

② 2 Geldeinheiten.

③ 1 Geldeinheit.

④ 4 Geldeinheiten.

⑤ 1,5 Geldeinheiten.

⑥ andere Lösung.

4.4 Wie hoch ist der Prohibitivpreis?

① 10 Geldeinheiten.

② 2 Geldeinheiten.

③ 1 Geldeinheit.

④ 4 Geldeinheiten.

⑤ 1,5 Geldeinheiten.

⑥ andere Lösung.

5. Die Marktforschungsabteilung eines Monopolisten ermittelt, dass bei einem Preis von 150,00 € das Produkt des Unternehmens am Markt keinen Absatz mehr finden würde. Bei dem derzeitigen Preis von 75,00 € werden gemäß Absatzstatistik 150 000 Stück verkauft.

Kompetenzstufe 4

    5.1 Wie lautet die Preis-Absatz-Funktion?

        ① p (x) = 150 – 0,5 x.

        ② p (x) = 150 – 0,05 x.

        ③ p (x) = 150 – 0,005 x.

        ④ p (x) = 150 – 0,0005 x.

        ⑤ p (x) = 150 – 0,00005 x.

        ⑥ andere Lösung.

    5.2 Wie hoch ist die erlösmaximale Menge?

        ① 150 000 Stück.

        ② 300 000 Stück.

        ③ 200 000 Stück.

        ④ 1 500 000 Stück.

        ⑤ 2 000 000 Stück.

        ⑥ andere Lösung.

6. Die linear fallende Preis-Absatz-Funktion eines Monopolisten hat sich aufgrund von Nachfragerückgängen um den Prohibitivpreis zum Ursprung hin gedreht. Die gewinnmaximale Menge ist von 40 Mengeneinheiten auf 30 Mengeneinheiten gesunken. Der ursprüngliche Preis betrug 12,00 €. Durch gezielte Marketingaktivitäten wäre der Monopolist in der Lage, die Absatzverschlechterung zu kompensieren. Dadurch erhöhen sich die bisherigen Grenzkosten um 4,00 € und es treten zusätzliche fixe Kosten in Höhe von 6,00 € pro Periode auf. Die bisherige Kostenfunktion lautete KG(x) = 20 + 6 x.

Kompetenzstufe 4

Wie hoch ist der Prohibitivpreis?

①   9,00 €

② 10,00 €

③ 12,00 €

④ 16,00 €

⑤ 18,00 €

⑥ andere Lösung.

7. Auf dem Markt für Smartphone-Apps gilt folgende Nachfragefunktion:

$X_N(p) = 40 - 0,8p$

Dabei werden angegeben: x in 100 000 Apps und p in Euro.

Wie groß ist die Sättigungsmenge auf diesem Markt?

Kompetenzstufe 4

① 400 Stück

② 4 000 Stück

③ 40 000 Stück

④ 400 000 Stück

⑤ 4 000 000 Stück

⑥ 40 000 000 Stück

8. Ein kleiner Handwerksbetrieb stellt Schneeschieber her. Der Absatzpreis des Anbieters beträgt 30,00 €. Seine maximale Kapazität liegt bei 200 Stück pro Tag, seine fixen Kosten pro Tag bei 1 500,00 € die variablen Kosten pro Stück bei 15,00 €.

Kompetenzstufe 4

8.1 Wie hoch wäre sein Gewinn pro Tag, wenn er täglich 150 Stück zu 30,00 € und 20 Stück zu 25,00 € absetzen könnte?

① mehr als 3 000,00 €
② mehr als 2 500,00 €
③ mehr als 2 000,00 €
④ mehr als 1 500,00 €
⑤ mehr als 1 000,00 €
⑥ weniger als 500,00 €
⑦ Das Unternehmen macht einen Verlust.

8.2 Wie hoch wäre sein Gewinn pro Tag, wenn er täglich 150 Stück zu 30,00 €, 30 Stück zu 25,00 € und 20 Stück zu 16,00 € absetzen könnte?

① mehr als 3 000,00 €
② mehr als 2 500,00 €
③ mehr als 2 000,00 €
④ mehr als 1 500,00 €
⑤ mehr als 1 000,00 €
⑥ mehr als 500,00 €
⑦ Das Unternehmen macht einen Verlust.

8.3 Bei wie viel Euro liegt die kurzfristige Preisuntergrenze?

① 30,00 €
② 22,50 €
③ 15,00 €
④ 10,00 €
⑤ andere Lösung

14 Boller · ISBN 978-3-8120-1557-8

1 Idealtypischen Konjunkturverlauf und die Folgen konjunktureller Schwankungen erläutern

Lernsituation 1:

Jennifer und Nils besuchen zurzeit die Berufsschule. Vor Unterrichtsbeginn treffen sich beide zufällig in der Cafeteria der Berufsschule. Nach einem kurzen belanglosen Gespräch kommen sie auf den gestrigen Unterrichtstag zu sprechen. Nils ist immer noch stocksauer auf einen Lehrer, der nach einer Auseinandersetzung mit der Klasse wegen des – aus seiner Sicht mal wieder unerträglichen – Lärmpegels auf die wenig erfreulichen Perspektiven der Schüler hingewiesen hat. Konkret führte der Lehrer an, dass mit Blick auf die Konjunkturprognosen die Anzahl der Übernahmen von Auszubildenden zukünftig wohl auf ein eher recht überschaubares Maß zurückgehen würde, sodass die meisten hier in der Klasse bei den bisher gezeigten Leistungen wohl eher Stammkunden bei der Agentur für Arbeit würden.

Jennifer versucht Nils zu beruhigen und deutet an, dass der Lehrer halt ziemlich genervt war und dann aus der Emotion heraus so ein Ding

losgelassen hätte. Außerdem müsste Nils doch eigentlich wissen, wie dieser Typ von Lehrer in solchen Situationen tickt. Nils aber lässt sich nicht beruhigen. Schließlich habe er gestern Abend noch mit seinen Eltern über den Vorfall gesprochen und selbst sein Vater, Bankkaufmann von Beruf, hätte angedeutet, dass dieser Lehrer, zumindest was die Konjunkturprognosen betrifft, wohl Recht hätte.

In diesem Moment setzt sich ihr Mitschüler Arne an den Tisch. Er grinst über das ganze Gesicht und deutet an, dass die Äußerungen ihres Lehrers von gestern alles nur hohles Gequatsche seien. Vor allem die Sache mit den besagten Konjunkturprognosen wäre nichts als heiße Luft. Da müsse man nur mal ein wenig im Internet stöbern und schon hätte man in der Beziehung Klarheit. Um seine Äußerung zu untermauern, legt Arne demonstrativ ein Papier mit folgendem Text auf den Tisch:

Das zarte Pflänzchen Konjunktur von Mag. Oliver Pohl

Konjunkturprognosen haben die Trefferwahrscheinlichkeit von Wettervorhersagen. Das hat nicht nur mit den mathematischen Formeln zu tun, sondern auch viel mit der Wirtschaftstheorie, die zugrunde gelegt wird. […]

Kaum ein Wort beflügelt die Fantasie von Wirtschaftstreibenden und Politikern mehr als „Konjunktur". Gebannt starren sie auf die prognostizierten Vorzeichen des Auf- und Abschwungs der Welle der wirtschaftlichen Entwicklung. Die Stimmung hellt sich auf, wenn es nach oben geht, oder verfinstert sich, wenn die Gegenrichtung eingeschlagen wird. Es ist ein permanentes Auf und Ab der Gefühle, die in der Ökonomie über Investitionen, Stellenabbau oder Aufbruch in neue Märkte entscheiden.

Kläglich daneben

Dabei ist die Sache längst nicht so klar, wie es den Anschein hat, nur weil alle Welt davon redet. Unbestritten ist, dass es Zyklen gibt. Aber wie lange dauern sie? Und wann ist welche Stufe erreicht? Den ersten Rückschlag, und der

saß, erlebte die damals noch junge Konjunkturforschung in den USA, als der Börsencrash und die Weltwirtschaftskrise von 1929 nicht vorausgesagt werden konnte. Die Ökonomen Arthur F. Burns und Wesley Clair Mitchell, die Urväter der amerikanischen Konjunkturforschung, hatten in den 1920er Jahren den Harvard-Indikator geschaffen, aber kläglich versagt. Daraufhin wurde es über mehrere Jahre ziemlich ruhig um die Vorhersage der wirtschaftlichen Entwicklung.

Schließlich hatte die Welt auch andere Sorgen, nachdem die Menschen im und nach dem Zweiten Weltkrieg um das nackte Überleben kämpften. Als in den 1950er Jahren sich die Lage langsam wieder zu entspannen begann, kehrte auch das Interesse zurück, sich wieder mit den Wellen der Wirtschaft zu beschäftigen. Konjunkturforschungsinstitute wurden gegründet, die, staatlich finanziert, den Blick in die Glaskugel der Zukunft der Volkswirtschaften werfen. Dabei bedient man sich aus dem Vergleich von Daten aus der Vergangenheit über die Zinsentwicklung und daraus resultierenden Investitionen bzw. dem Zusammenhang von Steuern und dem privaten Konsum. Daraus werden Konjunkturindikatoren abgeleitet.

In der Zusammenführung mit den mathematischen Formeln, die auf die volkswirtschaftliche Gesamtrechnung abstellen, ergibt sich daraus ein Wert, der im Periodenvergleich anzeigen soll, wohin die Reise geht. Das macht die Geschichte nicht unbedingt einfacher, weil oftmals noch Daten aus der staatlichen Statistik bei der Erstellung schlicht fehlen und deshalb geschätzt werden, aber das Gesamtbild wesentlich beeinflussen können. Dazu kommen dann noch zusätzlich eingefügte Faktoren zum Tragen, die die erwarteten Auswirkungen von politischen Entscheidungen in die mathematische Berechnung mit einfließen lassen sollen. Am Ende steht das erwartete Bruttoinlandsprodukt (BIP).

Und das ist meistens falsch, wie einschlägige Untersuchungen über die Treffsicherheit von Konjunkturprognosen feststellen. Seit die Branche sich im Wettlauf um die beste Prognose seit einigen Jahren auch noch bis auf die Kommastellen festlegen will, ist es überhaupt vorbei mit den Volltreffern. Dazu kommt, dass sich die Konjunkturforscher gegenseitig fest im Visier haben, weil keiner Gefahr laufen will, aus dem eingestimmten Gesamtkanon auszubrechen und sich damit dem Spott der Kollegen auszusetzen. Dafür haben nicht zuletzt auch die finanzierenden staatlichen Stellen gesorgt, die einmal im Jahr eine Gemeinschaftsprognose aller Institute fordern.

In das Reich der wirtschaftspolitischen Märchen gehört übrigens auch die These, dass die staatlichen Konjunkturforscher wegen der angenommenen Unabhängigkeit bessere Prognosen liefern als die private Konkurrenz von Banken, Versicherungen oder Verbänden. [...]

Quelle: www.wianet.at, Zugriff vom 16.11.2012.

Kompetenzorientierte Arbeitsaufträge:

1. Markieren Sie zunächst die Begriffe, deren Verständnis Ihnen Probleme bereitet. Recherchieren Sie – eventuell unter Zuhilfenahme des Internets – anschließend die Bedeutung dieser Begriffe!

Begriff	kurze Umschreibung

108

Kompetenzbereich III: Wirtschaftspolitische Einflüsse auf den Ausbildungsbetrieb, das Lebensumfeld und die Volkswirtschaft einschätzen

2. Nennen Sie die in dem Artikel aufgeführten Konjunkturindikatoren!

_____

_____

_____

_____

_____

_____

3. Beurteilen Sie auf der Basis des vorangestellten Artikels die Konjunkturindikatoren hinsichtlich ihrer Diagnose- und Prognosefähigkeit!

➤ _____

_____

_____

➤ _____

_____

_____

➤ _____

_____

4. Erläutern Sie kurz, was konkret aus den Konjunkturindikatoren abgeleitet werden kann und welchen Stellenwert sie für Unternehmen wie für die Politik haben!

Aussagekraft von Konjunkturindikatoren und deren Stellenwert für die Politik

_____

_____

_____

_____

_____

_____

5. Projekt mit regionalem Bezug:

Durch die örtlichen Industrie- und Handelskammern sowie lokalen Verbände werden regionale Konjunkturdaten und Konjunkturerwartungen ermittelt und veröffentlicht. Recherchieren Sie zunächst, welche Institutionen in Ihrer Region derartige Konjunkturdaten erheben und veröffentlichen. Informieren Sie sich anschließend bei diesen Stellen über die aktuellsten Datensätze und stellen Sie diese für eine Präsentation vor Ihrer Klasse zusammen!

Entwickeln Sie anschließend auf der Basis dieser Daten gemeinschaftlich qualifizierte Empfehlungen zu Investitionsentscheidungen örtlich ansässiger Unternehmen sowie für wirtschaftspolitische Maßnahmen in Ihrer Region!

Notizen zur Recherche:

6. Beschreiben Sie eigenständig die Wirtschaftsschwankungen als Konjunkturzyklus, unterscheiden Sie dabei vor allem deren Phasen!

Konjunkturphase	kurze Umschreibung

110

Kompetenzbereich III: Wirtschaftspolitische Einflüsse auf den Ausbildungsbetrieb, das Lebensumfeld und die Volkswirtschaft einschätzen

7. Erläutern Sie vier mögliche Ursachen für die Wirtschaftsschwankungen!

Ursache	kurze Umschreibung

8. Projektvorschlag mit regionalem Bezug:

Entwickeln Sie gemeinsam einen möglichen Fragenkatalog zur künftigen (wirtschaftlichen) Entwicklung Ihrer Region (z. B. Kreis, Stadt)! Zur Aufstellung dieses Fragenkatalogs könnten mögliche inhaltliche Themenschwerpunkte von arbeitsteiligen Gruppen zusammengestellt, der Klasse vorgetragen und dann zu einem endgültigen Arbeitspapier zusammengeführt werden.

Notizen zum Projekt

9. Lückentext

Ergänzen Sie den Lückentext, indem Sie das jeweils fehlende Wort einsetzen!

Daten, mit denen man den Konjunkturverlauf messen oder _____ kann, bezeichnet man als _____. Beziehen diese sich vor allem auf die volkswirtschaftliche _____ sowie auf den Arbeitsmarkt, handelt es sich um _____ Indikatoren.

So deuten beispielsweise stagnierende oder _____ Einzelhandelsumsätze auf eine _____ Entwicklung des wirtschaftlichen Geschehens hin. Steigende Arbeitslosenzahlen und _____ offene Stellen zeigen an, dass die Wirtschaft _____ ist, die Unternehmen werden sich mit _____ eher zurückhalten.

Nimmt der _____ schneller zu als der Import, ist auf eine _____ der Konjunktur zu schließen. Allerdings muss man bei einer vollbeschäftigten Wirtschaft mit _____ Preisen rechnen, weil die Gesamtnachfrage das _____ der Volkswirtschaft _____.

Für die Einschätzung zukünftiger Entwicklungen spielen die _____ der Unternehmen und der _____ eine große Rolle. Nimmt beispielsweise das Vertrauen in die _____ Entwicklung zu, ist mit einer _____ Nachfrage nach Konsum- und _____ zu rechnen.

Hinsichtlich der zeitlichen Erkennbarkeit lassen sich die Konjunkturindikatoren in Früh-, Präsenz- und _____ unterteilen. Während die Frühindikatoren die _____ Entwicklung der Wirtschaft für die kommenden _____ anzeigen, beschreiben die Präsenzindikatoren die _____ Situation. Zu den Spätindikatoren zählen mit Blick auf den Arbeitsmarkt und die Preisentwicklung die _____ und die _____.

Mithilfe der Konjunkturindikatoren kann die Regierung _____ Entscheidungen rechtzeitig treffen. In bestimmten Fällen kann eine solche _____ allerdings auch dazu führen, dass durch sie die vorausgesagte Entwicklung selbst _____ wird. Dieses Phänomen bezeichnet man als _____.

112

Kompetenzbereich III: Wirtschaftspolitische Einflüsse auf den Ausbildungsbetrieb, das Lebensumfeld und die Volkswirtschaft einschätzen

Kompetenz-Check

1. Welche der folgenden Aussagen zu den Konjunkturindikatoren ist falsch? Ist keine Aussage falsch, so tragen Sie bitte eine ⑨ ein!

① Daten, die den Konjunkturverlauf messen und/oder Voraussagen für künftige Entwicklungen zulassen, werden als Konjunkturindikator bezeichnet.

② Realwirtschaftliche Konjunkturindikatoren beziehen sich vor allem auf die Entwicklung der volkswirtschaftlichen Gesamtnachfrage sowie auf den Arbeitsmarkt.

③ Finanzwirtschaftliche Konjunkturindikatoren nehmen vor allem die Geldpolitik und die Wechselkurse in den Fokus.

④ Nur, wenn die Informationen über die mutmaßliche Konjunkturentwicklung vorliegen, können die Regierungen ihre konjunkturpolitischen Entscheidungen – vorausgesetzt, die Prognosen stimmen – rechtzeitig treffen.

⑤ In bestimmten Situationen kann eine Prognose auch dazu führen, dass die vorausgesagte Entwicklung durch die Prognose selbst verstärkt wird (eine sogenannte Selffulfilling Prophecy).

Kompetenzstufe 1

2. Entscheiden Sie bei den nachfolgenden Konjunkturindikatoren, ob es sich um Früh-, Präsenz- oder Spätindikatoren handelt. Verwenden Sie für die Zuordnung folgende Ziffern:

① Frühindikatoren,

② Präsenzindikatoren,

③ Spätindikatoren

Tragen Sie eine ⑨ ein, wenn keine eindeutige Zuordnung möglich ist!

Kompetenzstufe 2

2.1	Anzahl der Insolvenzen.	
2.2	Kapazitätsauslastung.	
2.3	Konsumklimaindex.	
2.4	Zinsniveauentwicklung.	
2.5	Zinsen.	
2.6	Entwicklung der Aktienmärkte.	
2.7	Arbeitslosenquote.	
2.8	Lagerbestände.	
2.9	Baugenehmigungen im Hochbau.	
2.10	Steuereinnahmen des Staates.	

3. Überprüfen Sie die nachfolgenden Aussagen zu den realwirtschaftlichen Konjunkturindikatoren! Welche zwei der folgenden Aussagen sind falsch? Ist nur eine Aussage falsch, so tragen Sie in das zweite Kästchen bitte eine ⑨ ein!

① Für die Beurteilung zukünftiger Entwicklungen spielen die Erwartungen der Unternehmen und Verbraucher eine große Rolle und beeinflussen die Konsum- und Investitionsgüternachfrage.

Kompetenzstufe 3

② Nimmt der Export schneller ab als der Import, ist auf einen Abschwung der Konjunktur zu schließen.

③ Steigen die Lagerbestände der Unternehmen über das saisonal übliche Maß, so liegt offenbar Überproduktion vor. Es kann davon ausgegangen werden, dass die Unternehmen ihre Produktion drosseln und somit einen Abschwung einleiten.

④ Sinkt die Nachfrage nach Investitionsgütern, kann ein Absinken der Beschäftigung erwartet werden.

⑤ Steigt der private Konsum, kann eine Erhöhung der Beschäftigung erwartet werden. Bei Vollbeschäftigung können weiterhin sinkende Preise und sinkende Löhne vorausgesagt werden.

⑥ Aus dem Staatshaushalt kann entnommen werden, in welchem Verhältnis die Staatsausgaben zu den Staatseinnahmen stehen. Strebt der Staat große zusätzliche Konsum- oder Investitionsvorhaben an, ohne die Steuern zu erhöhen, ist eine Belebung der Wirtschaftstätigkeit wahrscheinlich.

⑦ Sinkende Arbeitslosenzahlen und steigende offene Stellen zeigen an, dass die Wirtschaft unterbeschäftigt ist.

☐ ☐

---

4. Die wirtschaftliche Entwicklung einer Volkswirtschaft verläuft in konjunkturellen Schwankungen, typischerweise in vier Phasen. Stellen Sie fest, welche der unten stehenden Merkmale auf

① einen Aufschwung,

② eine Hochkonjunktur (Boom),

③ einen Abschwung (Rezession),

④ eine Talsohle

hindeutet. Tragen Sie die Ziffer vor der jeweiligen Konjunkturphase in die entsprechenden Kästchen ein! Ist keine eindeutige Zuordnung möglich, tragen Sie bitte eine ⑨ ein!

4.1	Die Auftragsbestände gehen zurück, die Arbeitslosigkeit steigt, die Zinsen sinken langsam, die Wertpapierkurse sind hoch und die Sparneigung niedrig.	
4.2	Die Wertpapierkurse sind hoch, die Zinsen niedrig, die konjunkturelle Arbeitslosigkeit hoch und die Auftragslage verharrt auf niedrigem Niveau.	
4.3	Die Zinsen steigen, die Wertpapierkurse sinken, die Sparneigung ist niedrig, die Zukunftserwartungen optimistisch und die Preise steigen sehr stark.	
4.4	Die Preise steigen ebenso geringfügig wie die Löhne, die Auftragsbestände steigen, die Sparneigung sinkt, die Zinsen sind noch niedrig, die Wertpapierkurse hoch.	
4.5	In dieser Phase fallen die Lohnerhöhungen mäßig aus, es kann zur Kosteninflation (Stagflation) kommen.	
4.6	Es kommt zu abnehmenden Preissteigerungsraten, die Zinsen sinken langsam, die konjunkturelle Arbeitslosigkeit steigt, die Zukunftserwartungen sind pessimistisch.	
4.7	Die Auftragsbestände sinken, die Sparneigung steigt, die Zukunftserwartungen sind optimistisch, die Lohnerhöhungen fallen kräftig aus.	
4.8	Die Kurse steigen, die Zinsen sinken, die Arbeitslosigkeit steigt, die Preissteigerungen sind hoch.	

15 Boller - ISBN 978-3-8120-1557-8

114

Kompetenzbereich III: Wirtschaftspolitische Einflüsse auf den Ausbildungsbetrieb, das Lebensumfeld und die Volkswirtschaft einschätzen

5. Betrachten Sie nachfolgende Übersicht zur Entwicklung verschiedener Konjunkturindikatoren!

Kompetenzstufe 4

Indikatoren	1	2	3	4	5	6	7	8
Arbeitslosenquote	steigt	sinkt	steigt	steigt	sinkt	steigt	sinkt	steigt
Konsumklima	sinkt	steigt	sinkt	sinkt	steigt	steigt	steigt	sinkt
Zinsen	steigen	sinken	steigen	sinken	steigen	sinken	steigen	sinken
Insolvenzen	steigen	steigen	steigen	sinken	steigen	sinken	sinken	steigen
Aktienkurse	sinken	steigen	sinken	steigen	sinken	steigen	steigen	sinken
Kurzarbeit	sinkt	steigt	sinkt	sinkt	steigt	sinkt	sinkt	steigt
Lagerbestände	steigen	sinken	steigen	sinken	steigen	sinken	sinken	steigen
Baugenehmigungen	steigen	sinken	steigen	sinken	steigen	sinken	steigen	sinken
Sparquote	steigt	sinkt	sinkt	sinkt	steigt	steigt	sinkt	steigt

5.1 Welche Kombination lässt auf einen Aufschwung schließen? Trifft keine Kombination zu, so tragen Sie bitte eine ⑨ ein!

5.2 Welche Kombination lässt auf einen Abschwung schließen? Trifft keine Kombination zu, so tragen Sie bitte eine ⑨ ein!

2 Konjunkturpolitische Maßnahmen im Hinblick auf die jeweilige Konjunkturphase ableiten

Lernsituation 2:

Die 17-jährige Auszubildende Lea hat nach einer Geburtstagsparty am Sonntagmorgen mal wieder länger geschlafen. Trotz einer gewissen Restmüdigkeit steht sie pünktlich zum Mittagessen auf, da es in ihrer Familie seit vielen Jahren üblich ist, zumindest an einem Sonntag gemeinsam zu Mittag zu essen. Als sie gut gelaunt und relativ ausgeschlafen das Esszimmer betritt, spürt sie sofort die leicht angespannte Stimmung zwischen ihren Eltern und ihrem Bruder. Anlass der wohl eher schlechten Laune der restlichen Familie ist ihr Bruder Dennis, der sich mal wieder ziemlich aufregt.

Dennis steckt gerade mitten in der Prüfungsvorbereitung zum Mechatroniker, hat aber vor zwei Wochen von seinem Ausbildungsbetrieb erfahren, dass er nach der Ausbildung nicht übernommen wird. Seither stellt er sich unentwegt die Frage, was die ganze Prüfungsvorbereitung überhaupt für einen Sinn hat, wenn er anschließend sowieso arbeitslos ist. Leas Mutter spricht Dennis seit dieser schlechten Nachricht vor zwei Wochen immer wieder Mut zu, indem sie versucht, ihn positiv zu stimmen und ihn ermuntert, nicht so negativ in die Zukunft zu blicken. Auch der Vater macht ihm immer wieder

Bruder gut zuzureden. Sie erinnert Dennis an Oma, die bei größeren Problemen in der Familie immer sagte, dass nach jedem Tal auch wieder ein Berg komme. Lea fügt an, dass Oma zwar nicht ausdrücklich von der Konjunktur gesprochen habe, aber im übertragenen Sinne sei sie fest davon überzeugt, dass es mit der Wirtschaft sicher bald wieder bergauf gehen werde und es bis zum Ausbildungsende in vier Monaten für Dennis wieder besser aussieht. Außerdem solle er doch nur mal an eine ähnliche Situation vor ein paar Jahren denken, als der Staat der Autoindustrie mit der Zahlung einer Abwrackprämie in Höhe von 2 500,00 € schon einmal massiv geholfen hätte.

klar, dass er sich nun erst einmal auf die Prüfung konzentrieren soll. Danach könne er sich dann in aller Ruhe bei umliegenden Autohäusern als Mechatroniker bewerben. Er ist der Ansicht, dass eine gute Prüfung auch in wirtschaftlich schwierigen Zeiten eine sichere Eintrittskarte für das zukünftige Berufsleben ist. Dennis hingegen sieht das natürlich alles ganz anders. Sein Ausbilder habe ihm klar zu verstehen gegeben, dass es allen Autohäusern in Deutschland zurzeit eher schlecht ginge und immer mehr Betriebe sogar ganz schließen müssten. Die Absatzzahlen für Neufahrzeuge seien seit Monaten – unabhängig von der Automarke – im Sinkflug, da sich die Haushalte in Deutschland wegen der rückläufigen Konjunktur beim Kauf von Neufahrzeugen sehr zurückhielten.

Um die Stimmung an diesem Sonntagmittag zu verbessern, versucht nun auch Lea ihrem

Leider hat Lea mit dieser Äußerung genau das Gegenteil bei ihrem Bruder bewirkt. Dennis explodiert förmlich. Er wirft Lea vor, dass sie sich seit dem Beginn ihrer Ausbildung zur Bankkauffrau wohl für besonders klug hält. Vor allem regt er sich darüber auf, dass sie gut reden hätte. Schließlich würde der Staat Milliarden ausgeben, um marode Banken und Sparkassen vor dem finanziellen Kollaps zu retten. Und das Beste daran: Hauptsache seine kluge Schwester bekäme im Anschluss an die Ausbildung den gewünschten Arbeitsplatz bei einer Bank. Und danach müsse sie sich wohl bis an ihr Lebensende keine Sorgen mehr um ihren Job machen, da der Staat ja, was Bankenrettung anbelangt, wohl eine Art unbegrenzten Freifahrtschein ausgestellt hätte. Da sei dann wohl leider kein Cent mehr für irgendwelche Autohäuser übrig.

118

Kompetenzbereich III: Wirtschaftspolitische Einflüsse auf den Ausbildungsbetrieb, das Lebensumfeld und die Volkswirtschaft einschätzen

7. Kreuzworträtsel

7.1 Lösen Sie nachfolgendes Kreuzworträtsel!

7.2 Erläutern Sie anschließend kurz das Lösungswort in dem dafür vorgesehenen Feld.

① Konjunkturprogramm „auf Pump".

② Ein Konjunkturindikator.

③ Eine Konjunkturphase.

④ Nachfrageorientierte Wirtschaftspolitik.

⑤ Bestandteil der Fiskalpolitik.

⑥ Sie ist Aufgabe der Europäischen Zentralbank und zählt zu den finanzwirtschaftlichen Konjunkturindikatoren.

⑦ Ein Konjunkturindikator.

⑧ Er basiert auf dem Auf und Ab der Entwicklung des realen Bruttoinlandsproduktes.

⑨ Sie zählt die „Miesen" des Staates.

⑩ Eine wirkungsvolle Konjunkturpolitik setzt auch die Bewältigung einer Reihe von … voraus.

⑪ Er zeigt eine Entwicklung alles andere als frühzeitig an.

⑫ Sie sind der „Tod" einer stationären Wirtschaft.

⑬ Sie ist sehr wankelmütig und muss deshalb vom Staat oft „aufgepäppelt" werden.

Lösungswort:

Kompetenz-Check

1. Welche der folgenden Aussagen zu den wirtschaftspolitischen Instrumenten zur Steuerung der Konjunktur ist falsch? Ist keine Aussage falsch, so tragen Sie bitte eine ⑨ ein!

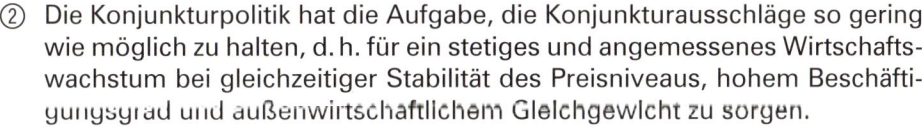

   ① Die staatliche Konjunkturpolitik mithilfe der Einnahmen- und Ausgabenpolitik wird auch als Fiskalpolitik bezeichnet.

   ② Die Konjunkturpolitik hat die Aufgabe, die Konjunkturausschläge so gering wie möglich zu halten, d. h. für ein stetiges und angemessenes Wirtschaftswachstum bei gleichzeitiger Stabilität des Preisniveaus, hohem Beschäftigungsgrad und außenwirtschaftlichem Gleichgewicht zu sorgen.

   Kompetenzstufe 1

   ③ Eine wirkungsvolle staatliche Konjunkturpolitik setzt auch die Bewältigung einer Reihe von Abstimmungsproblemen voraus.

   ④ Durch die Steigerung der Staatsausgaben und/oder durch Steuersenkungen ist der Staat in der Lage, die Wirtschaft aus einem konjunkturellen Tal herauszuführen und die Arbeitslosigkeit zu bekämpfen.

   ⑤ Die Geldpolitik der Zentralbank spielt in der fiskalistischen Theorie eine wichtige Rolle.

2. Überprüfen Sie nachfolgende Aussagenpaare auf ihre Richtigkeit. Bei welchem Aussagenpaar sind beide Aussagen (Aussage A und Aussage B) falsch? Ist kein Aussagenpaar komplett falsch, tragen Sie bitte eine ⑨ ein!

Kompetenzstufe 2

①	**A:**	Die Politik des bewussten Schuldenmachens durch den Staat zum Zweck der Konjunkturförderung wird als Defizitspending bezeichnet.
	B:	Besteht Inflationsgefahr, kann der Staat die Steuern erhöhen, dem Wirtschaftskreislauf wird Geld entzogen, die Inflation wird gebremst.
②	**A:**	In Zeiten des Konjunkturaufschwungs sollte der Staat im Rahmen der antizyklischen Fiskalpolitik die Steuern erhöhen.
	B:	In Zeiten des Konjunkturabschwungs sollte der Staat im Rahmen der antizyklischen Fiskalpolitik die Ausgaben erhöhen.
③	**A:**	In Zeiten des Konjunkturaufschwungs sollte der Staat im Rahmen der antizyklischen Fiskalpolitik die Ausgaben für Investitionen senken.
	B:	In Zeiten des Konjunkturabschwungs sollte der Staat im Rahmen der antizyklischen Fiskalpolitik die Steuern senken.
④	**A:**	Durch die kreditfinanzierte Nachfrage des Staates im Rahmen des Fiskalismus kann es zu steigenden Zinsen kommen.
	B:	Den Regierungen fällt es häufig leichter, die öffentlichen Ausgaben zu erhöhen als in Zeiten des Aufschwungs dann Ausgaben zu senken.

120

Kompetenzbereich III: Wirtschaftspolitische Einflüsse auf den Ausbildungsbetrieb, das Lebensumfeld und die Volkswirtschaft einschätzen

3. Beurteilen Sie die nachfolgenden fiskalpolitischen Maßnahmen im Hinblick auf ihre Eignung zur Stabilisierung von Konjunktur und Wachstum. Tragen Sie bitte eine:

   ① ein, wenn diese Maßnahme in einer Aufschwungphase eingesetzt werden sollte,

   ② ein, wenn diese Maßnahme in einer Abschwungphase eingesetzt werden sollte.

   Tragen Sie eine ⑨ ein, wenn keine eindeutige Zuordnung möglich ist!

Kompetenzstufe 3

3.1	Erhöhung des steuerfreien Grundfreibetrages für Arbeitnehmer.	
3.2	Senkung der Einkommens- und Körperschaftsteuer.	
3.3	Aufhebung der degressiven Abschreibungsmöglichkeiten.	
3.4	Streichung von Investitionszulagen.	
3.5	Reduzierung von Sozialleistungen.	
3.6	Erstellen eines Jahreswirtschaftsberichts durch die Bundesregierung.	
3.7	Abwrackprämie für Altautos.	
3.8	Erhöhung des Kindergeldes finanziert durch Erhöhung der Umsatzsteuer.	
3.9	Gewährung von Exportsubventionen.	
3.10	Staatliche Zulagen für energetische Sanierungen von Altbauten für Privathaushalte.	

4. Welches der nachfolgenden fiskalpolitischen Maßnahmebündel kann in einer Abschwungphase am ehesten zur Stabilität von Konjunktur und Wachstum beitragen? Ist kein Maßnahmebündel geeignet, so tragen Sie bitte eine ⑨ ein!

   ① Ausweitung der Staatsausgaben bei gleichzeitiger Erhöhung der Steuersätze zur Finanzierung der Mehrausgaben.

   ② Senkung der Einkommen- und Körperschaftsteuer bei gleichzeitiger Einschränkung der steuerlichen Abschreibungsmöglichkeiten zur Schaffung von mehr Steuergerechtigkeit.

Kompetenzstufe 3

   ③ Einführung von Investitionsprämien, deren Finanzierung durch entsprechende Kürzungen bei den Sozialtransfers sichergestellt wird.

   ④ Senkung der Abschreibungs- und Steuersätze.

   ⑤ Ausweitung der öffentlichen Aufträge und gleichzeitige Absenkung der Steuersätze.

5. Welches der nachfolgenden fiskalpolitischen Maßnahmebündel kann in einer Aufschwungphase am ehesten zur Stabilität von Konjunktur und Wachstum beitragen? Ist kein Maßnahmebündel geeignet, so tragen Sie bitte eine ⑨ ein!

   ① Reduzierung von Straßenbaumaßnahmen, Verringerung von Abschreibungsmöglichkeiten und Erhöhung von Verbrauchssteuern.

   ② Senkung der Staatsausgaben bei gleichzeitiger Senkung der Einkommen- und Körperschaftsteuer.

Kompetenzstufe 3

   ③ Abschaffung von Sonderabschreibungsmöglichkeiten und Auflösen der Konjunkturausgleichsrücklage.

   ④ Kürzung von Sozialtransfers und Investition der hierdurch eingesparten Gelder in den Ausbau der Infrastruktur.

   ⑤ Kreditaufnahme zur Ausweitung der Staatsausgaben, um somit die private Nachfrage vom Markt zu verdrängen.

6. Betrachten Sie nachfolgende Übersicht zum Einsatz unterschiedlicher wirtschaftspolitischer Maßnahmen!

Kompetenzstufe 4

Maßnahmen	1	2	3	4	5	6	7	8
Einkommen-steuersatz	steigt	sinkt	steigt	steigt	sinkt	steigt	sinkt	steigt
Abschreibungs-dauer	sinkt	sinkt	sinkt	sinkt	steigt	steigt	steigt	sinkt
Sozialtransfers	steigen	steigen	steigen	sinken	steigen	sinken	steigen	sinken
Export-subventionen	steigen	steigen	steigen	sinken	steigen	sinken	sinken	steigen
Investitions-zulagen	sinken	steigen	sinken	steigen	sinken	sinken	steigen	sinken
Kindergeld	sinkt	steigt	sinkt	sinkt	steigt	sinkt	sinkt	steigt
Infrastruktur-investitionen	steigen	steigen	steigen	sinken	steigen	sinken	sinken	steigen
Gütersteuern	steigen	sinken	steigen	sinken	steigen	steigen	steigen	sinken
Beschäftigung im Öffentlichen Dienst	steigt	steigt	sinkt	sinkt	steigt	sinkt	sinkt	steigt

Welche Kombination eignet sich am ehesten für den Einsatz in einer Aufschwungphase? Trifft keine Kombination zu, so tragen Sie bitte eine ⑨ ein!

7. Betrachten Sie nachfolgende Übersicht zum Einsatz unterschiedlicher wirtschaftspolitischer Maßnahmen!

Kompetenzstufe 4

Maßnahmen	1	2	3	4	5	6	7	8
Einkommen-steuersatz	steigt	sinkt	steigt	steigt	sinkt	steigt	sinkt	steigt
Abschreibungs-dauer	sinkt	sinkt	sinkt	sinkt	steigt	steigt	steigt	sinkt
Sozialtransfers	steigen	steigen	steigen	sinken	steigen	sinken	steigen	sinken
Exportsubventi-onen	steigen	steigen	steigen	sinken	steigen	sinken	sinken	steigen
Investitions-zulagen	sinken	steigen	sinken	steigen	sinken	sinken	steigen	sinken
Kindergeld	sinkt	steigt	sinkt	sinkt	steigt	sinkt	sinkt	steigt
Infrastruktur-investitionen	steigen	steigen	steigen	sinken	steigen	sinken	sinken	steigen
Gütersteuern	steigen	sinken	steigen	sinken	steigen	steigen	steigen	sinken
Beschäftigung im Öffentlichen Dienst	steigt	steigt	sinkt	sinkt	steigt	sinkt	sinkt	steigt

Welche Kombination eignet sich am ehesten für den Einsatz in einer Abschwungphase? Trifft keine Kombination zu, so tragen Sie bitte eine ⑨ ein!

122

Kompetenzbereich III: Wirtschaftspolitische Einflüsse auf den Ausbildungsbetrieb, das Lebensumfeld und die Volkswirtschaft einschätzen

3 Wirtschaftspolitische Ziele charakterisieren und mögliche Zielkonflikte begründen

Lernsituation 3:

Nadine, Jennifer, Sarah und Meike – allesamt Auszubildende – sind seit vielen Jahren eine typische Mädchenclique, die viel Zeit miteinander verbringt. Alle vier sind in den letzten acht Monaten volljährig geworden und dürfen nun erstmals bei der in Kürze stattfindenden Bundestagswahl wählen. Als sogenannte Erstwählerinnen wollen sie auf jeden Fall an der Wahl teilnehmen und außerdem nicht irgendeiner Partei ihre Stimme geben, nur weil deren Kandidat oder Kandidatin sympathisch wirkt. Vielmehr haben sie sich fest vorgenommen, sich genauer darüber zu informieren, wofür die einzelnen Parteien wirklich stehen und welche Ziele sie konkret verfolgen. Vor diesem Hintergrund haben sich alle vier in den letzten Wochen mehr oder weniger intensiv für die Ziele der Parteien interessiert und öfter als früher Nachrichten und politische Diskussionsrunden angeschaut.

An einem Wochenende treffen sich die vier Freundinnen mal wieder nach einer ausgiebigen Shoppingtour in ihrem Lieblingscafe, um den Tag in gemütlicher Runde langsam ausklingen zu lassen. Im Laufe der schon länger andauernden Unterhaltung werden auch die in Kürze anstehenden Wahlen zum Gesprächsthema. Jennifer, die seit einem Jahr eine Ausbildung zur Kauffrau für Büromanagement absolviert, führt an, dass ihr heute beim Shoppen mal wieder aufgefallen sei, dass in letzter Zeit doch alles recht teuer geworden ist. Auch ihre Eltern würden sich schon länger über diese Entwicklung total aufregen. Gestern habe sie dann in einer Talkshow einen Politiker gehört, der sich im Falle eines Wahlsieges seiner Partei vor allem für einen stabileren Euro und somit auch für eine Eindämmung des spürbaren Preisanstiegs einsetzen möchte. Er habe sogar ausdrücklich darauf hin-

gewiesen, dass dem Großteil der arbeitenden Bevölkerung diese Entwicklung dauerhaft nicht mehr zuzumuten sei und deshalb dringend politischer Handlungsbedarf bestehe. Dass habe ihr sehr imponiert und sie würde deshalb wahrscheinlich dieser Partei ihre Stimme geben.

Meike erklärt, dass ihr aufgefallen sei, dass die einzelnen Parteien recht unterschiedliche Ziele formuliert hätten, wobei ihr die Sache mit dem Euro noch nicht begegnet sei. Vielmehr ist ihr ein Werbespot in Erinnerung, wo die betreffende Partei sich im Falle einer Regierungsbeteiligung für mehr Wachstum und somit auch für mehr Ausbildungs- und Arbeitsplätze einsetzen möchte. Da sie nach Beendigung der Ausbildung im kommenden Jahr eine Anstellung bei einem Kreditinstiut anstrebt und von Bekannten weiß, wie schwierig es zurzeit ist, einen solchen Arbeitsplatz bei einer Bank oder Sparkasse zu bekommen, hält sie diese Zielsetzung aus ihrer Sicht für besonders wichtig, sodass sie sich durchaus vorstellen könnte, genau diese Partei zu wählen.

Jetzt schaltet sich auch Sarah in das Gespräch ein und ist spürbar verärgert über Meike. Sie kann nicht verstehen, wie man eine Partei wählen kann, die ganz offensichtlich die Industrie noch stärker fördern möchte und damit wahrscheinlich auch noch mehr Industriegebiete entstehen ließe. Und mehr Industriegebiete bedeuten auch mehr Straßen und Autobahnen, mehr Lkw-Verkehr, mehr Lärm und mehr Abgase. Dies würde doch die Natur und somit die Umwelt noch weiter zerstören und die Zukunft der jungen Menschen stark gefährden. Eine solche Partei würde sie niemals wählen. Vielmehr habe sie in letzter Zeit immer wieder Politiker einer

Meike:

„... mehr Wachstum und somit auch mehr Ausbildungs- und Arbeitsplätze ..."

Jennifer:

„... vor allem ein stabilerer Euro ..."

Sarah:

„... total begeistert, wie die Zukunft unseres Planeten in den Mittelpunkt gestellt wird ..."

bestimmten Partei darüber sprechen hören, dass sie im Falle eines Wahlsieges genau das nicht mehr weiter zulassen werden. Daraufhin habe sie sich im Internet deren Parteiprogramm angesehen und sei total begeistert, wie die Politiker dieser Partei die Zukunft unseres Planeten in den Mittelpunkt ihrer Politik stellen – das sei eine Partei, die man als junger Mensch wählen müsse.

Nadine kann die ganze Aufregung ihrer Freundinnen überhaupt nicht verstehen und sagt, dass sie sich doch gar nicht streiten müssten, schließlich wäre es doch letztlich völlig egal, welcher Partei man seine Stimme gibt. Auf die Frage, wie sie denn darauf kommt, antwortet Nadine, dass ihr aufgefallen sei, dass auf den Wahlplakaten fast aller Parteien immer das Gleiche steht: „Für mehr soziale Gerechtigkeit". Und wenn doch alle Parteien ganz offensichtlich das gleiche Ziel verfolgen, erübrige sich wohl jegliche Diskussion.

Nadine:

„... Diskussion erübrigt sich. Fast alle Parteien sind für soziale Gerechtigkeit ..."

Kompetenzorientierte Arbeitsaufträge:

1. Formulieren Sie, welche Ziele die Parteien in der vorangestellten Lernsituation konkret verfolgen. Erläutern Sie anschließend, mit welchen Messgrößen das Erreichen dieser jeweiligen Ziele überprüft werden kann!

Schülerin	Ziel	Messgröße

2. In der Lernsituation wird erkennbar, dass zumindest zwei der angesprochenen Ziele miteinander in Konflikt stehen. Erklären Sie, um welche Ziele es sich handelt, und beschreiben Sie anschießend anhand eines eigenständig gewählten Beispiels diesen Zielkonflikt!

Zielkonflikt	eigenes Beispiel

124

Kompetenzbereich III: Wirtschaftspolitische Einflüsse auf den Ausbildungsbetrieb, das Lebensumfeld und die Volkswirtschaft einschätzen

3. Erläutern Sie, was man unter „sozialer Gerechtigkeit" versteht! Überprüfen Sie dabei auch kritisch die Frage, inwiefern tatsächlich alle Parteien das Gleiche meinen, wenn sie von mehr sozialer Gerechtigkeit sprechen!

Soziale Gerechtigkeit:

➤ _____

_____

➤ _____

_____

➤ _____

_____

4. Nennen Sie die vier Ziele nach dem Stabilitätsgesetz und erläutern Sie jeweils deren politisch akzeptierten Zielerreichungsgrad!

Ziel: _____

akzeptierter Erreichungsgrad:

_____

_____

_____

_____

Ziel: _____

akzeptierter Erreichungsgrad:

_____

_____

_____

_____

Stabilitäts-gesetz

Ziel: _____

akzeptierter Erreichungsgrad:

_____

_____

_____

Ziel: _____

akzeptierter Erreichungsgrad:

_____

_____

_____

5. Entwickeln Sie eigenständig für jedes einzelne Ziel des „magischen Sechsecks" jeweils zwei mögliche wirtschaftspolitische Maßnahmen, die zu einem höheren Zielerreichungsgrad beitragen könnten!

Ziele	zwei mögliche Maßnahmen
	➤ _____ _____ ➤ _____ _____
	➤ _____ _____ ➤ _____ _____
	➤ _____ _____ ➤ _____ _____
	➤ _____ _____ ➤ _____ _____
	➤ _____ _____ ➤ _____ _____
	➤ _____ _____ ➤ _____ _____

126

Kompetenzbereich III: Wirtschaftspolitische Einflüsse auf den Ausbildungsbetrieb, das Lebensumfeld und die Volkswirtschaft einschätzen

Kompetenz-Check

1. Überprüfen Sie die nachfolgenden Aussagen zur Wirtschaftspolitik! Welche zwei der folgenden Aussagen zur Wirtschaftspolitik sind falsch? Ist nur eine Aussage falsch, so tragen Sie in das zweite Kästchen bitte eine ⑨ ein!

Kompetenzstufe 1

① Am Anfang der Wirtschaftspolitik steht ein Ziel, das realisiert werden soll. Die Festlegung solcher Ziele und Normen, also dessen, was sein sollte, lässt sich wissenschaftlich allgemeingültig vornehmen.

② Unter Wirtschaftspolitik versteht man die Beeinflussung der Wirtschaft durch politische Maßnahmen, mit denen der Staat regelnd und gestaltend in die Wirtschaft eingreift.

③ Zu der Ordnungspolitik zählt u.a. die Wettbewerbsordnung, Gewerbeordnung und die Eigentumsordnung.

④ Wirtschaftspolitik umfasst u.a. alle Maßnahmen staatlicher Instanzen zum Ablauf des arbeitsteiligen Wirtschaftsprozesses. Zur Prozesspolitik gehören z.B. die Arbeitsmarktpolitik, Konjunkturpolitik und Geldpolitik.

⑤ Die anzustrebenden Ziele sind im Wesentlichen politisch durch die Träger der Wirtschaftspolitik, etwa durch das Parlament, zu bestimmen.

⑥ Die Wirtschaftspolitik kann sich auf die gesamte Volkswirtschaft (allgemeine Wirtschaftspolitik) oder auf Teilbereiche (spezielle Wirtschaftspolitik) erstrecken.

⑦ Die Wirtschaftspolitik versucht Antworten auf die Fragen zu finden: Welche Ziele sind realisierbar und wie lassen sich die festgelegten Ziele erreichen?

2. Politik ist zielgerichtetes Handeln. Der Staat muss sich also Ziele setzen, nach denen er seine Wirtschaftspolitik ausrichtet! Welche zwei der folgenden Aussagen zu den Zielen der Wirtschaftspolitik sind falsch? Ist nur eine Aussage falsch, so tragen Sie in das zweite Kästchen bitte eine ⑨ ein!

Kompetenzstufe 1

① Nach § 1 des Gesetzes zur Förderung der Stabilität und des Wachstums der Wirtschaft haben Bund und Länder bei ihren wirtschafts- und finanzpolitischen Maßnahmen die Erfordernisse des gesamtwirtschaftlichen Gleichgewichts zu beachten.

② Ein gesamtwirtschaftliches Gleichgewicht liegt vor, wenn alle Produktionsfaktoren vollbeschäftigt sind und sich alle Märkte ausgleichen.

③ Die Stabilität des Preisniveaus, ein hoher Beschäftigungsstand, ein außenwirtschaftliches Gleichgewicht sowie ein stetiges und angemessenes Wirtschaftswachstum bilden das magische Viereck und sind sogenannte quantitative Ziele.

④ Eine sozial verträgliche Einkommens- und Vermögensverteilung und die Erhaltung der natürlichen Lebensgrundlagen sind nicht ausdrücklich im Stabilitätsgesetz erwähnt und zählen zu den quantitativen Zielen.

⑤ Werden die quantitativen und die qualitativen Ziele gleichzeitig verfolgt, so spricht man von einem magischen Sechseck.

⑥ Zu den langfristigen Zielen der Wirtschaftspolitik zählen das außenwirtschaftliche Gleichgewicht, die sozial verträgliche Einkommens- und Vermögensverteilung sowie die Erhaltung der natürlichen Lebensgrundlagen.

3. Betrachten Sie nachfolgende Abbildung zum magischen Viereck der Wirtschaftspolitik! Welche zwei der folgenden Aussagen zu den Zielen der Wirtschaftspolitik sind richtig? Ist nur eine Aussage richtig, so tragen Sie in das zweite Kästchen bitte eine ⑨ ein!

Kompetenzstufe 2

① Im Betrachtungszeitraum wurde das Ziel Preisniveaustabilität nach der Definition der Europäischen Zentralbank erreicht.

② Das angestrebte Ziel des stetigen und angemessenen Wirtschaftswachstums wurde in den abgebildeten Betrachtungszeiträumen in keinem Jahr realisiert.

③ Der Saldo der Leistungsbilanz lässt darauf schließen, dass die Zahlungsbilanz im Betrachtungszeitraum defizitär war.

④ Die Abbildung verdeutlicht, dass im Betrachtungszeitraum Unterbeschäftigung herrschte.

⑤ In der Abbildung werden nur die quantitativen Ziele der Wirtschaftspolitik dargestellt.

⑥ Die Darstellung verdeutlicht, dass die hohe Arbeitslosigkeit auf die geringe Preisniveaustabilität zurückzuführen ist.

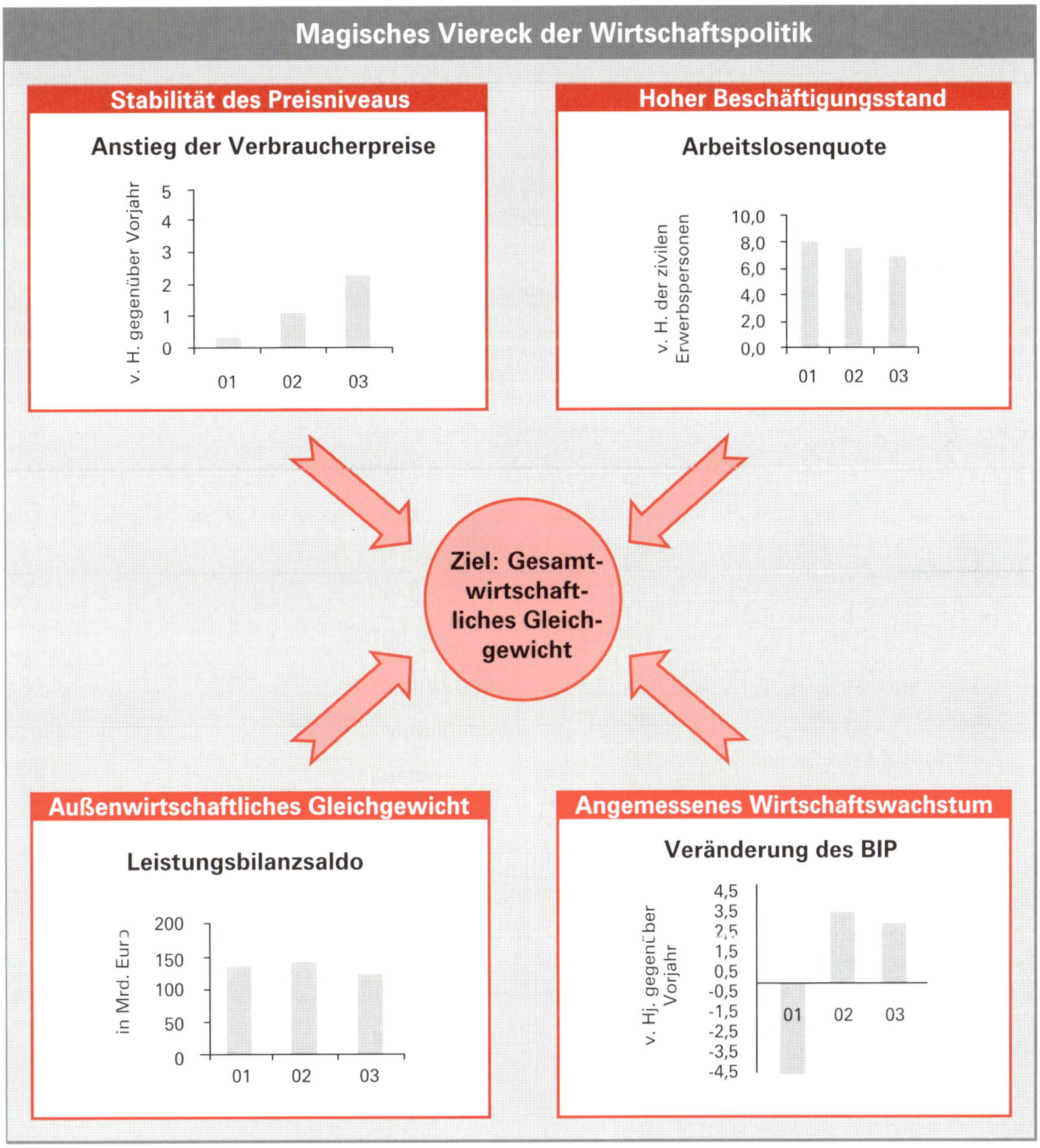

Magisches Viereck der Wirtschaftspolitik

Stabilität des Preisniveaus

Anstieg der Verbraucherpreise

v. H. gegenüber Vorjahr (0–5), Jahre: 01, 02, 03

Hoher Beschäftigungsstand

Arbeitslosenquote

v. H. der zivilen Erwerbspersonen (0,0–10,0), Jahre: 01, 02, 03

Ziel: Gesamtwirtschaftliches Gleichgewicht

Außenwirtschaftliches Gleichgewicht

Leistungsbilanzsaldo

in Mrd. Euro (0–200), Jahre: 01, 02, 03

Angemessenes Wirtschaftswachstum

Veränderung des BIP

v. Hj. gegenüber Vorjahr (−4,5 bis 4,5), Jahre: 01, 02, 03

128

Kompetenzbereich III: Wirtschaftspolitische Einflüsse auf den Ausbildungsbetrieb, das Lebensumfeld und die Volkswirtschaft einschätzen

4. Überprüfen Sie nachfolgende Aussagenpaare auf ihre Richtigkeit. Bei welchem Aussagenpaar sind beide Aussagen (Aussage A und Aussage B) falsch? Ist nur ein Aussagenpaar komplett falsch, tragen Sie bitte eine ⑨ in eines der beiden Kästchen ein!

Kompetenzstufe 2

①	A:	Überbeschäftigung liegt vor, wenn die Zahl der offenen Stellen erheblich unter der Zahl der Arbeitslosen liegt.
	B:	Die Arbeitslosenquote wird ermittelt, indem man die Zahl der Erwerbspersonen durch die Zahl der Arbeitslosen dividiert und mit 100 multipliziert.
②	A:	Vollbeschäftigung liegt vor, wenn die Arbeitslosenquote nicht mehr als 2 % beträgt.
	B:	Drohende Arbeitslosigkeit bewirkt einen Rückgang der Nachfrage.
③	A:	Unter den Erwerbspersonen sind die selbstständigen und die unselbstständigen Erwerbspersonen zu verstehen.
	B:	Eine absolute Preisniveaustabilität liegt vor, wenn sich das Preisniveau nicht stärker als 2 % verändert.
④	A:	Unter außenwirtschaftlichem Gleichgewicht versteht man den mittelfristigen Ausgleich der Zahlungsbilanz.
	B:	Exportüberschüsse führen zu Devisenüberschüssen.
⑤	A:	Ein stetiges Wirtschaftswachstum liegt vor, wenn das Wachstum des realen Bruttoinlandsprodukts keine oder nur geringe Konjunkturschwankungen aufweist.
	B:	Nur wenn die Produktion wirtschaftlicher Güter schneller als die Bevölkerung wächst, kann der materielle Lebensstandard pro Kopf der Bevölkerung erhöht werden.
⑥	A:	Die begrenzten Rohstoff- und Energievorräte machen zugleich auch die möglichen Grenzen des Wirtschaftswachstums sichtbar.
	B:	Von Zielharmonie spricht man, wenn bestimmte wirtschaftspolitische Maßnahmen der Erreichung mehrerer Ziele dienlich sind.

☐ ☐

5. In einer Volkswirtschaft liegen folgende Arbeitsmarktdaten vor:

Zahl der Arbeitslosen: 2 578 500
Zahl der offenen Stellen: 248 758
Zahl der Kurzarbeiter: 174 375
Arbeitslosenquote: 6,45 %

Berechnen Sie die Zahl der Erwerbspersonen (auf glatte 1.000 Personen abrunden)!

Kompetenzstufe 3

☐ . ☐ . ☐ Erwerbspersonen

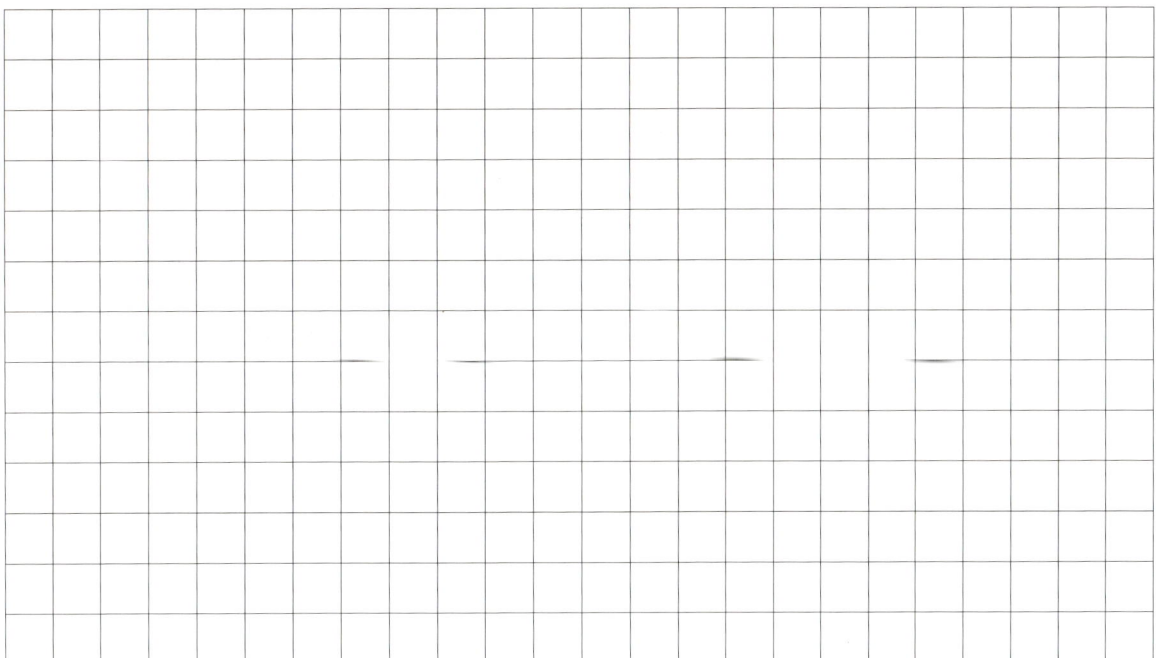

6. In einer Volkswirtschaft übersteigen die Importe die Exporte um ca. 30 %. Welche der folgenden Wirkungsketten ist zutreffend?

① Die Devisenvorräte der Binnenwirtschaft steigen an, die Zahlungsbilanz wird passiv. Die abnehmende Geldmenge bremst den Preisauftrieb, gefährdet aber die Arbeitsplätze.

② Die Importüberschüsse führen zu Devisenüberschüssen, der Geldumlauf in der Binnenwirtschaft steigt, bei bestehender Vollbeschäftigung steigt das Preisniveau.

Kompetenzstufe 4

③ Die Devisenvorräte der Binnenwirtschaft schrumpfen, die Zahlungsbilanz wird passiv, die abnehmende Geldmenge führt zur Inflation und gefährdet die Arbeitsplätze.

④ Es kommt zu sinkenden Devisenvorräten der Binnenwirtschaft, die Zahlungsbilanz wird passiv. Die abnehmende Geldmenge bremst den Preisauftrieb, gefährdet jedoch die Arbeitsplätze.

⑤ Die Devisenvorräte der Binnenwirtschaft steigen, somit steigt auch der Geldumlauf. Bei bestehender Vollbeschäftigung kommt es zur importierten Inflation.

⑥ Der Devisenvorrat der Binnenwirtschaft sinkt, die Zahlungsbilanz wird passiv. Die abnehmende Geldmenge bremst den Preisauftrieb, es kommt zu einer Mehrbeschäftigung.

17 Boller - ISBN 978-3-8120-1557-8

130

Kompetenzbereich III: Wirtschaftspolitische Einflüsse auf den Ausbildungsbetrieb, das Lebensumfeld und die Volkswirtschaft einschätzen

4 Arbeitslosigkeit und deren Ursachen beschreiben sowie beschäftigungspolitische Maßnahmen diskutieren

Lernsituation 4:

Zur einführenden Auseinandersetzung mit dem Thema Arbeitslosigkeit lesen Sie zunächst nachfolgenden Artikel:

Arbeitslosigkeit erhöht die Depressionsgefahr

Die Arbeit ist ein wichtiger Pfeiler des menschlichen Daseins. Bricht dieser Pfeiler weg und man wird arbeitslos, steigt für Betroffene die Gefahr einer psychischen Krankheit wie Depression. Häufig werden die Erkrankungen aber nicht erkannt.

In der EU waren im Februar dieses Jahres 24,55 Millionen Menschen arbeitslos. Die Arbeitslosenquote von 10,2 Prozent ist die höchste seit 1997. In Spanien und Griechenland war jeder zweite Jugendliche unter 25 Jahren ohne Arbeit. Auch in Deutschland waren im März über drei Millionen Menschen von Arbeitslosigkeit betroffen, die Quote betrug 7,2 Prozent. […]

Arbeitslosigkeit: Ein großer Einschnitt ins Leben

Nicht für alle dieser Menschen ist die Arbeitslosigkeit gleich schlimm. Die staatliche Unterstützung ist unterschiedlich und es gibt Menschen, die die Zuversicht nicht verlieren, die in der Arbeitslosigkeit auch die Chance für einen Neuanfang sehen. Für ganz viele Betroffene ist sie aber ein großer Einschnitt. Oft sind psychische Erkrankungen wie eine Depression die Folge.

Arbeit als Mittelpunkt des Lebens

Ein Grund für die Probleme, die Arbeitslosigkeit mit sich bringt, ist in unserer Einstellung zur Arbeit zu suchen. In der Antike war Arbeit noch verpönt. Und auch im Mittelalter wurde Arbeit bis zur Reformation noch als Mühsal, ja eigentliche Strafe aufgefasst. Erst viel später entwickelte sich die sogenannte protestantische Arbeitsethik. Sie ist gekennzeichnet durch die Vorstellung von Arbeit als Pflicht und von der Arbeit als Mittelpunkt des Lebens, um den herum die Freizeit gestaltet wird.

Als Grundmodell dienen diese Vorstellungen heute noch, aber natürlich ist die Entwicklung fortgeschritten. Arbeit muss heute nicht Pflicht sein und einzig dem Broterwerb dienen. Sie kann mit Leidenschaft erfüllt werden, sie kann Spaß und Freude machen. Sie kann spannend und herausfordernd sein. Arbeitszeitmodelle ermöglichen heute mehr Flexibilität. Und Unternehmen sind heute sehr oft auch ein Teil des sozialen Lebens der Beschäftigten. […]

Arbeitslose häufiger von einer Depression betroffen

Die Arbeit ist also ein Hauptpfeiler des menschlichen Daseins. Und entsprechend dramatisch können die Folgen sein, wenn dieser Pfeiler wegbricht, oft von einem Tag auf den anderen. So haben Studien ergeben, dass Arbeitslose häufiger von psychischen Krankheiten wie einer Depression betroffen sind als Erwerbstätige. […]

Laut der Psychologin Gisela Mohr von der Universität Leipzig belastet viele Arbeitslose der Zwang, möglichst schnell wieder eine Arbeit und zurück zur oben erwähnten protestantischen Arbeitsethik zu finden. „Je höher die Arbeitsorientierung bei einem Menschen ist, umso stärker sind die Auswirkungen auf die psychische Gesundheit in der Situation der aussichtslosen Arbeitslosigkeit." […]

Wenn das soziale Umfeld wegbricht

Auch die Anforderung, dass Betroffene für eine neue Stelle bereit sein sollten, ihren Wohnort zu wechseln, wirkt sich nach Mohrs Einschätzung negativ auf die psychische Gesundheit aus. „Vor allem, wenn man eine Familie hat, ist das ein großes Problem", schätzt Mohr. „Bei jedem Umzug verliert man sein soziales Umfeld und muss sich ein neues aufbauen", warnt sie. Dabei sei ein gutes soziales Netz wichtig für Arbeitslose. Es könne ihnen helfen, eine neue Arbeit zu finden.

Ablehnung schwächt das Selbstwertgefühl

Der psychischen Gesundheit ebenfalls nicht förderlich ist nach Ansicht Mohrs die Anforderung, möglichst viele Bewerbungen in einem definierten Zeitraum zu verschicken. Werden die Vorgaben nicht eingehalten, droht eine Leistungskürzung. Dabei ist gemäß der Psychologin kein Zusammenhang feststellbar, dass viele Bewerbungen die Erfolgsaussichten verbessern würden. Hingegen würden viele erfolglose Bewerbungen die psychische Gesundheit gefährden. Jede Ablehnung oder Absage gelte als Misserfolg und schwäche das Selbstwertgefühl. […]

Textquelle: Myhandicap.de, Text: Patrick Gunti – 04/2012.

Kompetenzorientierte Arbeitsaufträge:

1. Markieren Sie zunächst die Begriffe, deren Verständnis Ihnen Probleme bereitet. Recherchieren Sie – eventuell unter Zuhilfenahme des Internets – anschließend die Bedeutung dieser Begriffe!

Begriff	kurze Umschreibung

2. Erläutern Sie die Gefahr der Arbeitslosigkeit, die im Mittelpunkt des vorangestellten Artikels steht!

3. Erläutern Sie kurz den Stellenwert der Arbeit in unserer modernen Gesellschaft! Gehen Sie anschließend auch darauf ein, welchen Stellenwert Arbeit in Ihrem künftigen Leben einnehmen soll!

Stellenwert der Arbeit in der Gesellschaft	
Stellenwert der Arbeit in meinem künftigen Leben	

132

Kompetenzbereich III: Wirtschaftspolitische Einflüsse auf den Ausbildungsbetrieb, das Lebensumfeld und die Volkswirtschaft einschätzen

4. Führen Sie an, welche Kriterien eine Arbeitsstelle nach Ihren Vorstellungen erfüllen müsste, damit Sie Ihren künftigen Beruf über viele Jahre hinweg mit Spaß und Freude ausüben könnten!

Kriterien einer Arbeitsstelle

5. Analysieren Sie für sich persönlich, wie sich die Ausübung eines Berufes, mit dem Sie nicht glücklich wären, auf Ihr persönliches Leben auswirken würde!

Mögliche Auswirkungen einer „ungeliebten" Arbeit auf mein persönliches Leben:

➤ _____

➤ _____

➤ _____

➤ _____

➤ _____

6. Erläutern Sie kurz drei Entstehungsarten der Arbeitslosigkeit!

Entstehungsart	kurze Erläuterung

7. Arbeitsvorschlag mit regionalem Bezug:

Eine kleine Gruppe aus der Klasse sollte in Form eines Referates die wichtigsten Informationen über den Arbeitsmarkt in Ihrer Region vorbereiten! Im Fokus der Präsentation sollte neben den üblichen Arbeitsmarktdaten (Anzahl der Arbeitslosen, Arbeitslosenquote, Entwicklung des Arbeitsmarktes in den vergangenen Jahren/Monaten) vor allem stehen, welcher Personenkreis und welche Berufsgruppen besonders von der Arbeitslosigkeit in Ihrer Region betroffen sind. Hilfreich bei der Vorbereitung wären nicht nur Informationsunterlagen der örtlichen Agentur für Arbeit, auch andere Institutionen (z. B.: IHK, Gewerkschaften, Verbände) könnten Ihre Arbeit unterstützen.

Diskutieren Sie im Anschluss an die Präsentation als Klassengemeinschaft darüber, welche Maßnahmen konkret dazu beitragen könnten, die Arbeitslosigkeit in Ihrer Region zu verringern!

Notizen zum Projekt:

_____

_____

_____

_____

8. Lückentext

Ergänzen Sie den Lückentext, indem Sie das jeweils fehlende Wort einsetzen!

Im Allgemeinen misst man die Beschäftigungslage in einer Volkswirtschaft an der Zahl der _____ und den _____. Als arbeitslos hierzulande gilt, wer trotz _____ und _____ nicht in einem Beschäftigungsverhältnis steht. Dabei rechnet die _____ zu den Arbeitslosen alle Personen, die das ____. Lebensjahr, aber nicht die aktuell gültige _____ für den Renteneintritt erreicht haben und weniger als ____ Stunden je Woche arbeiten.

Neben den _____ Arbeitslosen gibt es auch nicht _____ Arbeitslose, wie z. B.: _____, _____, _____ Umschulungen oder in _____.

Die Formen der Arbeitslosigkeit lassen sich nach ihren _____ einteilen. Zu den Formen der Arbeitslosigkeit aufgrund von Nachfrageschwankungen zählen die _____ und die _____ Arbeitslosigkeit. Während sich diese beiden Formen der Arbeitslosigkeit im wirtschaftlichen Aufschwung – zumindest teilweise – abbauen, ist die _____ Arbeitslosigkeit langfristiger Natur. Hiervon betroffen sind vor allem weniger _____ Personen.

Zu den langfristig wirksamen Instrumenten der Arbeitsmarktpolitik zählen die Senkung der _____, die Förderung _____ und Investitionen in _____. Letztere stellen aus volkwirtschaftlicher Sicht eine Investition in die _____ dar, die sich für alle Beteiligten _____.

134

Kompetenzbereich III: Wirtschaftspolitische Einflüsse auf den Ausbildungsbetrieb, das Lebensumfeld und die Volkswirtschaft einschätzen

Kompetenz-Check

1. Überprüfen Sie die nachfolgenden Aussagen zur Arbeitslosigkeit! Welche der folgenden Aussagen ist falsch? Ist keine Aussage falsch, so tragen Sie bitte eine ⑨ ein!

① Als arbeitslos gilt, wer trotz Arbeitsfähigkeit und Arbeitswilligkeit nicht in einem Beschäftigungsverhältnis steht.

② Im Allgemeinen misst man die Beschäftigungslage in einer Volkswirtschaft an der Zahl der Arbeitslosen und den offenen Stellen.

Kompetenzstufe 1

③ Unter Erwerbsquote versteht man den prozentualen Anteil der Erwerbspersonen an der Gesamtbevölkerung.

④ Neben der registrierten Arbeitslosigkeit gibt es auch noch eine nicht registrierte Arbeitslosigkeit. Hierbei handelt es sich um das Arbeitskräftepotenzial, das aus unterschiedlichen Gründen nicht in der Arbeitslosenstatistik erfasst wird.

⑤ Die Arbeitsmarktpolitik umfasst alle Maßnahmen, die dazu dienen, die strukturelle Arbeitslosigkeit zu beseitigen, neue Arbeitsplätze zu schaffen und vorhandene Arbeitsplätze zu sichern.

⑥ Bildungskosten sind keine Kosten, sondern letztlich eine Investition in die Zukunft, die sich für den Einzelnen, für die Unternehmen, für den Staat und die Sozialkassen rechnet.

⑦ Die produktivitätsorientierte Lohnpolitik trägt unter sonst gleichen Bedingungen zur Sicherung der Beschäftigung bei.

⑧ Ziel der expansiven Lohnpolitik ist, die Gewinnquote (einen prozentualen Anteil am Volkseinkommen) zu erhöhen.

2. Die Arbeitslosigkeit kann nach verschiedenen Gesichtspunkten eingeteilt werden. Überprüfen Sie die nachfolgenden Aussagen zu den Ursachen und Entstehungsarten der Arbeitslosigkeit auf ihre Richtigkeit! Welche der folgenden Aussagen ist falsch? Ist keine Aussage falsch, so tragen Sie bitte eine ⑨ ein!

① Vor allem im Baugewerbe, der Landwirtschaft oder in solchen Gewerben, die vom Tourismus abhängig sind, kann es zu saisonaler Arbeitslosigkeit kommen.

Kompetenzstufe 1

② Ist die Arbeitslosigkeit auf normale konjunkturelle Schwankungen zurückzuführen, gilt sie unter wirtschaftspolitischen Gesichtspunkten als verhältnismäßig unproblematisch.

③ Sind Löhne und Gehälter sowie Lohnzusatzkosten auf Teilmärkten des Arbeitsmarktes zu hoch, kann es zu konjunktureller Arbeitslosigkeit kommen. Dies gilt vor allem für hoch qualifiziertes Fachpersonal.

④ Von der strukturellen Arbeitslosigkeit sind vor allem die Beschäftigten solcher Branchen betroffen, die an wirtschaftlicher Bedeutung verlieren oder die neue und arbeitssparende Techniken einführen.

⑤ Die strukturelle Arbeitslosigkeit ist im Gegensatz zur saisonalen und konjunkturellen Arbeitslosigkeit langfristiger Natur und wird auch im wirtschaftlichen Aufschwung überhaupt nicht oder nur geringfügig abgebaut.

3. Bestimmen Sie für die nachfolgenden Fälle die Ursachen bzw. Entstehungs-arten der Arbeitslosigkeit. Verwenden Sie für die Zuordnung folgende Ziffern:

① friktionelle Arbeitslosigkeit,

② saisonale Arbeitslosigkeit,

③ konjunkturelle Arbeitslosigkeit,

④ strukturelle Arbeitslosigkeit,

Kompetenzstufe 2

⑤ Arbeitslosigkeit verursacht durch fehlende berufliche oder räumliche Mobilität.

Tragen Sie eine ⓪ ein, wenn keine eindeutige Zuordnung möglich ist!

3.1	Im Ruhrgebiet werden durch die Schließung von Steinkohlezechen viele Arbeit-nehmer freigesetzt.	
3.2	Durch die Bankenkrise verloren viele Mitarbeiter in Frankfurt ihren Arbeitsplatz. Ge-sucht werden dringend Bankkaufleute in Brandenburg. Bis heute sind diese Stellen unbesetzt.	
3.3	In den Weinanbaugebieten Deutschlands werden im Anschluss an die Weinlese viele Erntehelfer entlassen.	
3.4	Nach der Insolvenz eines großen Möbelhauses wurden alle 240 Mitarbeiter entlas-sen. Der örtlichen Agentur für Arbeit gelang es jedoch, allen Betroffenen eine neue Anstellung zu vermitteln, die diese in den nächsten Monaten antreten können.	
3.5	Nach Jahren des Wachstums kommt es im Maschinenbau wegen der üblichen Auftragsschwankungen zu Entlassungen.	

4. Entscheiden Sie, welcher Beteiligte für die nachfolgenden Maßnahmen zur Bekämpfung von Arbeitslosigkeit zuständig ist! Verwenden Sie für die Zuord-nung folgende Ziffern:

① Regierung,

② Arbeitgeber,

③ Arbeitnehmer,

④ Tarifpartner.

Kompetenzstufe 3

Tragen Sie eine ⓪ ein, wenn keine eindeutige Zuordnung möglich ist!

4.1	Arbeitszeitverlängerung bei gleichem Lohn.	
4.2	Ausweitung von Teilzeitarbeitsmöglichkeiten.	
4.3	Erhöhung von Forschungs- und Bildungsinvestitionen.	
4.4	Erhöhung der regionalen Mobilität.	
4.5	Senkung der Lohnnebenkosten.	
4.6	Öffnung von Tarifverträgen.	
4.7	Bereitschaft zur Annahme einer Beschäftigung mit geringeren Qualifikations-anforderungen und/oder Bezahlung als vorher.	
4.8	Konjunkturprogramme zur Belebung der Nachfrage.	
4.9	Zahlung eines Kombilohnes.	
4.10	Durchführung zurückgestellter Investitionen.	

136

Kompetenzbereich III: Wirtschaftspolitische Einflüsse auf den Ausbildungsbetrieb, das Lebensumfeld und die Volkswirtschaft einschätzen

5. Im Rahmen der politischen Diskussion zur Bekämpfung der Arbeitslosigkeit werden unterschiedliche Maßnahmen vorgeschlagen, wobei die jeweiligen Wirkungen dieser Instrumente im Mittelpunkt des Interesses stehen. Welchen der folgenden Standpunkte halten Sie für fragwürdig? Ist keiner der Standpunkte fragwürdig, tragen Sie bitte eine ⑨ ein!

Kompetenzstufe 4

① Die Ausweitung der Staatsnachfrage im Falle einer Rezession kann den weiteren Abbau von Arbeitsplätzen verhindern.

② Durch Investitionszuschüsse können für Unternehmen Anreize zur Expansion und somit zu Neueinstellungen geschaffen werden.

③ Durch ein gesetzlich vorgeschriebenes Überstundenverbot können in gleichem Umfang Arbeitsplätze geschaffen werden, wie Überstunden abgebaut werden.

④ Durch zusätzliche Umschulungsmaßnahmen wird es Arbeitslosen ermöglicht, sich für den Arbeitsmarkt zu qualifizieren.

⑤ Moderate Tarifabschlüsse können dazu beitragen, dass der Substitutionsprozess zwischen Arbeit und Kapital langsamer verläuft.

6. Entscheiden Sie, welches Instrument der Arbeitsmarktpolitik in den nachfolgenden Fällen zur Verhinderung bzw. Bekämpfung der Arbeitslosigkeit sinnvollerweise eingesetzt werden sollte. Verwenden Sie für die Zuordnung folgende Ziffern:

Kompetenzstufe 4

① Senkung der Lohnnebenkosten,

② Förderung öffentlicher Beschäftigung,

③ Investitionen in Bildung und Weiterqualifizierung,

④ Produktivitätsorientierte Lohnpolitik,

⑤ Gewährung finanzieller Anreize oder Anwendung von Sanktionen durch die Agentur für Arbeit,

⑥ Ausweitung von Aufträgen der öffentlichen Hand.

Tragen Sie eine ⓪ ein, wenn keine eindeutige Zuordnung möglich ist!

6.1	Im Ruhrgebiet werden durch die Schließung von Steinkohlezechen viele Arbeitnehmer freigesetzt.	
6.2	Durch die Bankenkrise verloren viele Mitarbeiter in Frankfurt ihren Arbeitsplatz. Gesucht werden dringend Bankkaufleute in Brandenburg. Bis heute sind diese Stellen unbesetzt.	
6.3	In den Weinanbaugebieten Deutschlands werden im Anschluss an die Weinlese viele Erntehelfer entlassen.	
6.4	In vielen Bundesländern und Kommunen kommt es im öffentlichen Sektor wegen der hohen Verschuldung zu einem Stellenabbau durch Entlassungen.	
6.5	Durch den Einsatz vollautomatischer Hochregallager kommt es zunehmend zu Entlassungen von Fachkräften für Lagerlogistik.	
6.6	Nach einem regelrechten Boom über viele Jahre hinweg lässt die Nachfrage der privaten Haushalte nach energetischer Sanierung von Immobilien spürbar nach.	
6.7	Nach der Insolvenz eines großen Möbelhauses wurden alle 240 Mitarbeiter entlassen. Der örtlichen Agentur für Arbeit gelang es jedoch, allen Betroffenen eine neue Anstellung innerhalb von drei Monaten zu vermitteln.	
6.8	Wegen der hohen Tarifabschlüsse werden mehrere tausend Arbeitsplätze ins Ausland verlagert.	
6.9	Nach Jahren des Wachstums kommt es im Maschinenbau wegen der üblichen Auftragsschwankungen zu Entlassungen.	
6.10	Wegen der ungünstigen Kostenstruktur sind viele Unternehmen in den globalen Märkten nicht mehr wettbewerbsfähig.	

5 Ermittlung des Preisniveaus erläutern sowie den Zusammenhang von Kaufkraft und Preisniveau beschreiben

Lernsituation 5:

Lisa, eine Schülerin der Höheren Berufsfachschule, erwartet den Besuch ihrer besten Freundin Jacqueline, die eine Ausbildung zur Friseurin absolviert. Im Vorfeld des Besuchs hat Jacqueline bereits angedeutet, dass sie dringend mit Lisa über ein Problem sprechen müsse.

Nachdem es sich die beiden Freundinnen bei einer Tasse Latte Macchiato gemütlich gemacht haben, erzählt Jacqueline, was sie so bedrückt. Seit sie vor einem Jahr die Ausbildung zur Friseurin begonnen hat, ist sie zu Hause ausgezogen und wohnt nun in einer Ein-Zimmer-Wohnung zur Miete. Mit der Ausbildungsvergütung, dem Trinkgeld der Kunden sowie dem Kindergeld, das ihre Eltern ihr auszahlen, war der Schritt in die „eigenen vier Wände" damals möglich, was Jacqueline seit dieser Zeit auch sehr genießt.

Doch in den letzten Monaten wächst ihr die finanzielle Belastung mehr und mehr über den Kopf. Jacqueline führt dies vor allem auf die enormen Preissteigerungen beim Strom, Gas, Sprit für ihren Roller und bei den sonstigen Nebenkosten des Lebensunterhalts zurück. Nunmehr habe auch noch ihr Vermieter angekündigt, dass er die Kaltmiete ab nächsten Monat um 20,00 € anheben wird. Jacqueline bestreitet auch nicht, dass sie in den letzten Monaten nicht immer so genau auf ihre Ausgaben beim Shoppen oder Ausgehen geachtet hat. Auch das neue Smartphone und der in diesem Zusammenhang abgeschlossene Vertrag habe sicher mit dazu beigetragen, dass ihr Girokonto mehr und mehr ins Soll geraten sei. Die finanzielle Schieflage hat sich zudem dadurch verschärft, dass bei den meisten Kunden das „Geld nicht mehr so locker sitzt", ihre Einnahmen aus Trinkgeldern somit deutlich zurückgegangen sind.

Jacqueline macht sich nicht nur Gedanken darüber, wie sie die Wohnung während ihrer Ausbildung dauerhaft halten kann, auch die Rückzahlung ihrer Schulden bei der Bank belastet sie stark. Diese hat sich sogar schon schriftlich bei ihr gemeldet und um kurzfristige Rückmeldung gebeten, wie sie sich die Rückführung ihrer Kontoüberziehung konkret vorstellt. Abschließend betont Jacqueline, dass sie sich immer größere Sorgen um ihre Zukunft macht. Als Friseurin ist das monatliche Einkommen auch nach der Ausbildung relativ gering und ihr stellt sich zunehmend die Frage, wie sie sich mit einem solchen Gehalt dauerhaft eine Wohnung oder gar ein Auto leisten kann, zumal in ihren Augen ja alles immer teurer wird. An einen Urlaub oder andere Annehmlichkeiten sei da ja später wohl gar nicht zu denken. Erstmals sei ihr nun richtig bewusst,

wie sehr doch das Einkommen und somit das für die Lebensgestaltung zur Verfügung stehende Geld einem Menschen enorme Sorgen bereiten können und sie frage sich ernsthaft, wie das alles weitergehen soll. Jacqueline geht in ihren Überlegungen sogar so weit, dass sie sich fragt, ob man das Geld nicht ganz einfach abschaffen sollte, zumal man ja in der früheren Menschheitsgeschichte wohl auch ohne Geld ausgekommen sei und damit doch auch ohne derlei Geldsorgen.

Lisa versteht die Probleme ihrer Freundin nur allzu gut und erzählt, dass ihre Eltern auch seit

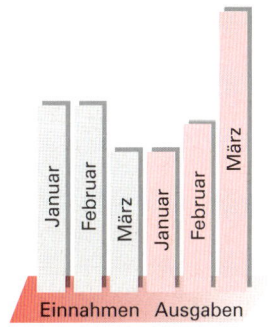

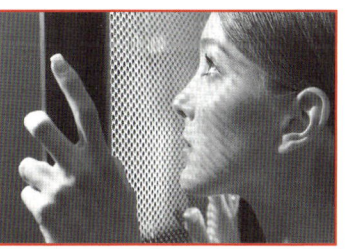

einiger Zeit heftig über das Thema Geld diskutieren. Das Ganze habe nunmehr dazu geführt, dass ihre Eltern sich entschlossen haben, die Stadtwohnung zu kündigen und gemeinsam mit ihr aufs Land zu ziehen, wo man ein Einfamilienhaus kaufen möchte. Der wesentliche Grund hierfür sei – soweit sie es verstanden habe – die Angst davor, dass die Ersparnisse eines Tages nichts mehr wert seien. Ihr Vater habe in den letzten Tagen immer wieder von seinen Großeltern erzählt, deren Geld auch quasi über Nacht für wertlos erklärt wurde. Lisa berichtet, dass sich ihr Vater mehr und mehr darüber aufregt, dass die Menschen in unserer heutigen Zeit trotz dieser Erfahrungen aus der Vergangenheit immer noch der Illusion unterliegen, dass Geld immer seinen Wert behalte. Mit Blick auf die ganze öffentliche Diskussion zur Eurokrise und die in den Euroländern ansteigenden Staatsschulden wollen Lisas Eltern nun das über Jahre angesparte Geld gegen ein bebautes Grundstück eintauschen. Da der Kaufpreis und die anstehende Renovierung der Immobilie die Ersparnisse jedoch übersteigen, wollen Lisas Eltern sogar noch einen entsprechenden Kredit zur Finanzierung des Einfamilienhauses aufnehmen. Ihr Vater würde an der Stelle immer wieder betonen, dass die Verschuldung wegen einer Immobilie für ihn kein allzu großes Problem darstelle, zumal sich der deutsche Staat ja auch seit vielen Jahrzehnten mehr und mehr verschulde. Und was der Staat kann, das könne er schließlich allemal.

18 Boller - ISBN 978-3-8120-1557-8

138

Kompetenzbereich III: Wirtschaftspolitische Einflüsse auf den Ausbildungsbetrieb, das Lebensumfeld und die Volkswirtschaft einschätzen

Kompetenzorientierte Arbeitsaufträge:

1. Bestimmen Sie die in der Lernsituation genannten Akteure und Betroffenen der Verschuldung!

Akteure und Betroffene der Verschuldung
➤ _____
➤ _____

2. Erläutern Sie mögliche Gründe für die zunehmende Verschuldung von Jacqueline!

Gründe für Jacquelines Verschuldung
➤ _____
➤ _____
➤ _____
➤ _____

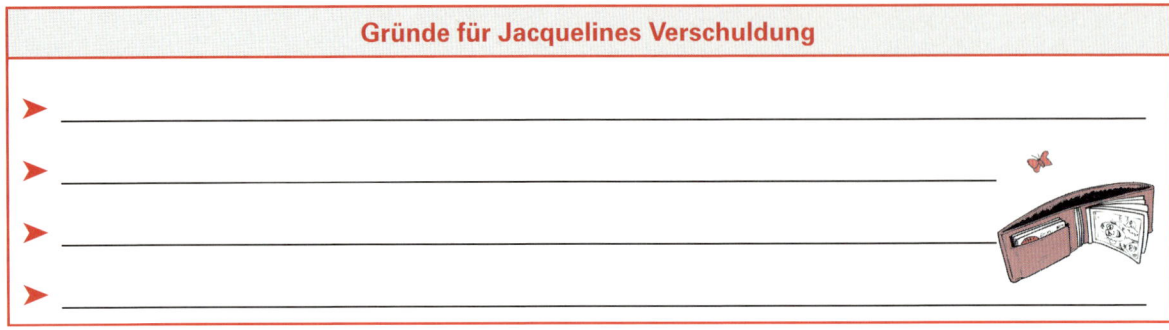

3. Erläutern Sie, was man unter der „Geldillusion" versteht!

_____

_____

4. Beschreiben Sie kurz das Verfahren, wie man die Veränderungen des Preisniveaus hierzulande misst! Nehmen Sie anschließend kritisch zu diesem Messverfahren Stellung!

Kurze Beschreibung	_____ _____ _____
Kritik an diesem Messverfahren	➤ _____ _____ ➤ _____ _____ ➤ _____ _____ ➤ _____ _____ ➤ _____ _____

5. Sammeln Sie gemeinsam mit Ihrem Sitzpartner mögliche Ursachen für die über Jahrzehnte zunehmende Verschuldung des deutschen Staates!

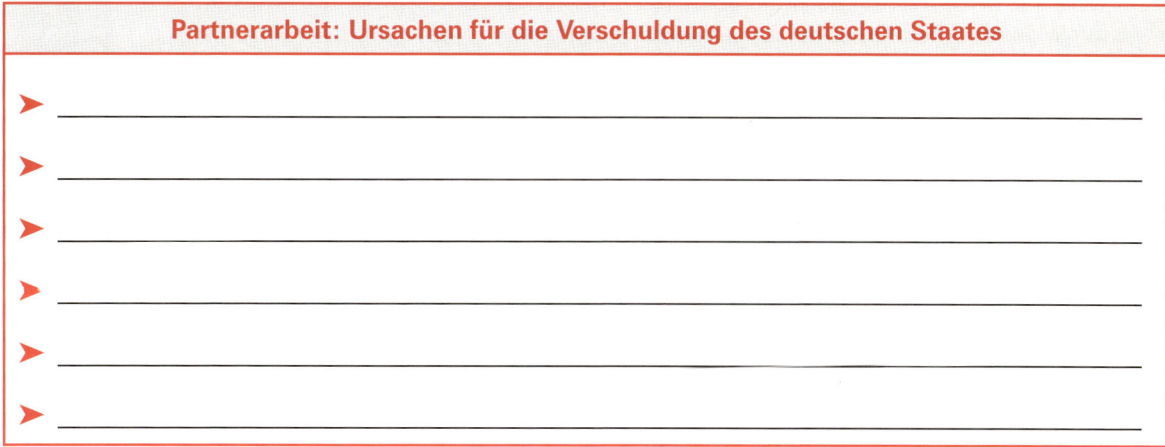

Partnerarbeit: Ursachen für die Verschuldung des deutschen Staates
➤ _____
➤ _____
➤ _____
➤ _____
➤ _____
➤ _____

6. Erarbeiten Sie in Kleingruppen die Tragweite einer zunehmenden Verschuldung von Jacqueline und entwickeln Sie mögliche Auswege aus der individuellen Schuldenfalle!

Jacquelines Verschuldung	
Tragweite (Folgen)	_____ _____ _____ _____ _____
Mögliche Auswege	➤ _____ _____ ➤ _____ ➤ _____ _____ ➤ _____ _____ ➤ _____ _____

140

Kompetenzbereich III: Wirtschaftspolitische Einflüsse auf den Ausbildungsbetrieb, das Lebensumfeld und die Volkswirtschaft einschätzen

Kompetenz-Check

1. Obwohl der Verbraucherpreisindex der am häufigsten gebrauchte Indikator zur Messung der Preisniveaustabilität ist, muss sein Aussagegehalt dennoch relativiert werden. Welcher der nachfolgenden Kritikpunkte an diesem Messkonzept ist falsch? Treffen alle Kritikpunkte zu, tragen Sie bitte eine ⑨ ein!

Kompetenzstufe 1

① Bei der Messung findet einzig die private Bedürfnisbefriedigung Berücksichtigung. Sie erfasst jedoch nur einen Teil des volkswirtschaftlichen Geschehens und spiegelt die Preisniveauänderungen somit nur unzureichend wieder.

② Preiserhöhungen können auf Qualitätsverbesserungen eines Produkts zurückzuführen sein. Streng genommen liegt dann keine Inflation vor. Derartige Qualitätsverbesserungen werden jedoch nur bei Gütern mit technischem Fortschritt im Preisindex angemessen berücksichtigt.

③ Kaufverträge bzw. Transaktionen zwischen Haushalten finden keine Berücksichtigung. Dies gilt beispielsweise für den Verkauf von Gebrauchtfahrzeugen von Privat an Privat oder auch für Flohmärkte bzw. Internetauktionen.

④ Inwiefern jemand konkret von der Geldentwertung betroffen ist, hängt im Wesentlichen von seiner Einkommensverwendung ab, also davon, ob sein Konsumverhalten tatsächlich mit dem Warenkorb übereinstimmt.

⑤ Es werden nur die offiziellen Laden- oder Listenpreise erfasst. Rabatte, Sonderaktionen, das Verhandlungsgeschick des Käufers und Fabrikverkäufe bleiben unberücksichtigt.

2. Angenommen, der Preis eines Gutes steigt von 20,00 € im Basisjahr auf 22,50 € im Folgejahr. Berechnen Sie den Preisindex für die Lebenshaltung für den Fall, dass zur Messung des Verbraucherpreisindex nur dieses Gut herangezogen wird und tragen Sie die Lösung in das dafür vorgesehene Lösungsfeld ein!

Kompetenzstufe 2

3. Angenommen der Preis eines Gutes steigt von 20,00 € im Jahr 01 auf 22,50 € im Jahr 02. Des Weiteren sei unterstellt, dass der Preis dieses Gutes in dem Jahr 03 nochmals um 8,5 % ansteigt. Berechnen Sie den Preisindex für die Lebenshaltung für das Jahr 03 für den Fall, dass zur Messung des Verbraucherpreisindex nur dieses Gut herangezogen wird und tragen Sie die Lösung in das dafür vorgesehene Lösungsfeld ein!

Kompetenzstufe 3

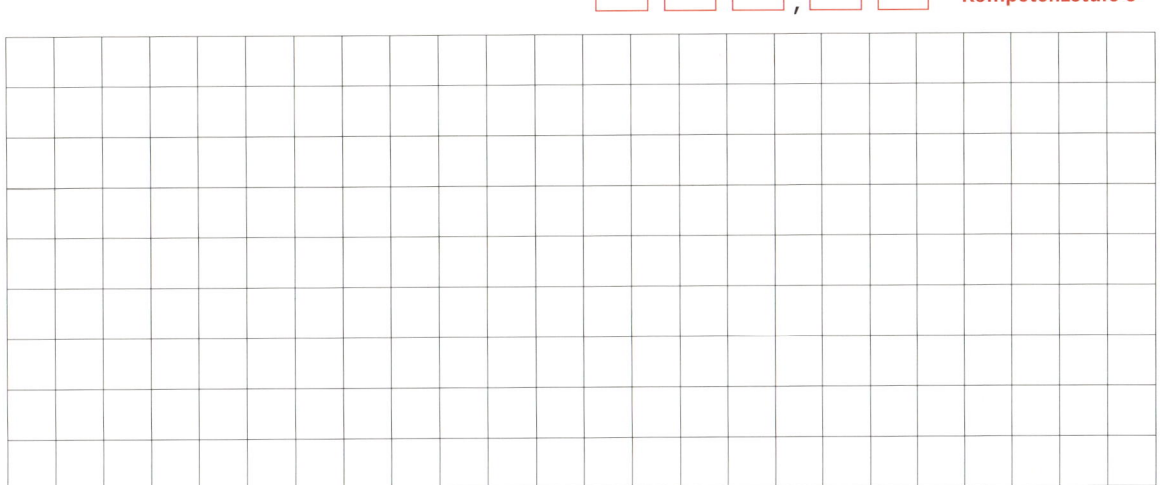

4. Nehmen wir der Einfachheit halber an, dass ein repräsentativer Warenkorb für Jugendliche 50 Softdrinks und zwei Jeans umfasst. Im Jahr 01 beträgt der Preis eines Softdrinks 1,00 € und der Preis einer Jeans 80,00 €. Im Jahr 02 steigt der Preis für Softdrinks auf 1,20 €, Jeans hingegen verteuern sich um 5,00 €. Berechnen Sie den Preisanstieg in Prozent! Runden Sie das Ergebnis kaufmännisch auf eine Stelle nach dem Komma!

Kompetenzstufe 3

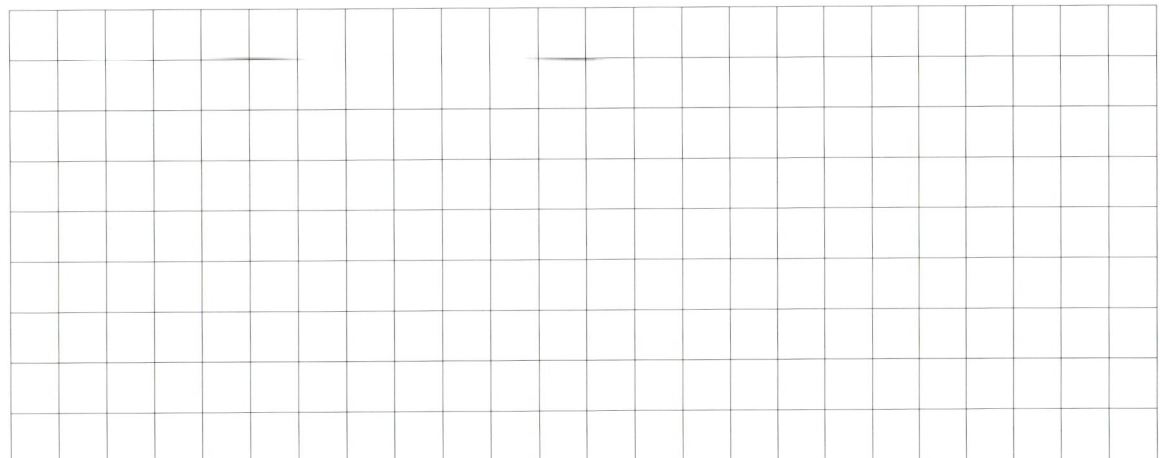

5. Zu Beginn des Jahres 02 erhöht sich das Nettogehalt eines Bankkaufmanns um 99,00 €. Das entspricht einer Gehaltserhöhung von 4,0 % im Vergleich zu dem Jahr 01. Der Verbraucherpreis stieg von 106,5 im Jahr 01 auf 108,5 im Jahr 02. Berechnen Sie das Nettogehalt des Arbeitnehmers zu Beginn des Basisjahres, das die gleiche Kaufkraft gehabt hätte, wie das Nettogehalt im Jahr 02!

Kompetenzstufe 4

142

Kompetenzbereich III: Wirtschaftspolitische Einflüsse auf den Ausbildungsbetrieb, das Lebensumfeld und die Volkswirtschaft einschätzen

6. Nachfolgende Tabelle zeigt den Warenkorb einer Volkswirtschaft und die Preisentwicklung dieses Warenkorbes.

Kompetenzstufe 4

Gut	Menge im Basisjahr	Preis im Basisjahr in Geldeinheiten (GE)	Preis im Berichtsjahr 01 in GE	Preis im Berichtsjahr 02 in GE
A	4	2,50	2,50	2,55
B	2	5,00	5,10	5,20
C	8	1,25	1,30	1,25
D	5	2,00	2,00	2,10
E	10	1,00	1,20	1,25

Berechnen Sie den Verbraucherpreisindex für das Berichtsjahr 02 gegenüber dem Basisjahr!

7. Nachfolgende Tabelle zeigt den Warenkorb einer Volkswirtschaft und die Preisentwicklung dieses Warenkorbes.

Kompetenzstufe 4

Gut	Menge im Basisjahr	Preis im Basisjahr in Geldeinheiten (GE)	Preis im Berichtsjahr 01 in GE	Preis im Berichtsjahr 02 in GE
A	4	2,50	2,50	2,55
B	2	5,00	5,10	5,20
C	8	1,25	1,30	1,25
D	5	2,00	2,00	2,10
E	10	1,00	1,20	1,25

Berechnen Sie die Preissteigerungsrate für das Berichtsjahr 02 im Vergleich zum Berichtsjahr 01!

Runden Sie kaufmännisch auf eine Stelle nach dem Komma!   ☐ , ☐

144

Kompetenzbereich III: Wirtschaftspolitische Einflüsse auf den Ausbildungsbetrieb, das Lebensumfeld und die Volkswirtschaft einschätzen

6 Aufbau und Aufgaben des Europäischen Systems der Zentralbanken erläutern

Lernsituation 6:

Lesen Sie nachfolgenden Artikel!

Operation Hubschrauber

Finanzen Ökonomen fordern, Geld an die Bürger zu verteilen, um eine Deflation zu verhindern. Eine Verzweiflungstat – oder die lang ersehnte Lösung?

Es scheint ein verrücktes Gedankenspiel zu sein: Eines Morgens findet jeder Bürger der Eurozone einen Scheck im Briefkasten. Über 500 oder sogar 3000 Euro, einfach so, ein Geschenk. Der Absender: die Europäische Zentralbank (EZB).

Das Szenario ist weniger absurd, als es klingt. Tatsächlich gibt es neuerdings viele ernst zu nehmende Wissenschaftler und Finanzexperten, die genau das fordern: EZB-Chef Mario Draghi soll einfach mehr Geld drucken und es direkt den Bürgern aushändigen.

Die Logik dahinter: Die Empfänger sollen mit dem Geld einkaufen gehen und so der lahmenden Wirtschaft helfen. Dann müssten die Unternehmen ihre Produktion hochfahren, Menschen einstellen, das Wachstum würde anspringen - und auch die Preise würden endlich wieder steigen, schon wegen der höheren Nachfrage.

Die Inflation liegt nur noch knapp über der Nullmarke. Das Horrorszenario einer Deflation wie zu Zeiten der Großen Depression in den Vereinigten Staaten hängt über der Eurozone. Die EZB, deren oberste Aufgabe es ist, den Euro stabil zu halten, hat die Kontrolle verloren.

In dieser verzweifelten Situation entdecken immer mehr Ökonomen und Finanzprofis das Konzept des „Helikopter-Geldes" – das wirken soll, als würden aus einem Hubschrauber Banknoten übers Land gestreut. Die Idee, mit der schon Nobelpreisträger Milton Friedman liebäugelte, sorgt für hitzige Debatten unter Notenbankern und Wissenschaftlern. Ihre Befürworter fordern nicht nur ein neues Instrument. Sie stellen eherne Glaubenssätze der Geldpolitik infrage. Eines nämlich wird immer deutlicher: Mit ihren herkömmlichen Mitteln kommen EZB-Chef Draghi und seine Notenbanker nicht mehr weiter.

Das Scheitern der Bemühungen ist leicht erklärbar. Bislang haben die Notenbanker vor allem Banken mit Geld versorgt: Die EZB hat ihnen Kredite zu Billigzinsen zur Verfügung gestellt oder ihnen riskante Wertpapiere abgekauft in der Hoffnung, dass die Banken im Gegenzug mehr Darlehen an Unternehmen und Konsumenten vergeben. Das Problem ist nur, dass viele Firmen und Bürger derart überschuldet sind, dass sie gar keine neuen Darlehen wollen. So kommt das Geld nicht in der Realwirtschaft an.

Sylvian Broyer, Europa-Chefvolkswirt der französischen Investmentbank Natixis, findet deshalb: „Es wäre doch viel sinnvoller, das Geld, das die EZB zur Deflationsbekämpfung einsetzen will, direkt an die Bürger verteilen." Ausgaben von einer Billion Euro hat Draghi für seine Notprogramme kalkuliert, das würde reichen, um jedem Bürger 3 000 € zu schicken.

Daniel Stelter, Gründer des Thinktanks „Beyond the Obvious" und früherer Unternehmensberater bei Boston Consulting, fordert sogar 5 000 oder 10 000 € pro Kopf: „Es muss massiv sein, wenn es etwas bewirken soll", sagt er. Die genannten Summen freilich seien nur Schätzungen, sagt Stelter offen. Denn keine Notenbank hat das unglaubliche Experiment bislang gewagt.

Textquelle: Der Spiegel Nr. 41 vom 08.10.2012; Bildquelle: www.ecb.europa.eu (Europäische Zentralbank).

Kompetenzorientierte Arbeitsaufträge:

1. Markieren Sie zunächst die Begriffe, deren Verständnis Ihnen Probleme bereitet. Recherchieren Sie – eventuell unter Zuhilfenahme des Internets – anschließend die Bedeutung dieser Begriffe!

Begriff	kurze Umschreibung

2. Erläutern Sie kurz, auf welche Ursache das Scheitern der Geldpolitik der EZB im vorangestellten Artikel zurückgeführt wird!

3. Beschreiben Sie, welche Wirkungen man sich von dieser Form der Deflationsbekämpfung verspricht!

146

Kompetenzbereich III: Wirtschaftspolitische Einflüsse auf den Ausbildungsbetrieb, das Lebensumfeld und die Volkswirtschaft einschätzen

4. Erläutern Sie kurz, was die EZB unter Preisniveaustabilität versteht!

_____

_____

_____

_____

_____

_____

5. Erklären Sie die EZB als Institution und beschreiben Sie kurz deren Funktionen! Grenzen Sie dabei auch die Begriffe EZB und ESZB voneinander ab!

EZB als Institution	_____ _____ _____ _____ _____ _____ _____
Funktion der EZB	_____ _____ _____ _____ _____ _____
Abgrenzung EZB und ESZB	_____ _____ _____ _____ _____ _____

6. 6.1 Stellen Sie nachfolgende Situation mittels eines typischen Marktmodells durch Angebots- und Nachfragekurve dar, indem Sie den Zusammenhang zwischen Preisniveau und Geldmenge aufgreifen! Achten Sie bei Ihrer Darstellung auf vollständige Beschriftung Ihrer Skizze!

Unterstellen Sie zunächst, dass sich das Geldangebot und die -nachfrage im Euroraum im Gleichgewicht befinden.

Im Rahmen einer geldpolitischen Entscheidung öffnet die EZB die „Geldschleuse" und möchte im Rahmen ihres bisherigen Angebots die Banken im Euroraum mit mehr Liquidität versorgen. Die Banken machen ihrerseits von dieser Möglichkeit in großem Maße Gebrauch, weiten ihre Nachfrage nach Geld aus und leiten diese Gelder an die Haushalte und Unternehmen in Form von Krediten weiter. Die Haushalte konsumieren mehr, die Unternehmen investieren mehr.

6.2 Erläutern Sie Ihre Darstellung kurz in nachfolgendem Lösungskasten! Gehen Sie bei Ihren Ausführungen davon aus, dass das Angebot an Gütern und Dienstleistungen kurzfristig nicht ausgeweitet werden kann.

Erläuterungen

148

Kompetenzbereich III: Wirtschaftspolitische Einflüsse auf den Ausbildungsbetrieb, das Lebensumfeld und die Volkswirtschaft einschätzen

Kompetenz-Check

1. Überprüfen Sie die nachfolgenden Aussagen zur Europäischen Wirtschafts- und Währungsunion! Welche zwei der folgenden Aussagen sind falsch? Ist nur eine Aussage falsch, so tragen Sie in das zweite Kästchen bitte eine ⑨ ein!

① Gemäß den Konvergenzkriterien darf der Preisanstieg höchstens 1,5 % über dem Preisanstieg der drei preisstabilsten Länderwährungen liegen.

② Obwohl die Konvergenzkriterien von vielen EU-Ländern nicht vollständig erfüllt wurden, hat die Europäische Kommission Anfang 1998 elf Länder zur Teilnahme an der Wirtschafts- und Währungsunion empfohlen.

Kompetenzstufe 1

③ Zu den Euroländern zählen unter anderem Belgien, Frankreich, Niederlande, Griechenland, Österreich, Portugal, Spanien, Dänemark und Finnland.

④ Das Direktorium der EZB besteht aus dem Präsidenten, dem Vizepräsidenten und vier weiteren Mitgliedern.

⑤ Der EZB-Rat setzt sich aus dem Direktorium und den Präsidenten der nationalen Notenbanken aller EU-Staaten zusammen.

⑥ Der EZB-Rat trifft mit einfacher Stimmenmehrheit die geldpolitischen Entscheidungen und erlässt Weisungen und Leitlinien für die Zentralbanken der Teilnehmer.

⑦ Damit die EZB ihre Aufgaben erfüllen kann, ist sie institutionell, personell und operativ unabhängig.

⑧ Das europäische System der Zentralbanken besteht aus der Europäischen Zentralbank und den nationalen Zentralbanken der Mitgliedstaaten der Europäischen Union.

2. Das Direktorium der Europäischen Zentralbank (EZB) beschließt, die Leitzinssätze zu erhöhen. Prüfen Sie, welches Ziel die EZB damit verfolgt. Wird keines der nachfolgenden Ziele verfolgt, tragen Sie bitte eine ⑨ ein!

① Erhöhung der nachfragewirksamen Geldmenge.

② Stabilisierung des Preisniveaus.

③ Abwertung des Euros zur Belebung der Exportwirtschaft.

④ Vermeidung von Kursschwankungen am Aktienmarkt.

⑤ Förderung der Kreditaufnahme der privaten Haushalte.

Kompetenzstufe 2

3. Einer aktuellen Umfrage eines Wirtschaftsforschungsinstitutes entnehmen Sie die folgenden Einschätzungen darüber, wie sich die Europäische Währungsunion auf verschiedene Indikatoren ausgewirkt hat:

Wie hat sich die Europäische Währungsunion ausgewirkt auf ...	positiv	negativ
... die Arbeitslosigkeit?	17,4 %	9,2 %
... die Inflation?	9,7 %	57,9 %
... das Wirtschaftswachstum?	26,3 %	37,2 %
... den Zusammenhalt in der EU?	11,4 %	51,3 %

Kompetenzstufe 3

Welche der folgenden Aussagen gibt die Einschätzung der Befragten am zutreffendsten wieder? Ist keine Einschätzung zutreffend, tragen Sie bitte eine ⑨ ein!

① Die Vollbeschäftigung nimmt ab.

② Der Zusammenhalt in der EU geht zurück.

③ Das Wirtschaftswachstum nimmt zu.

④ Am Zusammenhalt der Mitgliedsländer wird sich nichts ändern.

⑤ Die Inflationsrate fällt.

4. In einer Pressemitteilung gibt die EZB Folgendes bekannt:

Pressemitteilung:

Die EZB hat sich aufgrund der jüngsten Entwicklungen am Markt dazu entschlossen, den Zinssatz für Hauptrefinanzierungsgeschäfte um 25 Basispunkte zu reduzieren. Somit verändert sich der Zinssatz von 1,25 % auf nunmehr 1,0 %.

Kompetenzstufe 3

Welche der folgenden Aussagen zu dieser Senkung des Leitzinssatzes ist zutreffend? Trifft keine Aussage zu, so tragen Sie bitte eine ⑨ ein!

Diese Maßnahme der EZB

① trägt dazu bei, die Wirtschaftspolitik der Euroländer zu unterstützen und den Trend zum Boom hin abzubremsen.

② fördert im derzeitigen Aufschwung die Neigung der privaten Haushalte, mehr zu sparen.

③ zielt vor allem darauf ab, den Export trotz der hohen Inflation anzukurbeln.

④ hat zum Ziel, die starke Inflation bei zu hohem Wirtschaftswachstum zu bekämpfen.

⑤ soll dazu führen, dass sich die Kreditkonditionen der Geschäftspartner aus Sicht ihrer Kreditnehmer verschlechtern.

⑥ soll zur Belebung der Konjunktur in den Euroländern beitragen.

5. In einer Pressemitteilung gibt die EZB folgende Ergebnisse für Hauptrefinanzierungsgeschäfte bekannt:

Kompetenzstufe 4

Gutschriftstag	Gebote in Mio. €	Zuteilung in Mio. €	Anzahl der Teilnehmer	Zinssatz in %	Laufzeit (Tage)
07. Juni	126756	126756	231	1,25	7
14. Juni	131890	131890	235	1,25	7
28. Juni	134678	134678	237	1,25	7
05. Juli	136986	136986	241	1,00	7
12. Juli	139451	139451	243	1,00	7
19. Juli	136892	136892	241	1,00	7
26. Juli	131278	131278	239	1,00	7

150

Kompetenzbereich III: Wirtschaftspolitische Einflüsse auf den Ausbildungsbetrieb, das Lebensumfeld und die Volkswirtschaft einschätzen

Welche der folgenden Aussagen zu der Pressemitteilung ist zutreffend? Trifft keine Aussage zu, so tragen Sie bitte eine ⑨ ein!

① Das durchschnittlich pro Teilnehmer zugeteilte Volumen stieg im Betrachtungszeitraum kontinuierlich an.

② Die im Beobachtungszeitraum erkennbare Zinssenkung lässt auf eine in dem Zeitraum steigende Inflationsrate schließen.

③ Im Juli wurde dem Bankensektor kontinuierlich Liquidität entzogen.

④ Bei einem Teil der Bieter musste im Beobachtungszeitraum eine Quotierung erfolgen.

⑤ Im Beobachtungszeitraum wurde von dem Kredit gegen Verpfändung auf Pensionsgeschäfte umgestellt.

⑥ Alle Geschäftspartner zahlten im Beobachtungszeitraum für die ihnen zur Verfügung gestellte Liquidität einen einheitlichen Festzinssatz von 1,25 % bzw. 1,0 % über dem Basiszinssatz.

6. Die führenden Wirtschaftsforschungsinstitute in Europa weisen in ihren neuesten Gutachten zur Einschätzung der zukünftigen wirtschaftlichen Entwicklung auf die Gefahr einer Überhitzung der Konjunkturentwicklung hin. Die Europäische Zentralbank (EZB) beabsichtigt, dieser Entwicklung entgegenzuwirken, zumal es aktuell keine Anzeichen für eine Inflation gibt. Prüfen Sie, in welcher Zeile die Kombination geldpolitischer Maßnahmen der EZB aufgeführt ist, die mit Blick auf die zukünftige Entwicklung sinnvoll erscheint! Tragen Sie eine ⑨ ein, wenn keine der aufgeführten Kombinationen sinnvoll erscheint!

Kompetenzstufe 4

	Zinssätze	Wertpapiere im Rahmen der Offenmarktgeschäfte
①	erhöhen	kaufen
②	erhöhen	verkaufen
③	senken	verkaufen
④	senken	kaufen

7. Sie lesen im Wirtschaftsteil Ihrer Tageszeitung, dass die Europäische Zentralbank den Hauptrefinanzierungssatz (Leitzins der EZB) gesenkt hat. Sie diskutieren im Unterricht die Auswirkungen dieser Maßnahme auf die heimischen Unternehmen. Dabei gehen Sie davon aus, dass die Unternehmen auf ihren Kontokorrentkonten im Durchschnitt einen nicht unerheblichen Soll-Saldo aufweisen. Welche Auswirkung hat der dargestellte Beschluss der EZB, wenn die heimischen Banken und Sparkassen ihre Zinskonditionen entsprechend anpassen?

Kompetenzstufe 4

① Die Entscheidung der Europäischen Zentralbank führt zu einer Verknappung der Geldmenge und daher zu allgemeinen Preissteigerungen.

② Die Senkung des Leitzinses bleibt für die heimischen Unternehmen ohne Auswirkung, da sie nur die Refinanzierung der Hausbank verbilligt.

③ Die Maßnahme der EZB verbessert Absatzchancen der heimischen Unternehmen, weil sie dazu führt, dass die Inflation gebremst wird.

④ Die Senkung des Hauptrefinanzierungssatzes reduziert die Zinskosten der heimischen Unternehmen.

⑤ Die Zinssenkung wirkt konjunkturdämpfend und vermindert die gesamtwirtschaftliche Nachfrage.

7 Folgen der europäischen Integration und der Globalisierung beschreiben

Katharina, Christine, Marvin und Thorsten sind seit über einem Jahr Auszubildende zum Industriekaufmann/Industriekauffrau und haben sich seither öfter am Wochenende getroffen, um gemeinsam etwas zu unternehmen. An einem Berufsschultag in der zweiten Pause stehen alle vier auf dem Schulhof zusammen und überlegen, dass es mal wieder an der Zeit sei, sich für einen Abend zu verabreden. Marvin schlägt vor, sich am Samstag so gegen 20:00 Uhr in der Stadt zu treffen und erst einmal ins Kino zu gehen. Danach könne man ja ganz entspannt noch etwas Trinken und den Abend gemütlich ausklingen lassen. Während Christine und Thorsten den Vorschlag für eine gute Idee halten, winkt Katharina ab und sagt, dass sie leider schon etwas anderes für diesen Abend geplant habe und an einem Treffen von Globalisierungsgegnern teilnehmen möchte.

Christine scheint daraufhin ziemlich genervt und wirft Katharina vor, sich in letzter Zeit total merkwürdig zu verhalten. Erst habe sie ihr Smartphone eines weltweit führenden Herstellers verkauft, weil sie nicht länger ein Gerät benutzen möchte, zu dessen Herstellung angeblich Menschen in anderen Ländern ausgebeutet und die Umwelt dort verschmutzt würden. Dann hätte sie sich neulich in der Pizzeria total aufgeregt, nur weil Marvin sich eine Thunfischpizza bestellt hatte. Kurze Zeit später beim Shoppen in der Stadt wäre sie nur durch ständiges Rumzicken aufgefallen, obwohl sie doch selbst jahrelang in diesen Läden ihre Klamotten gekauft hätte. Aber nein, unser „Gutmensch" Katharina geht ja jetzt in „Dritte-Welt-Läden" und trägt Baumwollklamotten aus angeblich fairem und nachhaltigem Anbau, provoziert Christine weiter. Und nun werde sie auch noch am Wochenende zur Spaßbremse, weil ihr neuerdings sinnloses

Gerede bei Jasmintee und Kerzenschein mit diskussionsfreudigen „Weltverbesserern" wichtiger sei als ihre ehemals besten Freunde.

Katharina fühlt sich angegriffen, reagiert aber erstaunlich sachlich. Sie sagt, dass sie die ganze Aufregung und diese Vorwürfe durchaus verstehen könne und ihren Freunden wohl eine Erklärung schuldig sei. Dann schildert sie, dass sie vor ca. zwei Monaten mit ihrer älteren Schwester auf einer Veranstaltung von einer Organisation mit Namen Attac gewesen sei. Dort habe sie an jenem Abend einen Dokumentarfilm mit dem Titel „Eine unbequeme Wahrheit" gesehen, der sie total nachdenklich gemacht hätte. Im Wesentlichen drehe sich dieser Film mit dem ehemaligen US-Vizepräsidenten Al Gore um die globale Erderwärmung und die daraus resultierenden Folgen. Nach intensiver Beschäftigung mit diesem Thema und einigen weiteren Informationsveranstaltungen über die Folgen der Globalisierung habe sie halt für sich beschlossen, ihr persönliches Konsumverhalten möglichst konsequent zu verändern, um die Welt vielleicht doch ein ganz klein wenig besser zu machen. Es tue ihr total leid, wenn ihr manchmal so eine „oberlehrerhafte" Bemerkung wie in der Pizzeria rausrutschen würde, aber sie sei halt in bestimmten Situationen ziemlich traurig und auch wütend über das ihrer Meinung nach gedankenlose Verhalten vieler Mitmenschen. Zudem hätte sie damals vor dem Besuch der Pizzeria zufällig einen Bericht zur Überfischung der Weltmeere und der Bedrohung der Delfine wegen der Schleppnetzfischerei gelesen.

Jetzt mischt sich Thorsten in das Gespräch ein und sagt, dass er es ziemlich beeindruckend findet, dass Katharina für sich eine solch konsequente Verhaltensänderung an den Tag legt. Allerdings habe er kürzlich erst gehört, dass es Menschen gibt, die komplett gegen den internationalen Handel sind und fordern, diesen sogar abzuschaffen. In einer solchen Welt, sagt Thorsten, könne er sich aber überhaupt nicht vorstellen zu leben, da dann doch hierzulande so gut wie alles stillstehen würde. Außerdem bliebe ja von all dem, woran man sich so tagtäglich erfreut, so gut wie nichts mehr übrig.

152

Kompetenzbereich III: Wirtschaftspolitische Einflüsse auf den Ausbildungsbetrieb, das Lebensumfeld und die Volkswirtschaft einschätzen

Kompetenzorientierte Arbeitsaufträge:

1. Notieren Sie zunächst zehn Güter Ihres täglichen Lebens, die importiert sind! Im Anschluss daran notieren Sie bitte zehn Güter, von denen Sie mit absoluter Gewissheit sagen können, dass diese nicht importiert werden, auch nicht die Rohstoffe zu deren Fertigung! Erläutern Sie, welche der beiden Aufgaben für Sie einfacher zu lösen war!

	Importgüter	Güter ohne jeglichen Import
1.		
2.		
3.		
4.		
5.		
6.		
7.		
8.		
9.		
10.		

Fazit:

_____

_____

2. Anknüpfend an Thorstens Anmerkungen zum Ende der vorangestellten Lernsituation notieren Sie bitte zehn Importgüter, auf die Sie trotz negativer Auswirkungen auf Mensch und Umwelt keineswegs bereit wären zu verzichten!

Importgüter, auf die ich auf keinen Fall verzichten möchte:

➤ _____

➤ _____

➤ _____

➤ _____

➤ _____

➤ _____

➤ _____

➤ _____

➤ _____

➤ _____

3. Erläutern Sie kurz, was konkret Thorsten damit gemeint haben könnte, dass ohne den Außenhandel hierzulande „alles stillstehen würde"!

   Stillstand ohne Außenhandel:

   _____

   _____

4. Setzen Sie sich exemplarisch mit den Effekten der Globalisierung im Spannungsfeld von Ökonomie, Ökologie und Ethik auseinander! Erläutern Sie kurz einige dieser Effekte!

Effekte	kurze Erläuterung

5. **Arbeitsvorschlag:**

   Die Globalisierung bringt viele Herausforderungen mit sich, die es zukünftig zu lösen gilt. Sammeln Sie zunächst im Klassenverband derartige Herausforderungen und entwickeln Sie anschließend ganz konkret modellhaft mögliche Maßnahmen zur aktiven Bewältigung dieser realen Herausforderungen!

Herausforderungen	Mögliche Maßnahmen zur Bewältigung

© MERKUR VERLAG RINTELN

20 Boller - ISBN 978-3-8120-1557-8

154

Kompetenzbereich III: Wirtschaftspolitische Einflüsse auf den Ausbildungsbetrieb, das Lebensumfeld und die Volkswirtschaft einschätzen

Kompetenz-Check

1. Überprüfen Sie die nachfolgenden Aussagen zum Außenhandel! Welche der folgenden Aussagen ist falsch? Ist keine Aussage falsch, so tragen Sie in das Kästchen bitte eine ⑨ ein!

① Der Außenhandel Deutschlands mit den Mitgliedsländern der Europäischen Union wird als Intrahandel bezeichnet.

② Das vermeintlich wichtigste Argument für einen grenzenlosen Binnenmarkt ist politischer Natur.

Kompetenzstufe 1

③ Der im Vergleich zu dem abgeschotteten nationalen Markt stärkere Wettbewerbsdruck führt tendenziell zu einem größeren Angebot von Gütern und Dienstleistungen.

④ Durch den europäischen Binnenmarkt kann das Wirtschaftswachstum gesteigert werden.

⑤ Zu den Mitgliedsländern der Europäischen Union zählen Estland, Lettland, Litauen, Österreich und die Schweiz.

⑥ Grundlage der Außenhandelspolitik der EU ist die Zielsetzung, einen Gemeinsamen Markt der Mitgliedstaaten mit einer gemeinsamen Handelspolitik unter Anwendung national unterschiedlicher (Außen-)Zolltarife zu schaffen.

⑦ Die gemeinsame Handelspolitik der EU wird nach einheitlichen Grundsätzen durchgeführt, wobei zwei Verfahrensweisen zu unterscheiden sind: die autonome und die vertragliche Handelspolitik.

⑧ Während die EU mit vielen Staaten bzw. Staatengemeinschaften Kooperationsabkommen geschlossen hat, sind die Handelsbeziehungen der EU zu den verschiedenen Handelspartnern keineswegs einheitlich.

2. Der Vertrag über die Arbeitsweise der Europäischen Union sieht vier Grundfreiheiten vor. Beurteilen Sie in den nachfolgenden Sachverhalten, welche Grundfreiheit betroffen ist! Tragen Sie eine

① ein, wenn die Warenverkehrsfreiheit,

② ein, wenn die Personenverkehrsfreiheit,

③ ein, wenn die Dienstleistungsverkehrsfreiheit,

④ ein, wenn die Kapitalverkehrsfreiheit,

Kompetenzstufe 2

⑨ ein, wenn keines der genannten Freiheitsrechte

zutrifft!

2.1	Der mehrfache Millionär Sebastian Häufele legt einen Großteil seines Vermögens in europäische Aktien an. Zudem unterhält er in einigen EU-Ländern Tagesgeldkonten.	
2.2	Die Schwarzwaldbrauerei Titisee AG verkauft einen Großteil der Starkbierproduktion nach Großbritannien.	
2.3	Die niederländische Versicherungsgesellschaft „Halve-Koste N.V." verkauft zunehmend an deutsche Mittelständler Debitorenversicherungen.	
2.4	Der Langzeitstudent B. Trug kauft immer häufiger größere Mengen Drogen zum Weiterverkauf in Amsterdam, um sich so seinen Lebensunterhalt zu finanzieren.	
2.5	Nach der Ausbildung zur Medienkauffrau verwirklicht sich Leonie Klum ihren Traum und nimmt ein Jobangebot in New York an.	
2.6	Im Anschluss an sein Arbeitsleben zieht der Rentner Martin Scheffler nach Mallorca, um dort bei warmem Klima seinen Lebensabend zu verbringen.	

3. Beurteilen Sie, welche zwei der nachfolgenden Aussagen zur Globalisierung nicht zutreffend sind! Ist eine Aussage falsch, tragen Sie bitte eine ⑨ in das zweite Kästchen ein!

Kompetenzstufe 3

① Die modernen Kommunikationstechniken – insbesondere das Internet – erleichtern den weltweiten Handel mit Dienstleistungen.

② Zu den wichtigsten Exportgütern der Bundesrepublik Deutschland für den Weltmarkt zählen nach wie vor Maschinen, chemische Erzeugnisse sowie Gießerei- und Walzwerkerzeugnisse.

③ Unter dem Extrahandel versteht man den Handel mit Staaten außerhalb der EU.

④ Zu den Vorteilen der Globalisierung zählt neben der Verbesserung des Lebensstandards in den Entwicklungsländern zweifelsohne auch die Gefahr von zunehmender Arbeitslosigkeit in Hochlohnländern.

⑤ Um Wettbewerbsverzerrungen zu verhindern, sind staatliche Subventionen in den EU-Ländern verboten. Ausnahmen hiervon bedürfen der Zustimmung der Europäischen Kommission.

⑥ Die Stadt Stuttgart möchte für insgesamt 2.500,00 EUR einige neue Bäume im Stadtpark pflanzen. Bei dieser öffentlichen Auftragsvergabe ist die Stadt verpflichtet, den Auftrag europaweit auszuschreiben, damit auch Unternehmen in anderen EU-Staaten eine faire Chance haben, diesen Auftrag auszuführen.

☐ ☐

4. Überprüfen Sie die nachfolgenden Aussagen zum Außenhandel! Entscheiden Sie, welche zwei der folgenden Aussagen falsch sind. Ist nur eine Aussage falsch, so tragen Sie in das zweite Kästchen bitte eine ⑨ ein!

Kompetenzstufe 3

① Der Umfang des Außenhandels Deutschlands mit den übrigen 27 Mitgliedsländern der Europäischen Union ist von großer Bedeutung für unsere Volkswirtschaft.

② Die Beschäftigung und damit der Lebensstandard in der Bundesrepublik Deutschland hängt zu großen Teilen von der Ausfuhr ab, denn mit dem Ausland tätigt die deutsche Industrie mehr als 40% ihrer Geschäfte.

③ Die Schaffung eines gemeinsamen Binnenmarktes ohne nationale Grenzen innerhalb der Staatengemeinschaft gehört zu den Kernzielen der europäischen Integration.

④ Eine enge wirtschaftliche Verflechtung von Ländern schafft durch die entstehende wechselseitige Abhängigkeit politische Stabilität und sichert so den Frieden.

⑤ Der Vertrag über die Arbeitsweise der Europäischen Union sieht vier Grundfreiheiten vor: die Warenverkehrs-, Personenverkehrs-, Dienstleistungsverkehrs- und Kapitalverkehrsfreiheit.

⑥ Grundlage der Außenhandelspolitik der EU ist die Zielsetzung, einen gemeinsamen Markt der Mitgliedstaaten mit einer gemeinsamen Handelspolitik unter Anwendung national unterschiedlicher Zolltarife zu schaffen.

⑦ Die gemeinsame Handelspolitik der EU wird nach einheitlichen Grundsätzen durchgeführt.

⑧ Die EU hat mit vielen Staaten bzw. Staatengemeinschaften Kooperationsabkommen geschlossen, wobei die Handelsbeziehungen der EU zu den verschiedenen Handelspartnern keineswegs einheitlich sind.

☐ ☐

5. Entscheiden Sie, in welchem der nachfolgenden Länder der Euro gesetzliches Zahlungsmittel ist! Tragen Sie eine

① ein, wenn das Land Mitglieder der EU ist und zur Eurozone gehört,

② ein, wenn das Land Mitglied der EU ist und nicht zur Eurozone gehört und eine

③ ein, wenn das Land weder Mitglied der EU ist noch zur Eurozone gehört.

Kompetenzstufe 4

5.1	Polen	
5.2	Lettland	
5.3	Finnland	
5.4	Irland	
5.5	Slowakei	
5.6	Ukraine	
5.7	Zypern	
5.8	Slowenien	
5.9	Litauen	
5.10	Kroatien	
5.11	Türkei	
5.12	Dänemark	

1 Voraussetzungen für eine berufliche Selbstständigkeit analysieren

Lernsituation 1:

Der gelernte Sport- und Fitnesskaufmann Sven Wagner hat sich entschieden, seine sportlichen Aktivitäten und sein kaufmännisches Wissen in eine erfolgreiche Unternehmensgründung im Industrie und Gewerbepark Ravensburg umzusetzen. Er hat bereits durch Gelegenheitsgeschäfte im Onlineportal „E-Kauf" günstige Einkaufsquellen ermittelt und sich erste Kundenkontakte und ausgezeichnete Branchenkenntnisse angeeignet. Jetzt möchte er den Sprung wagen, dass aus dem Gelegenheitsgeschäft ein hauptberufliches Gewerbe wird. Parallel zum Onlineshop möchte Sven Wagner ein Ladenlokal für den persönlichen Kundenkontakt aufbauen. Beflügelt durch seine Anfangserfolge im Onlineportal fühlt er sich auf dem Weg zum Top-Verkäufer.

Sven Wagner meldet sich für ein Beratungsgespräch bei der zuständigen Industrie- und Handelskammer (IHK) Bodensee-Oberschwaben in Weingarten an. Die Kammer bietet Start-up-Unternehmen die Möglichkeit, sich kostenlos und kompetent zu informieren.

Zur gewissenhaften Vorbereitung fertigt er sich folgenden Merkzettel an:

---

1. Mein Onlineshop bietet als Kernsortiment Sportartikel für Trend-, Extrem- und Funsportarten an. Als ergänzendes Randsortiment werden allgemein im Sportbetrieb nachgefragte Accessoires angeboten.

2. Planungszahlen meines Powerseller-Onlineshops im ersten Geschäftsjahr:
   - Umsätze   48 000,00 €
   - Wareneinkäufe   32 000,00 €
   - Vertriebskosten   10 000,00 €

3. Zusätzlich zum Onlineshop plane ich ein Ladenlokal im Industrie- und Gewerbepark Ravensburg zu eröffnen. Hier kann ich meine Kunden aus der Urlaubs- und Bergregion Allgäu persönlich beraten und Kundenbindungen langfristig aufbauen. Für mögliche Umsatzzahlen habe ich noch keine Erfahrungswerte.

4. Neben dem Handel mit Sportartikeln will ich Kurse für Trend-, Extrem- und Funsportarten (z. B. Bungeejumping, Freeclimbing, Inlineskating oder Zorbing) und begleitende Sportarrangements in der Urlaubs- und Bergregion Allgäu anbieten.

5. Um die drei Geschäftsfelder Onlineshop, Ladenlokal und Sportevents erfolgreich zu managen, werde ich Sport- und Fitnesskaufleute als kompetente Mitarbeiter einstellen.

Kompetenzorientierte Arbeitsaufträge:

1. Recherchieren Sie im Internet und vervollständigen Sie die folgende Checkliste, die im Rahmen eines Selbsttests eine erste Antwort darauf gibt, ob ein Interessent auch das „Zeug zu einem Unternehmer" hat und den Weg in die Selbstständigkeit weiter verfolgen soll!

Testen Sie sich selbst – Bin ich zum Unternehmer geboren?				
		Trifft voll zu (5 Punkte)	Trifft zu (2 Punkte)	Trifft weniger zu (– 2 Punkte)	Trifft über- haupt nicht zu (– 5 Punkte)
1.	**Persönliche Voraussetzungen**				
1.1	Mein Ehepartner ist gegenüber mei- ner beruflichen Selbstständigkeit aufgeschlossen und wird mich unter- stützen.				
1.2	Ich komme gut damit klar, dass ich mich für mehrere Jahre voll für das Unternehmen engagieren muss und relativ wenig Freizeit haben werde.				
1.3					
1.4					
1.5					
1.6					
2.	**Fachliche Voraussetzungen**				
2.1					
2.2					
2.3					
2.4					

3.	Sachliche Voraussetzungen				
3.1					
3.2					
3.3					
3.4					

2. Nennen Sie die Stelle, bei der eine Unternehmensgründung angemeldet werden muss!

Anmeldung einer Unternehmensgründung bei: _____

3. Recherchieren Sie, welche Stellen über eine Unternehmensgründung informiert werden müssen! Begründen Sie die Informationspflicht!

Behörde	Begründung

4. Erkundigen Sie sich auf der Homepage einer IHK (z. B. der IHK Bodensee-Oberschwaben), welche Beratungsleistungen die Kammer einem Unternehmensgründer wie Sven Wagner bietet! Erarbeiten Sie eine Checkliste, die Sven Wagner dabei hilft, seine Unternehmensgründung auf eine gute Ausgangsbasis zu stellen. Nehmen Sie dabei das Informationsmaterial, das die IHK auf ihrer Homepage bereitstellt, zuhilfe. Eine weitere IHK-Informationsquelle ist die Internetadresse „startercenter24.de".

Präsentieren Sie Ihre Ergebnisse in geeigneter Form!

Beratungs-leistungen der IHK	➤ _____ ➤ _____ ➤ _____ ➤ _____ ➤ _____ ➤ _____
Checkliste für Gründung	➤ _____ ➤ _____ ➤ _____ ➤ _____ ➤ _____ ➤ _____

Kompetenz-Check

1. Entscheiden Sie, welcher der nachfolgenden Sachverhalte kein Motiv eines Unternehmers für einen Weg in die Selbstständigkeit umschreibt!

Kompetenzstufe 1

① Durch die Selbstständigkeit erhöht sich die Arbeitszufriedenheit; der Unternehmer kann seinen beruflichen Aufstieg eigenständig gestalten und Erfolge feiern.

② Als Unternehmer kann man sein Personal selbst auswählen und somit auch eigenständig darüber entscheiden, mit wem man als Mitarbeiter zusammenarbeiten möchte.

③ Auf einen Unternehmer kommt täglich eine Vielzahl unterschiedlicher Entscheidungen zu, die er eigenverantwortlich vertreten muss. Dies macht das Arbeitsleben vielschichtig und abwechslungsreich.

④ Der Unternehmer hat die Möglichkeit, seine eigenen Ideen umzusetzen.

⑤ Als Unternehmer ist man sein eigener Herr und hat die Freiheit, das Geschäft auf die Art zu führen, die man für richtig hält.

⑥ Der Unternehmer muss für eine erfolgreiche Umsetzung seiner Geschäftsidee einen Standort finden, der die Zielsetzung des Unternehmens unterstützt.

2. Entscheiden Sie für die nachfolgenden Sachverhalte, um welche Art von Voraussetzungen für die Selbstständigkeit es sich handelt. Tragen Sie eine

   ① ein, wenn es sich um persönliche Voraussetzungen;

   ② ein, wenn es sich um fachliche Voraussetzungen;

   ③ ein, wenn es sich um sachliche Voraussetzungen;

   ⑨ ein, wenn es sich um keine der genannten Voraussetzungen

handelt.

Kompetenzstufe 2

2.1	Der angehende Unternehmer sollte unter anderem die Zins- und Prozentrechnung sicher beherrschen.	
2.2	Der Existenzgründer muss überprüfen, ob für seine Geschäftsidee ein entsprechender Bedarf vorhanden ist.	
2.3	Für einen erfolgreichen Weg in die Selbstständigkeit sollte man in der Lage sein, seine Kunden zu überzeugen.	
2.4	Entscheidend für einen Unternehmer ist es, dass er sich für genügend Freizeitaktivitäten begeistern kann, um so den stressigen Job besser bewältigen zu können.	
2.5	Ein erfolgreicher Unternehmer sollte neben einer gewissen Risikobereitschaft auch über ein hohes Maß an Belastbarkeit verfügen.	
2.6	Eine wichtige Voraussetzung für den Unternehmer ist der familiäre Rückhalt, der ihn in seinem Vorhaben möglichst gut unterstützt.	
2.7	Ein Unternehmer benötigt Personal, welches möglichst deckungsgleich mit den Anforderungen der zu besetzenden Stellen sein sollte.	
2.8	Die Umsetzung der Geschäftsidee erfordert ausreichendes Kapital, welches der Unternehmer sich in Form von Eigen- und Fremdkapital beschaffen muss.	
2.9	Der Erfolg eines Unternehmens hängt wesentlich davon ab, ob der Unternehmer bei der Beschaffung von Kapital das Vertrauen der Kapitalgeber gewinnen kann.	
2.10	Der Unternehmer sollte nur solche Geschäftsideen umsetzen, die ihm garantieren, dass er nicht mehr als 40 Stunden pro Woche arbeiten muss.	

3. Beurteilen Sie, welche zwei der nachfolgenden Aussagen zum Businessplan nicht zutreffend sind! Ist nur eine Aussage nicht zutreffend, tragen Sie bitte eine ⑨ in das zweite Kästchen ein!

   ① Für den Aufbau eines Businessplans gibt es feste Regeln, die zwingend eingehalten werden müssen.

   ② Der Businessplan zwingt den Existenzgründer, die geplante Unternehmensgründung systematisch vorzubereiten, durchzurechnen, Wissenslücken zu schießen und alle Entscheidungen zu begründen.

Kompetenzstufe 3

   ③ Zur Erstellung des Businessplans sollte der Existenzgründer frühzeitig eine Beratungsstelle kontaktieren, die ihm bei der Ausarbeitung behilflich ist.

   ④ Der Businessplan besteht in seltenen Fällen aus einem Textteil mit einer ausführlichen Beschreibung der Geschäftsidee und der geplanten Umsetzung sowie einem Zahlenteil mit Aussagen über die Finanzierung, die Umsatzentwicklung und die Wirtschaftlichkeit des Vorhabens.

   ⑤ Der Businessplan bildet die Grundlage für die Beurteilung der Erfolgschancen einer Geschäftsidee, indem er die unternehmerischen Ziele, die geplanten Strategien und Maßnahmen für einen bestimmten Zeitraum darstellt.

   ⑥ Zu den Inhalten eines Businessplans zählen Aspekte wie Standort, Marketing, Markt, Wettbewerb, Finanzplanung sowie Darstellung von Chancen und Risiken.

⑦ Der Businessplan ist vom Existenzgründer selbst zu erstellen.

⑧ In der Anlage zum Businessplan sind Informationen zur Unternehmerpersönlichkeit wie Lebenslauf, Zeugnisse, Referenzen etc. beizufügen.

4. Kennzeichnen Sie nachfolgende Aussagenpaare mit einer

① , wenn nur Aussage A richtig ist,

② , wenn nur Aussage B richtig ist,

③ , wenn sowohl Aussage A als auch Aussage B richtig ist,

④ , wenn beide Aussagen falsch sind!

Kompetenzstufe 4

4.1	A:	Typisch für öffentliche Förderprogramme ist, dass es sich meistens um nicht-rückzahlbare Zuschüssen, seltener um Darlehen handelt.	
	B:	Der Businessplan stellt ein wichtiges Entscheidungsdokument für Investoren, Kreditgeber oder Geschäftspartner dar.	
4.2	A:	Zu den Beratungsstellen für die Ausarbeitung des Businessplans zählen die Industrie- und Handelskammern, die Handwerkskammern oder auch sonstige regionale Gründungsinitiativen.	
	B:	Die Arbeitskraft des Existenzgründers ist sein wichtigstes Kapital.	
4.3	A:	Misslingt eine Existenzgründung, drohen Einkommensverluste und im schlimmsten Fall der Vermögensverlust durch eine Insolvenz.	
	B:	Die Gründungsformalitäten, das Bearbeiten erster Aufträge und die Akquisition von Kunden verlangen von einem Existenzgründer sehr viel Engagement.	
4.4	A:	Werden Arbeitnehmer beschäftigt, so ist eine Anmeldung bei den Sozialversicherungsträgern durch den Arbeitnehmer erforderlich, um Versicherungsschutz zu erhalten.	
	B:	Der Gründer muss sein Unternehmen beim Arbeitsgericht anmelden.	
4.5	A:	Die Gewerbeanmeldung verfolgt den Zweck, dem Gewerbeamt jederzeit über Zahl und Art der ansässigen Gewerbebetriebe Kenntnis zu geben.	
	B:	Das Finanzamt, die Berufsgenossenschaft, die Industrie- und Handelskammer bzw. die Handwerkskammer, das Gewerbeaufsichtsamt und die ortsansässigen Berufsschulen erhalten eine Ausfertigung der Gewerbeanzeige.	
4.6	A:	In der Bundesrepublik Deutschland hat jeder Bürger das Recht, sofern er unbeschränkt geschäftsfähig ist, sich selbstständig zu machen und ein Gewerbe zu betreiben.	
	B:	Ausnahmen von der Gewerbefreiheit gibt es keine, da das Grundgesetz derartige Beschränkungen verbietet.	

2 Standortfaktoren erläutern und eine Standortbestimmung mithilfe der Nutzwertanalyse durchführen

Lernsituation 2:

Lesen Sie zunächst die beiden folgenden Artikel:

MAN[1]

Im Sommer 2000 erfuhren die Penzberger, dass die komplette Kabelbaumfertigung aus Oberbayern ins südpolnische MAN-Werk Starachowice abwandern soll. Gut 370 Mitarbeiter, zwei Drittel davon Frauen, werden damit in Penzberg überflüssig. 15,00 € in der Stunde verdienen die meist angelernten Kräfte in Bayern, die Kollegen in Polen aber geben sich mit nur 3,00 € zufrieden. Die Konsequenz lag für MAN auf der Hand.

BMW[1]

Auch BMW hätte in Osteuropa weit geringere Löhne zahlen müssen. Zwar liegt der Anteil der Personalkosten (...) bei der Autoproduktion in Deutschland im Schnitt bei 18 Prozent der Gesamtkosten und ist damit deutlich niedriger als etwa bei der arbeitsintensiven Kabelbaumfertigung (...). Aber er ist immer noch weit höher als an möglichen osteuropäischen Standorten. (...)

Im Frühjahr 2001 hat BMW (...) beschlossen, sein Angebot nach unten auszuweiten und künftig auch die untere Mittelklasse mit einem 1er BMW zu bedienen. Dafür brauchte der Konzern ein zusätzliches Werk, und zwar möglichst schnell. Von 250 Standortvorschlägen aus dem In- und Ausland bleiben nach genauerer Prüfung fünf Städte übrig: Schwerin, Leipzig, Augsburg, das französische Arras und Kolin in Tschechien. BMW hat sich für Leipzig entschieden.

Kompetenzorientierte Arbeitsaufträge:

1. Suchen Sie Gründe, warum MAN die Produktion nach Polen verlegt hat und BMW in Deutschland produziert!

Unternehmen	Gründe
MAN	➤ _____ ➤ _____ ➤ _____ ➤ _____
BMW	➤ _____ ➤ _____ ➤ _____ ➤ _____

---

1   Quelle: DIE ZEIT, zitiert nach: http://www.economics.phil.uni-erlangen.de/lehre/bwl-archiv/lehrbuch/kap5/standortw/standortw.pdf [Zugriff vom 12.02.2015].

2. Beurteilen Sie anhand der zwei nachfolgenden Statistiken, inwiefern der Standort Deutschland gut
aufgestellt ist!

Die wichtigsten Standortfaktoren aus Investorensicht

„Welche Standortfaktoren sind im Hinblick auf Investitionsentscheidungen Ihres Unternehmens besonders wichtig?"

Stabilität und Transparenz des politischen, rechtlichen und ordnungspolitischen Umfelds	43
Attraktivität des Binnenmarktes	37
Personal-/Arbeitskosten	26
Potenzielle Produktivitätszuwächse	26
Infrastruktur: Transport und Logistik	25
Qualifikationsniveau der Arbeitskräfte	19
Soziales Klima	14
Unternehmensbesteuerung	10
Infrastruktur: Telekommunikation	9
Flexibilität des Arbeitsrechts	5
Gewerbliche Schutz- und Urheberrechte	3
Umfeld für Forschung, Entwicklung und Innovation	3

Angaben in Prozent;
bis zu drei Nennungen möglich; Grundgesamtheit: n = 808

Quelle: Standort Deutschland 2014, hrsg. Von der Ernst & Young GmbH, 2014.

Standort Deutschland: Stärken

„Wie bewerten Sie Deutschland hinsichtlich folgender Standortfaktoren?"

	Sehr attraktiv	Eher attraktiv
Stabilität und Transparenz des politischen, rechtlichen und ordnungspolitischen Umfelds 85 (83)	47	38
Infrastruktur: Transport und Logistik 84 (84)	45	39
Qualifikationsniveau der Arbeitskräfte 84 (85)	44	40
Soziales Klima 83 (88)	47	36
Infrastruktur: Telekommunikation 82 (83)	45	37
Attraktivität des Binnenmarktes 77 (79)	31	46
Potenzielle Produktivitätszuwächse 77 (75)	22	55
Flexibilität der arbeitsrechtlichen Bestimmungen 59 (48)	13	46
Unternehmensbesteuerung 54 (40)	12	42
Personal-/Arbeitskosten 52 (44)	11	41

Angaben in Prozent;
Vorjahreswerte in Klammern; Grundgesamtheit: n = 201

■ Sehr attraktiv ■ Eher attraktiv

Quelle: Standort Deutschland 2014, hrsg. Von der Ernst & Young GmbH, 201

Gründe für den Standort Deutschland:

➤ _____

➤ _____

➤ _____

➤ _____

➤ _____

➤ _____

3. Stellen Sie einen Bezug zwischen dem statistischen Datenmaterial (Arbeitsauftrag 2) und den Standortentscheidungen von MAN und BMW (Arbeitsauftrag 1) her!

Unternehmen	Gründe
MAN	➤ _____ ➤ _____
BMW	➤ _____ ➤ _____

4. Erläutern Sie anhand von drei selbst gewählten Beispielen, inwiefern der Gegenstand eines Unternehmens Einfluss auf die Bedeutung einzelner Standortfaktoren hat! Gehen Sie dabei insbesondere auf im jeweiligen Beispiel besonders wichtige Standortfaktoren ein!

Beispiel	Erläuterungen
	_____ _____ _____ _____ _____ _____
	_____ _____ _____ _____ _____
	_____ _____ _____ _____ _____

Kompetenz-Check

1. Entscheiden Sie, welche der nachfolgenden Aussagen zu Standortfaktoren falsch ist! Sind alle Aussagen richtig, tragen Sie bitte eine ⑨ in das Kästchen ein!

① Der Standort ist die örtliche Lage eines Betriebes.

② Standortfaktoren beeinflussen den Unternehmenserfolg.

③ Standortfaktoren lassen sich in quantitative und qualitative Faktoren unterscheiden.

Kompetenzstufe 1

④ Während qualitative Standortfaktoren direkt gemessen werden können, müssen quantitative subjektiv geschätzt werden.

⑤ Eine Fehlentscheidung bei der Standortwahl kann später oft nur mit erheblichen Kosten korrigiert werden.

⑥ Die Standortwahl zählt zu den Entscheidungen mit langfristigen Auswirkungen.

2. Entscheiden Sie für die nachfolgenden Sachverhalte, um welche Art von Voraussetzungen für die Selbstständigkeit es sich handelt. Tragen Sie eine

① ein, wenn es sich um quantitative Standortfaktoren,

② ein, wenn es sich um qualitative Standortfaktoren,

③ ein, wenn es sich weder um quantitative noch um qualitative Standortfaktoren

handelt.

Kompetenzstufe 2

2.1	Dauer von Genehmigungsverfahren.	
2.2	Stärke der regionalen Konkurrenz.	
2.3	Regionales Marktvolumen.	
2.4	Bildungs- und Kultureinrichtungen.	
2.5	Transportkosten der Produkte vom Standort zum Absatzmarkt.	
2.6	Nähe eines Binnen- oder Seehafens.	
2.7	Kosten für die Errichtung der Gebäude.	
2.8	Ausdehnungsmöglichkeiten der Betriebsstätte.	
2.9	Regionale Fördermaßnahmen der öffentlichen Hand.	
2.10	Höhe der Grund- und Gewerbesteuer der Gemeinde.	

3. Entscheiden Sie, welche zwei der nachfolgenden Aussagen zur Nutzwertanalyse zutreffend sind! Ist nur eine Aussage zutreffend, tragen Sie bitte eine ⑨ in das zweite Kästchen ein!

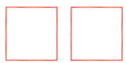

① Die Nutzwertanalyse wird auch als Scoringmodell bezeichnet.

② Die Nutzwertanalyse hat den Vorteil, dass sie nur rein qualitative Standortfaktoren einbezieht.

③ Die unterschiedlichen Standortfaktoren stehen zwar nicht selten im Widerstreit miteinander, verfügen aber glücklicherweise immer über die gleiche Bedeutung.

Kompetenzstufe 3

④ Die einzelnen Standortfaktoren werden dahingehend analysiert, inwieweit sie die Auswahlkriterien erfüllen Hierfür werden sie dann unterschiedlich gewichtet.

⑤ Ausgewählt wird immer der Standort, dessen Summe der gewichteten Punkte minimal ist.

⑥ Die Merkmale der qualitativen Standortfaktoren lassen sich nicht bei jedem Standort auf der Gewichtungsskala genau abbilden.

[ ] [ ]

4. Kennzeichnen Sie nachfolgende Aussagenpaare mit einer

①, wenn nur Aussage A richtig ist;

②, wenn nur Aussage B richtig ist;

③, wenn sowohl Aussage A als auch Aussage B richtig ist;

④, wenn beide Aussagen falsch sind!

Kompetenzstufe 4

4.1	A:	Im Rahmen der Nutzwertanalyse ist die Gewichtung der Standortfaktoren subjektiv und damit jederzeit nachprüfbar.	
	B:	Quantitative Größen wie beispielsweise Kosten und Erlöse werden bei der Nutzwertanalyse genügend berücksichtigt.	
4.2	A:	Die Bevölkerungsstruktur zählt innerhalb der quantitativen Standortfaktoren zu dem Produktionsumfeld.	
	B:	Das regionale Marktvolumen ist bei den qualitativen Standortfaktoren dem Absatzbereich zuzuordnen.	
4.3	A:	Wegen ihrer Bedeutung ist eine Standortanalyse im Nachgang zu der durchgeführten Investition dringend anzuraten.	
	B:	Sollte die Standortwahl nicht optimal ausgefallen sein, lässt sie sich in der Regel kostengünstig korrigieren.	
4.4	A:	Die Flexibilität des Arbeitsrechts in der Bundesrepublik Deutschland zählt zu den aus Investorensicht wichtigsten Standortfaktoren.	
	B:	Die Personal- bzw. Arbeitskosten zählen zu den Stärken des Produktionsstandortes Deutschland.	

3 Handelsrechtliche Vorschriften im Hinblick auf eine berufliche Selbstständigkeit herausarbeiten

Lernsituation 3:

Sebastian, Malte und Nils absolvieren eine Ausbildung zum Industriekaufmann in einem Unternehmen der Biotechnologie- bzw. Lebensmittelindustrie und sind seit über einem Jahr Schüler an einem Berufskolleg in Konstanz. An einem Freitag in der ersten Pause stehen alle drei auf dem Schulhof zusammen und unterhalten sich über ihren Mitschüler Jonas Bauer, von dem sie soeben über ihren Klassenlehrer erfahren haben, dass dieser seine Ausbildung mit sofortiger Wirkung abgebrochen hat und somit künftig nicht mehr zum Unterricht erscheinen wird.

Während sich Nils lauthals darüber aufregt, wie jemand seine Ausbildung zum Industriekaufmann bei einem der größten Lebensmittelhersteller in Baden-Württemberg einfach abbrechen kann, holt Malte sein Tablet-PC hervor und zeigt seinen beiden Mitschülern den neuesten Facebook-Post von Jonas. Zu sehen ist ein Selfie ihres ehemaligen Mitschülers mit nach oben gestrecktem Daumen vor einem Biomarkt. Überschrieben ist das Bild mit dem Slogan „Kaufmann statt Kaufmannsgehilfe – so sieht Karriere aus!"

Unterhalb des Selfies schreibt Jonas dann, dass er sich nach langen Gesprächen mit seinen Eltern dazu entschlossen hat, in den Biomarkt seines Vaters einzusteigen und den Betrieb zum Jahresende komplett zu übernehmen, da sich sein Vater aus gesundheitlichen Gründen aus dem Unternehmen zurückziehen möchte. Alles

Weitere könne man dann auch nächstes Jahr im Handelsregister unter der Firma „Bauers Biomarkt e. K." nachlesen.

„Nun seht euch unseren Jonas an, unseren ‚Möchtegern-Kaufmann'!"

Nachdem sich die drei Mitschüler das Posting genauer angesehen haben, kommt es zu einer heftigen Diskussion. Sebastian ist der Meinung, dass Jonas schon immer ein Angeber gewesen sei und es mit einer abgebrochenen Ausbildung zu nichts bringen werde, schon gar nicht zu einem Kaufmann. Nils fügt hinzu, dass er nicht versteht, wieso Malte sich über seine ehemaligen Mitschüler lustig macht. Schließlich werden sie ja mal mit der abgeschlossenen Ausbildung Kaufmann sein, wohingegen Jonas doch wohl eher nur der „Gehilfe seines Vaters" bleibt. Lediglich Malte kommt ins Nachdenken und fragt die anderen, ob an dem Facbook-Post von Jonas nicht doch etwas Wahres dran sein könnte …

Kompetenzorientierte Arbeitsaufträge:

1. Erläutern Sie, was man unter einem „Kaufmannsgehilfen" versteht. Recherchieren Sie zur Beantwortung der Frage im Internet!

   Ergebnis der Internetrecherche „Kaufmannsgehilfe":

   _____

   _____

   _____

   _____

   _____

   _____

2. Erläutern Sie, was man unter dem Begriff „Kaufmann" versteht. Gehen Sie im Rahmen Ihrer Ausführungen auch darauf ein, ob man hierzu über eine abgeschlossene kaufmännische Ausbildung verfügen muss!

Kaufmann gemäß HGB:

_____

_____

_____

_____

_____

3. In dem Facebook-Post verwendet Jonas die Begriffe „Firma" und „Handelsregister". Erläutern Sie kurz diese beiden Begriffe!

Begriff	Erläuterungen
Firma	
Handelsregister	

4. Das Unternehmen von Jonas trägt den Namen „Bauers Biomarkt e.K.". Erläutern Sie, was sich hinter dem Kürzel „e.K." verbirgt! Gehen Sie bei Ihrer Antwort auch auf die wesentlichen Merkmale dieser Rechtsform ein!

Begriff „e.K."	
Wesentliche Merkmale	➤ _____ ➤ _____ ➤ _____ ➤ _____ ➤ _____

5. Kreuzworträtsel

5.1 Lösen Sie nachfolgendes Kreuzworträtsel!

5.2 Erläutern Sie anschließend kurz das Lösungswort in dem dafür vorgesehenen Feld.

① Quantitativer Standortfaktor.

② Qualitativer Standortfaktor.

③ Sie steht am Beginn jeder Unternehmensgründung.

④ Hier findet sich unter anderem ein Gewerbeamt.

⑤ Kleingewerbetreibender.

⑥ Instrument zur Standortwahl.

⑦ Amtliches, öffentlich geführtes Verzeichnis.

⑧ Eine Marktpositionierung.

⑨ Gruppe von Rechtsformen.

⑩ Wirkung einer Handelsregistereintragung.

⑪ Qualitativer Standortfaktor.

⑫ Firmengrundsatz.

Lösungswort:

Kompetenz-Check

1. Entscheiden Sie, welche der folgenden Eintragungen in das Handelsregister eine

   ① deklaratorische Wirkung bzw.

   ② konstitutive Wirkung

   hat.

   Tragen Sie eine ⑨ ein, wenn die Tatsache nicht in das Handelsregister einzutragen ist.

Kompetenzstufe 1

1.1	Bauunternehmung Olaf Holzer e. K., kein in kaufmännischer Weise eingerichteter Geschäftsbetrieb.	
1.2	Das kleine Familienunternehmen Schwarzwald Brauerei AG hat sich auf das Brauen regionaler Biere spezialisiert.	
1.3	Die Stuttgarter Autolackiererei Josef Häberle, für den die Vorschriften des HGB nicht gelten.	
1.4	Constanze Soja gründet die Fastfood-Kette „Vegi-Burger" mit 30 Niederlassungen und mehr als 1 000 Beschäftigten in Deutschland.	
1.5	Der Club Hipp-Hopp Dancefloor GmbH aus Mannheim beschäftigt insgesamt vier Angestellte.	

2. Entscheiden Sie für die nachfolgenden Sachverhalte, um welchen Firmengrundsatz es sich handelt. Tragen Sie eine

   ① ein, wenn es sich um den Grundsatz der Firmenwahrheit und -klarheit,

   ② ein, wenn es sich um den Grundsatz der Firmenöffentlichkeit,

   ③ ein, wenn es sich um den Grundsatz der Firmenausschließlichkeit;

   ④ ein, wenn es sich um den Grundsatz der Firmenbeständigkeit,

   ⑤ ein, wenn es sich um keine der genannten Grundsätze

   handelt.

Kompetenzstufe 2

2.1	Francesca Söhnle übernimmt das bekannte Design-Möbelhaus Schneider GmbH. Die bisherigen Inhaber sind damit einverstanden, dass der Name beibehalten werden darf.	
2.2	Heiner Mansfeld betreibt eine Umzugsspedition, die im Umkreis von Stuttgart Umzüge durchführt. Bei der Firmierung wurde die Bezeichnung Mansfeld – Internationale Spedition GmbH abgelehnt.	
2.3	Der Schreinermeister Eder aus Böblingen möchte seine Schreinerei Meister Eder e. K. nennen. Das Handelsregister teilt ihm mit, dass er noch einen Zusatz wählen muss, da diese Firma bereits existiert.	
2.4	Der Jurist Konstantin Maurer möchte ein Unternehmen in der Rechtsform einer GmbH gründen. Obwohl er immer darauf achtet, keine Daten von sich preiszugeben, wird er verpflichtet, bestimmte Daten dem Handelsregister mitzuteilen.	
2.5	Der Landwirt Hermann Scheufele züchtet Bio-Schweine. Er möchte keineswegs, dass für ihn das HGB gilt.	

3. Kennzeichnen Sie nachfolgende Aussagen mit einer

ⓘ, wenn nur Aussage A richtig ist,

②, wenn nur Aussage B richtig ist,

③, wenn sowohl Aussage A als auch Aussage B richtig ist,

④, wenn beide Aussagen falsch sind.

Kompetenzstufe 3

3.1	**A:**	Die Handelsregistereintragung eines Formkaufmanns hat konstitutive Wirkung und erfolgt in Abteilung A des Handelsregisters.
	B:	Ein Kleingewerbetreibender kann sich mit konstitutiver Wirkung in das Handelsregister eintragen lassen.
3.2	**A:**	Land- und forstwirtschaftliche Betriebe zählen zu den Formkaufleuten.
	B:	Die Handelsregistereintragung eines Gewerbetreibenden mit kaufmännischem Geschäftsbetrieb hat konstitutive Wirkung.
3.3	**A:**	Die Bodensee-Molkerei eG, 350 Beschäftigte, 15 Millionen Euro Jahresumsatz, 8 Niederlassungen bundesweit, muss sich ins Handelsregister eintragen lassen.
	B:	Der Kleingewerbetreibende bleibt auch nach seiner Handelsregistereintragung immer von der Buchführungspflicht befreit.
3.4	**A:**	Die Hinkelstein GmbH ist in Abteilung A des Handelsregisters eingetragen.
	B:	Einzelkaufleute werden in Abteilung B des Handelsregisters eingetragen.

4. Kennzeichnen Sie nachfolgende Aussagenpaare mit einer

ⓘ, wenn nur Aussage A richtig ist,

②, wenn nur Aussage B richtig ist,

③, wenn sowohl Aussage A als auch Aussage B richtig ist,

④, wenn beide Aussagen falsch sind.

Kompetenzstufe 4

4.1	**A:**	Ein Kriterium dafür, ob es sich um ein Gewerbebetrieb handelt, ist das Umsatzvolumen eines Unternehmens.
	B:	Im Gegensatz zu den Kaufleuten im Sinne des HGB kann sich der nicht eingetragene Kleingewerbetreibende nicht ins Handelsregister eintragen lassen.
4.2	**A:**	Die Eintragung eines Formkaufmanns hat deklaratorische Wirkung.
	B:	Zu den Kannkaufleuten zählen ausschließlich die Land- und Forstwirte.
4.3	**A:**	Die Eintragung eines Gewerbetreibenden mit kaufmännischer Organisation hat deklaratorische Wirkung.
	B:	Der Gegenstand des Unternehmens wird nicht ins Handelsregister eingetragen.
4.4	**A:**	Zu den Kriterien für eine kaufmännische Organisation zählt die Gewinnerzielungsabsicht.
	B:	Freiberufler zählen zu den Kannkaufleuten.
4.5	**A:**	Juristische Personen gelten als rechtsfähig, da der Staat ihnen die Eigenschaft von Personen kraft Gesetzes verliehen hat.
	B:	Für die Anmeldungen zur Eintragung in das Handelsregister ist eine öffentliche Beurkundung erforderlich.
4.6	**A:**	Ist eine eingetragene Tatsache unrichtig bekannt gemacht, so kann sich ein Dritter auf die falsch bekannt gemachte Tatsache berufen.
	B:	Der Kleingewerbetreiber, der sich nicht in das Handelsregister hat eintragen lassen, darf keine Firma führen.

4 Wahl der Rechtsform als eine wesentliche Gründungsentscheidung nachvollziehen

Lernsituation 1:

Stefan Danner e. Kfm. betreibt in Heilbronn einen Handel mit Bürobedarf, Computertechnik, Kopiergeräten usw.

Das Unternehmen hat sich in den letzten Jahren sehr erfolgreich entwickelt. Insbesondere der Bereich der Computertechnik hat einen rasanten Aufschwung genommen. Immer mehr – insbesondere kleine – Unternehmen wünschen sich allerdings eine Lösung „aus einer Hand", das heißt, sie wollen nicht nur die Hardware kaufen, sondern komplette Systemlösungen mit lokalem Netzwerk, Internetanbindung, Virenschutz, Datensicherung und laufender Wartung.

Stefan Danner ist inzwischen Mitte 50 und diesen Herausforderungen nicht mehr gewachsen. In Michael Wiedenmann, ausgebildeter IT-Systemelektroniker, hat er einen Partner gefunden, der bereit wäre, mit ihm zusammen eine Gesellschaft zu gründen. Aus seinem Privatvermögen könnte Michael Wiedenmann 150 000,00 € in die Gesellschaft einbringen. Stefan Danner brächte das bereits bestehende Grundstück mit dem Betriebsgebäude, den Fahrzeugen und den kompletten Einrichtungen im Wert von 450 000,00 € in das Unternehmen ein.

Während Stefan Danner nach wie vor daran gelegen ist, dass seine Person mit dem künftigen Unternehmen in Verbindung gebracht wird, legt Michael Wiedenmann besonderen Wert darauf, dass sein restliches Privatvermögen durch den Wechsel in die Selbstständigkeit auf gar keinen Fall gefährdet wird. Beide Geschäftspartner legen zudem großen Wert darauf, ihre Arbeitskraft auch künftig mit in das Unternehmen einzubringen und die Zukunft des Unternehmens durch eigene Entscheidungen im Wesentlichen zu prägen.

Nachdem die beiden einen ausführlichen Businessplan erstellt haben, wird deutlich, dass die künftige Neuausrichtung des Unternehmens erheblich höhere Investitionen erfordert. Da sich beide darin einig sind, das Unternehmen nicht zusätzlich mit Fremdkapitalzinsen zu belasten, suchen sie nach Möglichkeiten, weiteres Eigenkapital für ihr Vorhaben zu gewinnen. Im Zuge dieser Überlegungen stoßen sie mit Paul Geisen und Heiner Fitschen auf gemeinsame Bekannte, die sowohl über ausreichend Privatvermögen als auch über entsprechendes Interesse verfügen, sich an dem Unternehmen zu beteiligen.

Im Rahmen einer gemeinsamen Sitzung mit den beiden Interessenten betont Paul Geisen, dass er lediglich an einer Kapitaleinlage interessiert sei, die hoffentlich entsprechende Gewinne abwirft. Dabei solle nach seiner Vorstellung jeder Gesellschafter nach der Höhe seiner Einlage am Unternehmenserfolg beteiligt werden. Für den Fall, dass das Unternehmen in eine Schieflage gerät, möchte er nicht mit seinem übrigen Vermögen herhalten. Auch sei er nicht an einer persönlichen Mitarbeit interessiert, da ihn seine Hobbys und seine ständigen Auslandsaufenthalte zeitlich bereits vollends in Anspruch nehmen.

Heiner Fitschen schließt sich mit seinen Vorstellungen denen von Paul Geisen an. Allerdings betont er noch ein ganz anderes Interesse. So verweist er am Beispiel von Mark Zuckerberg und dessen Unternehmen Facebook darauf, dass in der Vergangenheit immer wieder solch kluge und innovative Unternehmensgründer nach einiger Zeit ihr Unternehmen Schritt für Schritt börsenfähig gemacht haben, um dann schließlich den Erfolg ihrer Arbeit mit Millionen oder gar Milliarden am Kapitalmarkt zu vergolden. Schließlich betonte er, dass er solche Beteiligungen und die damit verbundenen Risiken ja vor allem gerade deshalb eingehe, um derartig einmalige Chancen zu nutzen und dann diese Beteiligung auch wieder an einem entsprechenden Markt veräußern zu können. Andernfalls könne er sein Geld ja auch sicher bei einer Bank gegen Zinsen anlegen.

Kompetenzorientierte Arbeitsaufträge:

1. Erarbeiten Sie zunächst in Partnerarbeit mögliche Vor- und Nachteile heraus, die die Arbeit von Stefan Danner als bisherigen Einzelunternehmer auszeichneten!

Vorteile	Nachteile
➤ _____	➤ _____
➤ _____	➤ _____
➤ _____	➤ _____
➤ _____	➤ _____

2. Fertigen Sie aus dem Text heraus eine Aufstellung an, aus der hervorgeht, was den einzelnen Personen bei der Neugründung des Unternehmens besonders wichtig erscheint!

Stefan Danner 	➤ _____ ➤ _____
Michael Wiedenmann 	➤ _____ ➤ _____
Paul Geisen 	➤ _____ ➤ _____
Heiner Fitschen 	➤ _____ ➤ _____

3. Die beiden Gesellschafter Stefan Danner und Michael Wiedenmann sehen ihre Vorstellungen am ehesten in einer Personengesellschaft verwirklicht. Erstellen Sie eine klar strukturierte Gegenüberstellung der beiden Gesellschaftsformen OHG und KG! Berücksichtigen Sie dabei die folgenden Vergleichsmerkmale:

- Gründung
- Firma
- Geschäftsführung
- Vertretung
- Haftungsrisiko der Gesellschafter

Nennen Sie Gründe die Pro oder Contra OHG bzw. KG sprechen!

Vergleichs-merkmale	OHG	KG
Gründung		
Firma		
Geschäfts-führung		

Vergleichs-merkmale	OHG	KG
Vertretung	_____ _____ _____ _____ _____ _____ _____	_____ _____ _____ _____ _____ _____ _____
Haftungs-risiko der Gesell-schafter	_____ _____ _____ _____ _____ _____ _____	_____ _____ _____ _____ _____ _____ _____

	Pro	Contra
OHG	➤ _____ ➤ _____ ➤ _____ ➤ _____ ➤ _____ ➤ _____	➤ _____ ➤ _____ ➤ _____ ➤ _____ ➤ _____ ➤ _____
KG	➤ _____ ➤ _____ ➤ _____ ➤ _____ ➤ _____ ➤ _____	➤ _____ ➤ _____ ➤ _____ ➤ _____ ➤ _____ ➤ _____

4. Die neuen Eigenkapitalgeber Paul Geisen und Heiner Fitschen scheinen im Gegensatz zu Stefan Danner und Michael Wiedenmann eher an einer Kapitalgesellschaft Gefallen zu finden. Arbeiten Sie die grundsätzlichen Unterschiede zwischen Personen- und Kapitalgesellschaften heraus! Berücksichtigen Sie hierbei die folgenden Vergleichsmerkmale:

- Gründung
- Mindestkapital
- Prinzip der Führung und Leitung
- Haftung

- Geschäftsführung
- Vertretung
- Abstimmungen in Gesellschafterversammlung

Merkmale	Personengesellschaften	Kapitalgesellschaften
Gründung		
Mindestkapital		
Prinzip der Führung und Leitung		

23 Boller - ISBN 978-3-8120-1557-8

Merkmale	Personengesellschaften	Kapitalgesellschaften
Haftung		
Geschäfts-führung		
Vertretung		
Abstimmun-gen in Gesellschaf-terver-sammlung		

5. Nach langen Gesprächen der vier künftigen Gesellschafter stehen nur noch die Rechtsform der KG und der GmbH zur Diskussion. Stellen Sie diese beiden Unternehmensformen anhand wichtiger Vergleichsmerkmale (mindestens 8) gegenüber und treffen Sie eine begründete Rechtsformwahl!

Merkmale	Kommanditgesellschaft (KG)	Gesellschaft mit beschränkter Haftung (GmbH)
Rechtsgrundlagen		
Firma		
Eintragung in das Handelsregister (HR)		
Mindestkapital, Mindestbeteiligung, Mindesteinzahlung		

Merkmale	Kommanditgesellschaft (KG)	Gesellschaft mit beschränkter Haftung (GmbH)
Rechtsfähig-keit		
Gesell-schafts-vermögen		
Haftung		
Geschäfts-führung (Innen-verhältnis)		
Merkmale	Kommanditgesellschaft (KG)	Gesellschaft mit beschränkter Haftung (GmbH)

Merkmale	Kommanditgesellschaft (KG)	Gesellschaft mit beschränkter Haftung (GmbH)
Vertretung (Außen-verhältnis)	_____ _____ _____ _____ _____ _____ _____	_____ _____ _____ _____ _____ _____ _____
Gewinn- und Verlust-verteilung	_____ _____ _____ _____ _____ _____ _____	_____ _____ _____ _____ _____ _____ _____

6. Lückentext

Ergänzen Sie den Lückentext, indem Sie das jeweils fehlende Wort einsetzen!

Der Einzelunternehmer schließt Geschäfte im _____ Namen ab und arbeitet

auf _____ Rechnung mit _____ Risiko. Als _____ Inhaber

haftet er für alle _____ des Unternehmens mit seinem Geschäfts-

und _____ unbeschränkt und _____.

Die offene Handelsgesellschaft (OHG) ist eine Gesellschaft mit mindestens _____

Personen, deren Zweck auf den Betrieb eines _____ unter

_____ Firma gerichtet ist. Zur Geschäftsführung ist jeder Gesell-

schafter _____ und _____. Für gewöhnliche Geschäfte

gilt die _____, wobei jedem Gesellschaf-

ter ein _____ zusteht. Bei _____ Geschäften

hingegen gilt die Gesamtgeschäftsführungsbefugnis. Zur Vertretung ist jeder

Gesellschafter ohne _____ berechtigt, es gilt die

_____. Gesellschafter haften gegenüber Dritten stets

_____, _____ und _____. Vom

Gewinn erhält zunächst jeder Gesellschafter _____ % auf seine _____;

der Restgewinn wird nach _____ verteilt.

Bei der KG hingegen haftet mindestens ein Gesellschafter _____

(_____) und ein Gesellschafter beschränkt

(_____). Die Geschäftsführung und Vertretung obliegt einzig dem

_____, der _____ hat jedoch ein _____.

Bei Austritt aus der KG haftet der Kommanditist noch ____ Jahre für die Verbindlich-

keiten, die zum Zeitpunkt seines _____ bestanden. Vom Gewinn erhält

zunächst jeder Gesellschafter _____% seines _____, der Restgewinn

wird im angemessenen Verhältnis verteilt.

Die GmbH ist eine _____ Person, zu deren Gründung ein

_____ Vertrag erforderlich ist. Das Mindeststammkapital

beträgt _____ €. Vor Eintragung ins _____ muss

jeder Gesellschafter mindestens ein _____ seiner Stammeinlage einzahlen,

insgesamt müssen mindestens _____ € eingezahlt werden. Die Haftung

der GmbH _____ sich auf das _____.

Die Teilhaber an einer Aktiengesellschaft nennt man _____. Das Mindest-

grundkapital einer AG beträgt _____ €, der Mindestnennwert einer

Aktie beträgt _____ €. Der Gewinnanteil je Aktie wird _____ genannt.

Kompetenz-Check

1. Entscheiden Sie, welche der folgenden Aussagen trifft
   ① nur auf die Gesellschafter der OHG,
   ② nur auf die Gesellschafter der KG,
   ③ auf die Gesellschafter der OHG und der KG,
   ④ weder auf die Gesellschafter der OHG noch der KG
   zu? Tragen Sie die Ziffer der jeweils richtigen Lösung in das Kästchen hinter
   der jeweiligen Aussage ein!

Kompetenzstufe 1

1.1	Bei gewöhnlichen Geschäften ist jeder Gesellschafter zur Einzelgeschäftsführung berechtigt.	
1.2	Ohne vertragliche Vereinbarung sind alle Gesellschafter zur Geschäftsführung berechtigt und verpflichtet.	
1.3	Soweit vertraglich nichts anderes bestimmt wurde, erhält jeder Gesellschafter zunächst 4 % des Gewinns, der Rest wird nach Köpfen verteilt.	
1.4	Ist das Recht auf Geschäftsführung bei einigen Gesellschaftern vertraglich ausgeschlossen, so steht ihnen ein laufendes Kontrollrecht zu.	
1.5	Bei einigen Gesellschaftern wird der Gewinnanteil im Regelfall nicht dem Kapitalkonto gutgeschrieben.	
1.6	Zum Schutz der Finanzkraft des Unternehmens haben alle Gesellschafter kein Recht auf Privatentnahmen.	
1.7	Mit Austritt aus der Gesellschaft haften die Gesellschafter noch 4 Jahre für alle zum Zeitpunkt der Kündigung bestehenden Verbindlichkeiten.	
1.8	Einige Gesellschafter haften nur so lange unbeschränkt, bis die von ihnen übernommene Einlage voll erbracht ist.	
1.9	Die Einlagen eines Teils der Gesellschafter werden in Abteilung B des Handelsregisters eingetragen.	
1.10	Alle Gesellschafter haften nicht mehr persönlich sobald das Unternehmen den Geschäftsbetrieb aufgenommen hat.	

2. Ben Becker hat sich an verschiedenen Unternehmen, die nicht miteinander konkurrieren, beteiligt. Er ist jeweils einer der beiden beteiligten Gesellschafter; seine Beteiligung beträgt jeweils 25 000,00 €. Bei der KG hat er die Stellung des Kommanditisten. Entscheiden Sie, welche der folgenden Aussagen zur Haftung des Gesellschafters Ben Becker richtig sind.

Kompetenzstufe 1

① Ben Becker haftet bei der Becker und Söhne GmbH Dritten gegenüber unmittelbar und unbeschränkt, sofern er seine Einlage nicht vollständig erbracht hat.

② Ben Becker haftet bei der OHG Dritten gegenüber nicht mehr unmittelbar, wenn er seine Einlage vollständig erbracht hat.

③ Ben Becker haftet bei der OHG Dritten gegenüber nicht mehr unmittelbar, wenn er zum Geschäftsjahresende als Gesellschafter gekündigt hat.

④ Ben Becker haftet bei der KG Dritten gegenüber stets unmittelbar, auch wenn er die Einlage vollständig erbracht hat.

⑤ Ben Becker haftet bei der GmbH Dritten gegenüber unmittelbar, auch wenn er seine Einlage vollständig erbracht hat.

⑥ Ben Becker haftet bei der KG Dritten gegenüber unmittelbar bis zur vereinbarten Einlagenhöhe, sofern er seine Einlage nicht vollständig erbracht hat.

⑦ Ben Becker haftet bei der OHG Dritten gegenüber unmittelbar, unabhängig davon, ob er seine Einlage vollständig erbracht hat oder nicht.

⑧ Als Gesellschafter hat er bei der OHG am 02.07.2015 zum Geschäftsjahresende gekündigt, wobei das Geschäftsjahr dem Kalenderjahr entspricht. Seine unmittelbare Haftung für die bei seinem Austritt bestehenden Verbindlichkeiten endet somit am 31.12.2020 um 24:00 Uhr.

3. Lesen Sie nachfolgende Aussagen und ergänzen Sie die fehlenden Angaben, indem Sie die Lösung in das Feld links eintragen!

Kompetenzstufe 1

3.1	Die Mindeststammeinlage eines GmbH-Gesellschafters beträgt … €.	
3.2	Vor Eintragung in das Handelsregister muss ein GmbH-Gesellschafter mindestens … Prozent seiner Stammeinlage einzahlen.	
3.3	An der Spongebob GmbH sind die Gesellschafter Sandy mit 36 000,00 € und Patrick mit 20 000,00 € beteiligt. Wenn jeder Gesellschafter vor Handelsregistereintragung seine Mindesteinzahlung geleistet hat, entspricht dies einem Betrag von … €.	
3.4	Bei Gründung einer GmbH müssen vor der Handelsregistereintragung mindestens … € eingezahlt werden.	
3.5	An der Clever & Smart GmbH sind gemäß Vertrag die Gesellschafter Carsten Clever mit 10 000,00 € und Stephan Smart mit 15 000,00 € Stammeinlage beteiligt. Bei Gründung zahlt der Gesellschafter Clever 3 000,00 € ein, so dass der Gesellschafter Smart … € einzahlen muss.	
3.6	Bei Gründung einer Unternehmergesellschaft beträgt das Mindeststammkapital … €.	

4. Entscheiden Sie, welche der nachfolgenden Aussagen nach der gesetzlichen Regelung

① nur auf die OHG,

② nur auf die KG,

③ nur auf die GmbH,

④ auf mehrere der genannten Unternehmensformen,

⑤ auf keine der genannten Unternehmensformen zutreffen.

Kompetenzstufe 2

Tragen Sie die Ziffer vor der jeweils zutreffenden Antwort in das Kästchen ein!

4.1	Die Haftung aller Gesellschafter ist unbeschränkt.	
4.2	Die Haftung einiger Gesellschafter ist beschränkt, die der übrigen unbeschränkt.	
4.3	Die Eigentumsanteile werden an der Börse gehandelt.	
4.4	Die Rechtsvorschriften über die Gesellschaft befinden sich im BGB.	
4.5	Alle Gesellschafter sind zur Geschäftsführung verpflichtet.	
4.6	Zur Gründung der Gesellschaft bedarf es eines Gesellschaftsvertrages.	
4.7	Die Gesellschaft bedarf bei Gründung eines bestimmten Mindestkapitals.	
4.8	Die Gesellschaft wird in Abteilung B des Handelsregisters eingetragen.	
4.9	Der Verlust wird gemäß Gesetz nach Köpfen verteilt.	
4.10	Der Verlust wird gemäß Gesetz im angemessenen Verhältnis verteilt.	

5. Stefan Raabe und Rüdiger Hofmann schließen am 15.11.2016 einen Gesellschaftsvertrag über die Gründung einer GmbH. Gegenstand der Unternehmung sind EDV-Komplettlösungen (Installation und Betreuung). Die notwendigen Einlagen sollen als Geldeinlagen geleistet werden. Am 23.11.2016 wird die Eintragung beim zuständigen Gericht beantragt. Am 29.11.2016 werden die ersten Kaufverträge mit verschiedenen Lieferanten abgeschlossen.

Kompetenzstufe 2

Am 03.12.2016 wird die Gesellschaft ins Handelsregister eingetragen, die Eintragung wird am 10.12.2016 bekannt gemacht. Während Raabe eine Stammeinlage über 10 000,00 € übernimmt, beträgt die Stammeinlage von Hofmann 30 000,00 €

Entscheiden Sie, welche der folgenden Aussagen über die Haftung für die Verbindlichkeiten aus den am 29.11.2016 abgeschlossenen Kaufverträgen zutreffend ist! Ist keine Aussage zutreffend, tragen Sie bitte eine ⑨ in das Kästchen ein!

① Die Gesellschaft haftet mit ihrem Stammkapital.

② Die Gesellschafter haften mit ihren Stammeinlagen.

③ Die Gesellschafter haften persönlich in Höhe ihrer noch nicht eingezahlten Stammeinlage.

④ Die Gesellschaft haftet mit ihrem Gesellschaftsvermögen.

⑤ Die Gesellschafter haften unbeschränkt, unmittelbar und solidarisch.

⑥ Den Vertragspartnern haftet niemand vor Eintragung. Deshalb werden solche Geschäfte nur gegen Barzahlung abgewickelt.

6. Entscheiden Sie, welche der nachfolgenden Aussagen

① nur auf die OHG,

② nur auf die KG,

③ nur auf die GmbH,

④ nur auf die AG,

⑤ auf die GmbH und die AG,

⑥ auf alle der genannten Unternehmensformen,

⑦ auf keine der genannten Unternehmensformen

zutreffen!

Kompetenzstufe 3

Tragen Sie die Ziffer vor der jeweils zutreffenden Antwort in das Kästchen ein!

6.1	Die Versammlung der Eigentümer nennt man Hauptversammlung.	
6.2	Die Gesellschaft ist eine juristische Person.	
6.3	Die Unternehmung wird durch einen Geschäftsführer geleitet.	
6.4	Alle Gesellschafter haften unbeschränkt.	
6.5	Das Stammkapital der Unternehmung beträgt 100 000,00 €.	
6.6	Verluste werden im Verhältnis der Geschäftsanteile verteilt.	
6.7	Die Haftung eines der vier Gesellschafter ist auf die Einlage begrenzt.	
6.8	Die Gesellschaft wird in das Handelsregister eingetragen.	
6.9	Der Gesellschaftsvertrag muss bei Gründung der Gesellschaft notariell beglaubigt werden.	
6.10	Die Unternehmung kann auch von einer einzelnen Person gegründet werden.	
6.11	Die Unternehmung ist stets Kaufmann.	
6.12	Es bestehen verbindliche Vorschriften bezüglich des Mindestkapitals.	

7. Daniel Dübelböck und Caroline Peil gründen zum 01.01.2016 eine Trachtentextilien-Großhandlung in der Rechtsform einer KG. Dübelböck wird Komplementär mit einer Kapitaleinlage von 250000,00 €; Peil beteiligt sich als Kommanditistin mit einer Kommanditeinlage von 150000,00 €, von der sie zum 01.01.2016 nur 40 % einzahlt. Im ersten Geschäftsjahr erzielt das Unternehmen einen Gewinn in Höhe von 130000,00 €. Dübelböck soll vorab 25000,00 € für seine Tätigkeit erhalten. Die Einlagen werden entsprechend den gesetzlichen Bestimmungen verzinst, der Rest wird im Verhältnis 4 : 1 zugunsten des Komplementärs verteilt.

Kompetenzstufe 3

7.1 Berechnen Sie, wie viel € Gewinn Daniel Dübelböck zustehen!

☐☐☐.☐☐☐,☐☐ €

7.2 Entscheiden Sie, mit wie viel Euro Carolin Peil den Gläubigern der KG nach der Gewinnverteilung jetzt persönlich haftet!

☐☐☐.☐☐☐,☐☐ €

8. Werner Brösel und Erwin Röhrig gründeten zum 01.01.20.. die Brauerei Schwaben-Bölkstoff KG. Das Unternehmen hat sich auf das Brauen von Bockbier aus frischem Felsquellwasser spezialisiert. Werner Brösel wird Vollhafter mit einer Kapitaleinlage von 560000,00 €. Erwin Röhrig beteiligt sich als Kommanditist mit einer Kommanditeinlage von 400000,00 €, von der er zum 01.01.20.. nur 160000,00 € einzahlt. Im ersten Geschäftsjahr erzielt die Schwaben-Bölkstoff KG 300000,00 € Gewinn. Der Komplementär soll vorab 60000,00 € für seine Mitarbeit erhalten. Die Einlagen werden entsprechend den gesetzlichen Bestimmungen verzinst; der Rest wird im Verhältnis 13 : 3 zugunsten des Werner Brösel verteilt.

Kompetenzstufe 4

8.1 Berechnen Sie, wie hoch der zu verteilende Restgewinn ausfällt!

☐☐☐.☐☐☐,☐☐ €

8.2 Ermitteln Sie die Höhe des Gewinns, der Werner Brösel insgesamt zusteht!

☐ ☐ ☐ . ☐ ☐ ☐ , ☐ ☐ €

8.3 Ermitteln Sie, mit wie viel € der Kommanditist Röhrig den Gläubigern der „Schwaben-Bölkstoff KG" nach der Gewinnverteilung jetzt noch persönlich haftet!

☐ ☐ ☐ . ☐ ☐ ☐ , ☐ ☐ €

8.4 Im zweiten Geschäftsjahr schließt die KG mit einem Verlust von 150 000,00 € ab. Auf Erwin Röhrig entfallen davon 58 000,00 €. Prüfen Sie, mit wie viel € der Kommanditist Röhrig nunmehr den Gläubigern der KG persönlich haftet!

☐ ☐ ☐ . ☐ ☐ ☐ , ☐ ☐ €

9. Kennzeichnen Sie folgende Aussagen mit einer

①, wenn nur Aussage A richtig ist,

②, wenn nur Aussage B richtig ist,

③, wenn sowohl Aussage A als auch Aussage B richtig sind und

④, wenn sowohl Aussage A als auch Aussage B falsch sind.

Kompetenzstufe 4

9.1	A:	Zur Errichtung einer GmbH ist ein notariell beglaubigter Gesellschaftsvertrag erforderlich.	
	B:	Bis zur Eintragung der GmbH in das Handelsregister haften die Geschäftsführer unmittelbar, unbegrenzt und solidarisch.	
9.2	A:	Das Stammkapital ist die Summe der eingezahlten Kapitaleinlagen.	
	B:	Das Stammkapital einer GmbH muss mindestens 25 000,00 € betragen.	
9.3	A:	Die Mindeststammeinlage eines Gesellschafters beträgt 1 000,00 €.	
	B:	Die Stammeinlage eines Gesellschafters muss durch 100 teilbar sein.	
9.4	A:	Vor Eintragung ins Handelsregister muss jeder Gesellschafter mindestens 12 500,00 € einzahlen.	
	B:	Hat ein Gesellschafter eine Stammeinlage von 1 000,00 €, so muss er vor Eintragung in das Handelsregister mindestens 500,00 € eingezahlt haben.	
9.5	A:	Ein Geschäftsführer einer GmbH muss mindestens ein Viertel des Stammkapitals übernehmen.	
	B:	Vor Eintragung in das Handelsregister haften die Gesellschafter auch mit ihrem Privatvermögen.	
9.6	A:	Jeder Gesellschafter einer GmbH hat je 100,00 € Geschäftsanteil eine Stimme.	
	B:	Beschlüsse der Gesellschafterversammlung bedürfen grundsätzlich einer $^3/_4$-Mehrheit.	
9.7	A:	Die nicht geschäftsführenden Gesellschafter einer OHG haben nur in solchen Fällen ein Kontrollrecht, wenn Grund zu der unredlichen Geschäftsführung besteht.	
	B:	Die Vertretungsmacht eines OHG-Gesellschafters erstreckt sich nur auf gewöhnliche Geschäfte.	
9.8	A:	Ist im Gesellschaftsvertrag einer OHG die Geschäftsführung nicht geregelt, so gilt für gewöhnliche Geschäfte die Einzelgeschäftsführungsbefugnis.	
	B:	Ist ein Gesellschafter einer OHG von der Geschäftsführung ausgeschlossen, so steht ihm auch kein Widerspruchsrecht bei außergewöhnlichen Geschäften zu.	

10. An der Stuttgarter Obelix Hinkelstein KG sind beteiligt:

➤ Komplementär Obelix: Eigenkapitalkonto: 50 000,00 €
                                                   Privatvermögen: 260 000,00 €

➤ Komplementär Asterix: Eigenkapitalkonto: 75 000,00 €
                                                   Privatvermögen: 125 000,00 €

➤ Kommanditist Verleihnix: Einlage: 90 000,00 €
                                                   Privatvermögen: 210 000,00 €

Kompetenzstufe 4

Der laut HR-Eintragung allein vertretungsberechtigte Gesellschafter Obelix nimmt am 1. Oktober für die KG bei der Schwabenbank AG einen Kredit in Höhe von 130 000,00 € auf.

Ermitteln Sie im Hinblick auf den aufgenommenen Kredit den persönlichen Haftungsumfang gegenüber der Schwabenbank AG in € für

10.1 den allein vertretungsberechtigten Gesellschafter Obelix,

    ☐ ☐ ☐ . ☐ ☐ ☐ , ☐ ☐ €

10.2 den nicht vertretungsberechtigten Gesellschafter Asterix,

    ☐ ☐ ☐ . ☐ ☐ ☐ , ☐ ☐ €

10.3 den Gesellschafter Verleihnix, unter der Voraussetzung, dass er bisher nur 20 000,00 € auf seine Einlage geleistet hat.

    ☐ ☐ ☐ . ☐ ☐ ☐ , ☐ ☐ €

10.4 den am 15. Dezember des folgenden Jahres in die Gesellschaft als Komplementär eingetretenen Gesellschafter Knut Majestix (Einlage 110 000,00 €, Privatvermögen 10 000,00 €).

    ☐ ☐ ☐ . ☐ ☐ ☐ , ☐ ☐ €

11. Kennzeichnen Sie nachfolgende Aussagenpaare mit einer

    ①, wenn nur Aussage A richtig ist,

    ②, wenn nur Aussage B richtig ist,

    ③, wenn sowohl Aussage A als auch Aussage B richtig ist,

    ④, wenn beide Aussagen falsch sind.

Kompetenzstufe 4

11.1	A:	Die Einlagen der OHG-Gesellschafter werden im OHG-Vertrag festgeschrieben und ins Handelsregister eingetragen.	
	B:	Die gesetzliche Gewinnverteilung einer OHG sieht vor, dass zunächst jeder Gesellschafter 4 % des Gewinns erhält; der Rest wird dann nach Köpfen verteilt.	
11.2	A:	Karl Konsen, alleiniger Gesellschafter und Geschäftsführer der Mannheimer Software GmbH, ist Kaufmann im Sinne des HGB.	
	B:	Hat der Komplementär seine vertraglich vereinbarte Einlage voll eingezahlt, so haftet er ab diesem Zeitpunkt nur noch mit seiner Einlage.	
11.3	A:	Ist im Vertrag einer OHG keine Regelung für die Geschäftsführung getroffen, so gilt grundsätzlich die Einzelgeschäftsführungsbefugnis für alle Geschäfte.	
	B:	Eine Rückführung der GmbH in eine Unternehmergesellschaft ist nicht möglich.	
11.4	A:	Die Verlustverteilung erfolgt bei der KG in einem angemessenen Verhältnis.	
	B:	Ist in einem OHG-Vertrag nichts Abweichendes vereinbart, so gilt stets die Gesamtvertretungsbefugnis.	
11.5	A:	Bei der Einzelvertretungsbefugnis der OHG-Gesellschafter können die übrigen Gesellschafter bei außergewöhnlichen Geschäften widersprechen.	
	B:	Ein ausscheidender OHG-Gesellschafter haftet für die bei seinem Austritt bestehenden Verbindlichkeiten noch 5 Jahre lang.	

5   Anspruchsgruppen und deren Interessen an Unternehmen unterscheiden, ein Unternehmensleitbild entwickeln und hieraus Unternehmensziele ableiten

Lernsituation 1:

Die Heidenheimer Büromöbel GmbH hatte in den letzten Jahren mit deutlichen Absatzproblemen zu kämpfen. Nicht nur, dass die Absatzmärkte ihre Sättigungsgrenze erreicht hatten. Das Unternehmen sah sich plötzlich in ernsthafter Konkurrenz mit asiatischen Billiganbietern, die den Markt mit Massengütern zu konkurrenzlos günstigen Preisen überschwemmten. Auch im Verhalten der Kunden kam es zu einem Wandel: Die traditionelle Kundschaft für die gehobenen Produktsegmente informierte sich ausgiebig im Internet und verlangte gleichzeitig flexible Lösungen mit hoher Qualität zum günstigen Preis.

- Innovationskraft
- Preiswürdigkeit
- Mitarbeiterzufriedenheit
- Image
- Markstärke

Die Unternehmensleitung erkannte, dass das Unternehmen nur dann erfolgreich am Markt überleben würde, wenn das eigene Angebot in möglichst vielen Schlüsselbereichen den Wettbewerbern überlegen ist, z.B. in Bezug auf:

- Produktqualität
- Servicequalität
- Sortimentsvielfalt

Die Unternehmensleitung entschied sich, den neuen Herausforderungen nicht mit schnelllebigen Werbeaktionen zu begegnen, sondern sie in ganz grundsätzlicher Weise anzupacken. Die Mitarbeiter der mittleren und oberen Führungsebene wurden zu einer „Zukunftskonferenz" eingeladen. Deren Ziel ist es, das Grobkonzept für ein modernes Unternehmensleitbild und Zielsystem zu entwickeln.

Kompetenzorientierte Arbeitsaufträge:

1. Recherchieren Sie zunächst im Internet, welche zwei Unternehmen in ihrer Region oder über ihre Region hinaus in der jüngeren Vergangenheit mit ähnlichen Absatzproblemen wie die Heidenheimer Büromöbel GmbH zu kämpfen hatten!

   Stellen Sie anschließend die konkreten Probleme dieser beiden Unternehmen zusammen und erläutern Sie, mittels welcher Maßnahmen die Unternehmen versucht haben, ihre Schwierigkeiten zu meistern. Bereiten Sie eine entsprechende Präsentation Ihrer Rechercheergebnisse vor!

Unternehmen	Probleme und Maßnahmen
	Probleme: ➤ _____ ➤ _____ ➤ _____ **Maßnahmen:** ➤ _____ ➤ _____ ➤ _____

5 **Anspruchsgruppen und deren Interessen an Unternehmen unterscheiden, ein Unternehmensleitbild entwickeln und hieraus Unternehmensziele ableiten**

191

Unternehmen	Probleme und Maßnahmen
	Probleme: ➤ _____ ➤ _____ ➤ _____ **Maßnahmen:** ➤ _____ ➤ _____ ➤ _____

2. Erstellen Sie (in Partner- oder Kleingruppenarbeit) eine Übersicht von möglichen Gruppen (Stakeholder), die Ansprüche an ein Unternehmen erheben!

Entwickeln Sie anschließend eine Übersicht zu diesen möglichen Anspruchsgruppen, indem Sie für die jeweilige Gruppe sowohl deren konkrete Ansprüche an ein Unternehmen formulieren als auch die Beiträge bzw. Leistungen dieser Gruppen gegenüber dem Unternehmen auflisten!

Anspruchs-gruppen	Anspruch gegenüber der Unternehmung	Beitrag zur Unternehmung
Eigenka-pitalgeber (Eigentümer, Anteilseigner)		
Fremdkapital-geber		

Anspruchs-gruppen	Anspruch gegenüber der Unternehmung	Beitrag zur Unternehmung
Arbeitnehmer		
Management		
Kunden		
Lieferanten		

5 Anspruchsgruppen und deren Interessen an Unternehmen unterscheiden, ein Unternehmensleitbild entwickeln und hieraus Unternehmensziele ableiten

193

Anspruchs-gruppen	Anspruch gegenüber der Unternehmung	Beitrag zur Unternehmung
Allgemeine Öffentlichkeit	_____ _____ _____ _____ _____ _____ _____	_____ _____ _____ _____ _____ _____ _____

3. Sie sind Teilnehmer an der „Zukunftskonferenz" der Heidenheimer Büromöbel GmbH. Auf der Basis der von Ihnen gefundenen Ansprüche der Stakeholder formulieren Sie einen Grobentwurf für das Unternehmensleitbild der Heidenheimer Büromöbel GmbH!

Stakeholder	Ansprüche	Beispiele für Sätze des Unternehmensleitbildes
GmbH-Gesellschafter	_____ _____ _____ _____ _____ _____ _____ _____	_____ _____ _____ _____ _____ _____ _____ _____
Staat	_____ _____ _____ _____ _____ _____ _____	_____ _____ _____ _____ _____ _____ _____

25 Boller - ISBN 978-3-8120-1557-8

Stakeholder	Ansprüche	Beispiele für Sätze des Unternehmensleitbildes
Gesellschaft		
Lieferer		
Kunden		
Mitarbeiter		

5 Anspruchsgruppen und deren Interessen an Unternehmen unterscheiden, ein Unternehmensleitbild entwickeln und hieraus Unternehmensziele ableiten

195

Kompetenz-Check

1. Entscheiden Sie, welche der nachfolgenden Aussagen falsch ist! Sind alle Aussagen richtig, tragen Sie bitte eine ⑨ in das Kästchen ein!

   ① Beim Shareholder-Konzept sind vorrangig die Unternehmensziele zu verfolgen, die zu einer hohen Mitarbeiterzufriedenheit führen.

   ② Zu den Anspruchsgruppen von Unternehmen zählen z.B. Mitarbeiter, Lieferanten, Kunden, Kredit- und Eigenkapitalgeber.

   ③ Das Stakeholder-Konzept erweitert den Shareholder-Ansatz, indem neben einer finanziellen Zielperspektive auch eine soziale und ökologische Verantwortung verlangt wird.

Kompetenzstufe 1

   ④ Unternehmensziele beschreiben einen zukünftigen, erstrebenswerten Zustand des Unternehmens, den der zuständige Entscheidungsträger anzustreben hat.

   ⑤ Die Ziele eines Unternehmens lassen sich in ökonomische, ökologische und soziale Ziele unterteilen.

   ⑥ Unternehmensziele sollten Eigenschaften haben, die sich als SMART beschreiben lassen.

2. Entscheiden Sie für die nachfolgenden Sachverhalte, um welche Art von Zielen es sich handelt. Tragen Sie eine

   ① ein, wenn es sich um ökonomische Ziele,

   ② ein, wenn es sich um ökologische Ziele,

   ③ ein, wenn es sich um soziale Ziele,

   ④ ein, wenn es sich um keines der genannten Ziele

   handelt.

Kompetenzstufe 2

2.1	Reduzierung von Lärmbelästigung.	
2.2	Streben nach Marktmacht.	
2.3	Ergonomische Arbeitsplatzgestaltung.	
2.4	Produktion recycelbarer Produkte.	
2.5	Streben nach hohen Qualitätsstandards.	
2.6	Altersabsicherung für die Mitarbeiter.	
2.7	Abfallvermeidung.	
2.8	Sicherung der ständigen Zahlungsbereitschaft.	
2.9	Gleich hohe Entgelte für Mann und Frau bei gleicher Arbeit.	
2.10	Nutzung erneuerbarer Energien.	

3. Entscheiden Sie, welche zwei der nachfolgenden Aussagen zutreffend sind! Ist nur eine Aussage zutreffend, tragen Sie bitte ein ⑨ in die Kästchen ein!

   ① Beim Shareholder-Konzept muss es Ziel der Unternehmensleitung sein, für die Eigenkapitalgeber eine langfristige Gewinnmaximierung zu erreichen.

   ② Der Anspruch des Staates gegenüber dem Unternehmen besteht darin, dass er eine leistungsgerechte Entlohnung der Mitarbeiter des Unternehmens erwartet.

Kompetenzstufe 3

   ③ Die Eigenkapitalgeber erwarten den Vertrieb von preisgünstigen Gütern und ein großes soziales Engagement.

④ Unternehmen können auf gesättigten Käufermärkten auch dann dauerhaft überleben, wenn sie nicht die Wünsche ihrer Kunden zufriedenstellen.

⑤ Grundelemente einer Unternehmensphilosophie sind neben den Grundwerten und Überzeugungen auch Verhaltensregeln. Symbole gehören nicht zur Unternehmensphilosophie, sie sind Bestandteil des Marketings.

⑥ Die Verfolgung von wirtschaftlichen Zielen harmoniert grundsätzlich mit den ökologischen Zielen des Unternehmens.

4.   Kennzeichnen Sie nachfolgende Aussagenpaare mit einer

①, wenn nur Aussage A richtig ist,

②, wenn nur Aussage B richtig ist,

③, wenn sowohl Aussage A als auch Aussage B richtig ist,

④, wenn beide Aussagen falsch sind!

Kompetenzstufe 4

4.1	A:	Nach dem Shareholder-Konzept hat die Unternehmensleitung die Aufgabe, die unternehmerischen Entscheidungen so zu treffen, dass der Wert des Eigenkapitals erhöht wird.	
	B:	Durch eine langfristige Gewinnmaximierung soll die Einkommens- und Vermögensposition der Eigenkapitalgeber verbessert werden.	
4.2	A:	Nach Auffassung der Vertreter des Stakeholder-Konzepts haben alle Personen oder Personengruppen, die von den Entscheidungen des Unternehmens betroffen sind, Ansprüche an das Unternehmen.	
	B:	Zu den Anspruchsgruppen zählen auch das Management und die Lieferanten.	
4.3	A:	Im Rahmen der Verhaltensregeln soll festgelegt werden, wozu es das Unternehmen überhaupt gibt.	
	B:	Bei den Standards und Symbolen geht es darum, unverwechselbare Elemente des Handelns festzulegen.	
4.4	A:	Die Ziele eines Unternehmens leiten sich aus dem formulierten Unternehmensleitbild ab.	
	B:	Ein Beispiel für Zielharmonie zwischen ökonomischen und sozialen Zielen ist das konjunkturelle Kurzarbeitergeld.	

Platz für Nebenrechnungen:

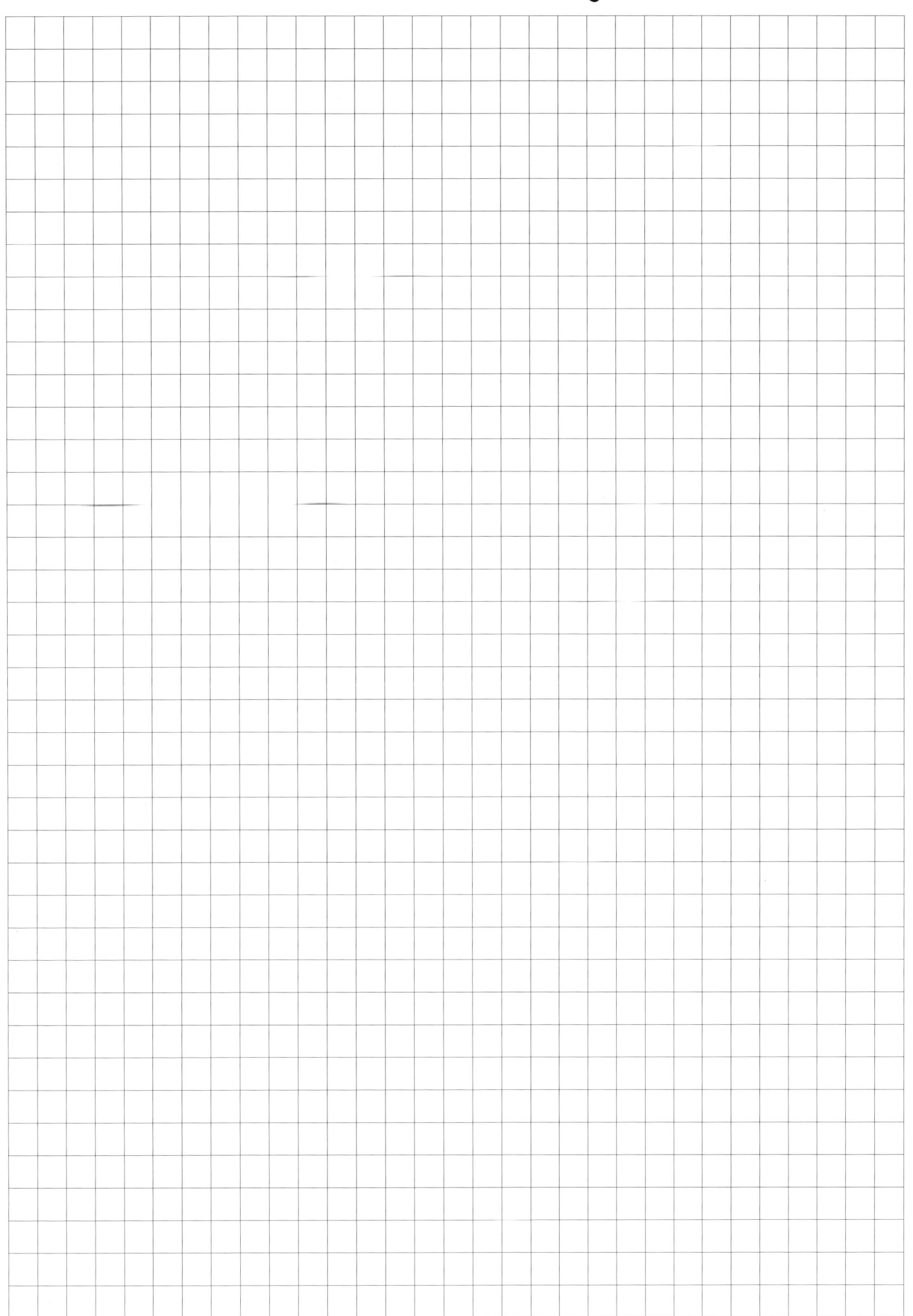

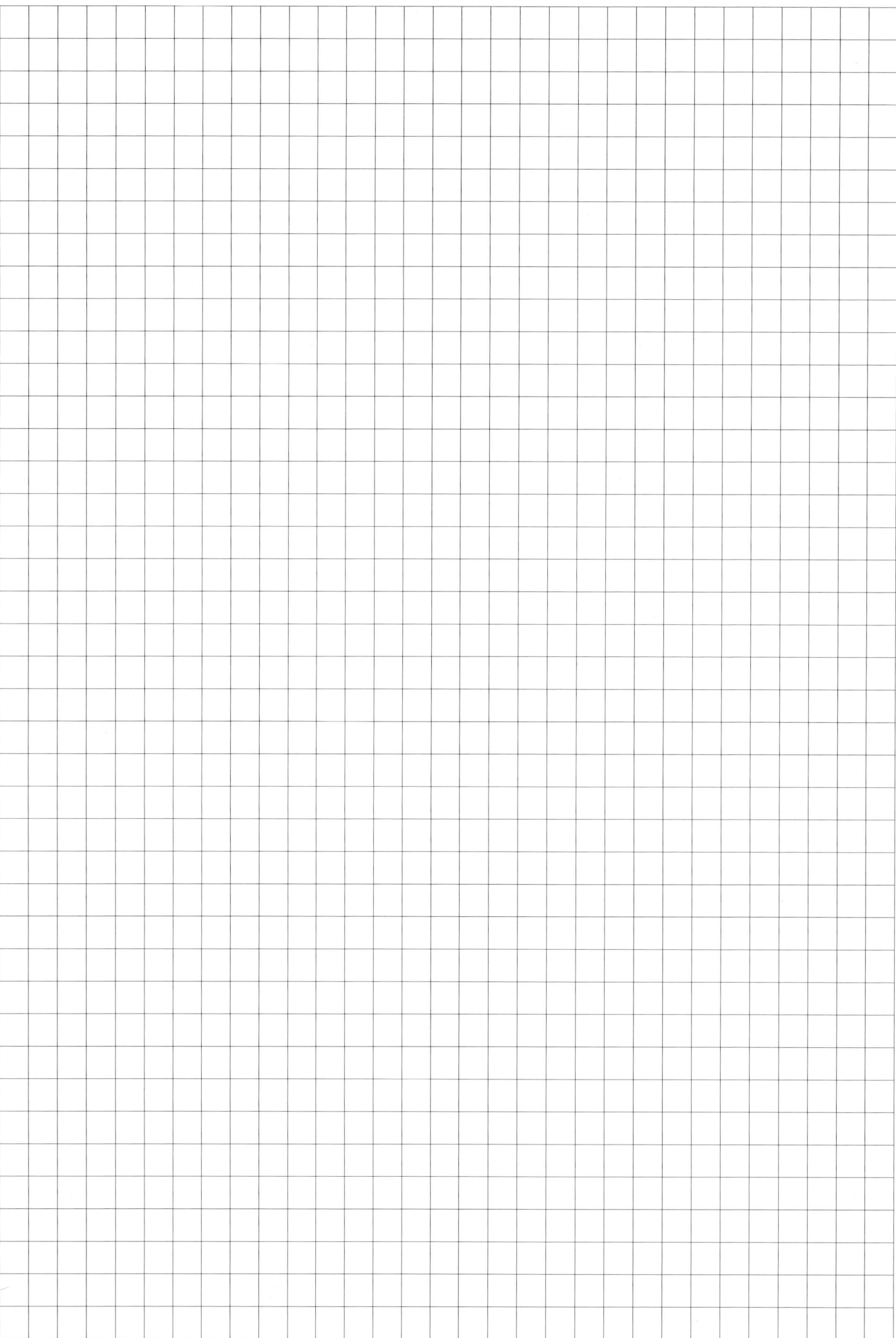

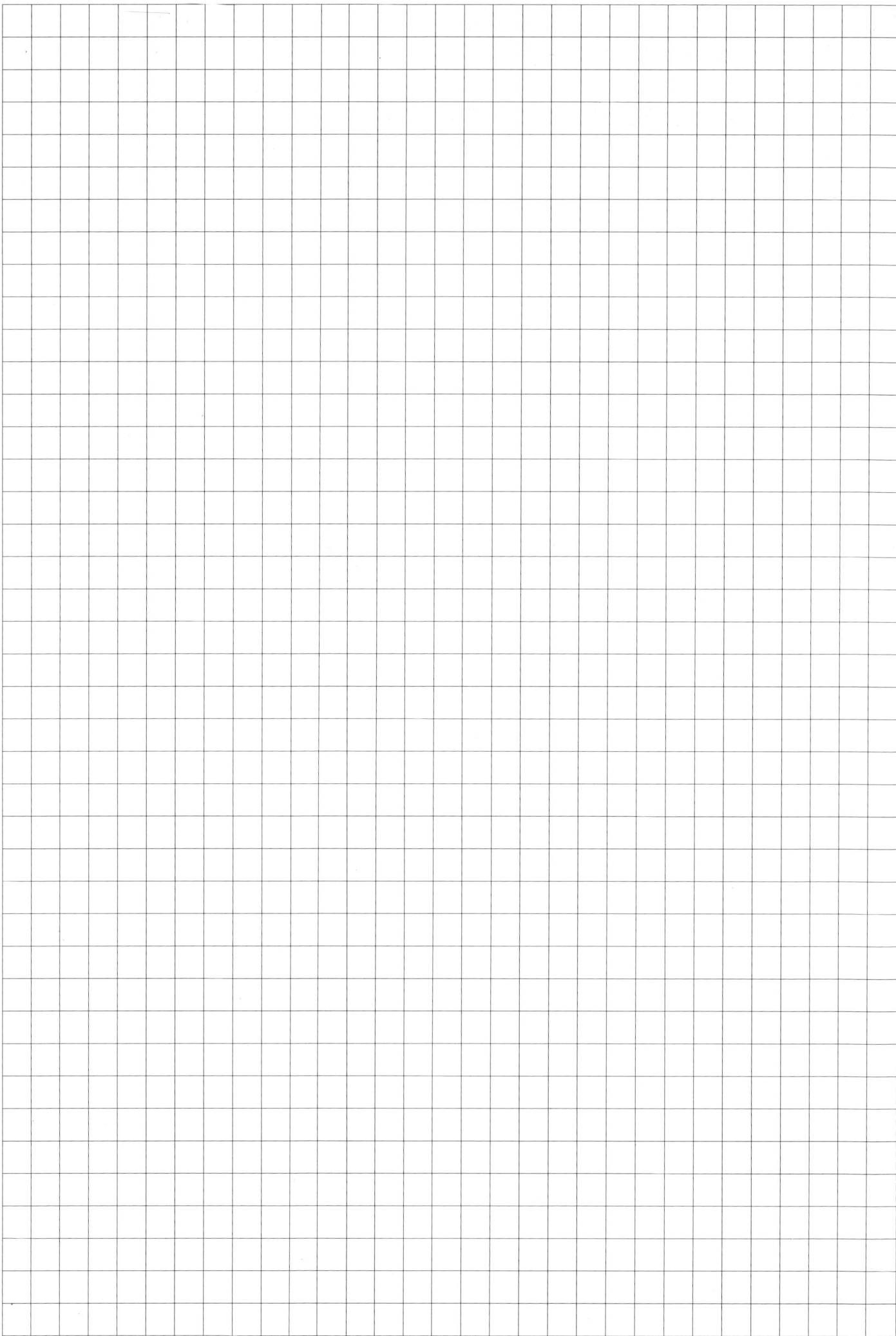